STUDIES IN GERMAN LITERATURE,
LINGUISTICS, AND CULTURE
Vol. 40

STUDIES IN GERMAN LITERATURE, LINGUISTICS,
AND CULTURE

Editorial Board

Frank Banta, Donald Daviau, Gerald Gillespie, Ingeborg Glier, Michael Hamburger, Gerhart Hoffmeister, Herbert Knust, Egbert Krispyn, Victor Lange, Richard Lawson, James Lyon, Erika Metzger, Michael Metzger, Hans-Gert Roloff, John Spalek, Frank Trommler, Heinz Wetzel

Managing Editors
James Hardin and Gunther Holst
(*University of South Carolina*)

CAMDEN HOUSE
Columbia, South Carolina

Seltene Augenblicke: Interpretations of Poems
by Hugo von Hofmannsthal

Seltene Augenblicke
Interpretations of Poems by Hugo von Hofmannsthal

Edited by Margit Resch

CAMDEN HOUSE

Set in Palatino and printed on acid-free paper.
Copyright © 1989 by
CAMDEN HOUSE, INC.
Drawer 2025
Columbia, SC 29202 USA

Library of Congress Catalog Card Number: 88-62942
All Rights Reserved
Printed in the United States of America

First Edition

ISBN: 0-938100-63-7

Printed by Thomson-Shore, Inc.
Dexter, Michigan

Erna Dunkel-Pflügner
1911–1988
zum Gedenken

Die Veröffentlichung des vorliegenden Bandes wurde unterstützt durch den Venture Fund der University of South Carolina. Für die Erlaubnis zum Abdruck der Photographie von Hofmannsthal und für anderweitige Unterstützung danken wir dem Austrian Institute, New York. Frau Dr. Renate Wilson half bei der Durchsicht des Manuskripts, und Timothy C. Stewart gebührt Dank für Rat und Tat bei der Drucklegung des Bandes.

M. R.

Inhalt

EINFÜHRUNG	9
ZUM GELEIT Richard Exner	15
DAS KLEINE STÜCK BROT... Lore Muerdel Dormer	22
WIR GINGEN EINEN WEG... Richard Exner	29
NOX PORTENTIS GRAVIDA Janette Hudson	57
DEIN ANTLITZ... David E. Jenkinson	78
WELT UND ICH Ruth Lorbe	98
GROßMUTTER UND ENKEL Karl Pestalozzi	121
Hofmannsthals "SIEHST DU DIE STADT?" Rudolf Schier	139
ZUM GEDÄCHTNIS DES SCHAUSPIELERS MITTERWURZER Werner Schwan	149
TERZINEN Steven P. Sondrup	175
DER JÜNGLING IN DER LANDSCHAFT Martin Stern	200
AUTOREN	218
REGISTER	220

Einführung

"Seltene Augenblicke" — Hofmannsthal hat sie auch "glückliche," "höchste," "begnadete" Augenblicke genannt — sind jene Sternstunden, wo Gedichte entstehen, wo sich dem Dichter der "Offenbarungsbereich des Wesentlichen und Wahren" auftut, wo sich ihm, so notiert sich Hofmannsthal in den "Aufzeichnungen," "die Geheimnisse des Weltzusammenhanges" erschließen. Jedoch wird der Mensch in der Welt nur das gewahr, was bereits in ihm liegt, und so kann der Dichter von derartigen Epiphanien "nichts anderes zurückbringen als den zitternden Hauch der menschlichen Gefühle," wie Gabriel im "Gespräch über Gedichte" sagt. Letzten Endes sind die Momente der Welt- und Menschenerkenntnis jedoch Begegnungen mit dem eigenen Ich, denn "es gibt keine Erlebnisse, als das Erlebnis des eigenen Wesens." So findet der Dichter im magischen Augenblick nicht nur die Wahrheit, wie Schillers Jüngling, als er den Schleier der Göttin zu Sais lüftet, sondern auch, wie der Jüngling bei Novalis, "Wunder des Wunders - / Sich Selbst." Allerdings nur, wenn diese Welt- und Icheinsicht auch vom entsprechenden sprachlichen Ausdruck begleitet ist, wenn sich die offenbarten Wesenszusammenhänge gleichzeitig im Wortgefüge kristallisieren, entsteht das dichterische Wort, das Symbol, oder, im erweiterten Sinne, das Gedicht. In "Die Philosophie des Metaphorischen" und "Gespräch über Gedichte" hat Hofmannsthal dieses symbolische Erlebnis eindeutig dargestellt — diesen Zustand der "blitzartigen Erleuchtung, in der wir einen Augenblick lang den großen Weltzusammenhang ahnen, schaudernd die Gegenwart der Idee spüren," diesen mystischen Vorgang, "der uns die Metapher leuchtend und real hinterläßt, wie die Götter in den Häusern der Sterblichen funkelnde Geschenke als Pfänder ihrer Gegenwart hinterlassen." Und diese Augenblicke, so sagt Hofmannsthal, "sind die Geburten der vollkommenen Gedichte, und die Möglichkeit vollkommener Gedichte ist ohne Grenzen wie die Möglichkeit solcher Augenblicke."

Es kam eine Zeit für Hofmannsthal, kurz nach der Jahrhundertwende, wo ihm solche Augenblicke selten zutiel wurden. Der breite Strom der erzählenden und der dramatischen Darstellungsweise überspülte die sprudelnde Quelle der Lyrik und trug sie mit sich fort. Man verstand diese Periode des Umbruchs, der Suche nach neuen Sprachformen fälschlicherweise als eine der Sprachnot und und Sprachkrise und bezog sich beweisführend auf den sogenannten Chandos-Brief. Um eine Krise handelte es sich hier zweifellos, jedoch ist es eher eine kreative als eine sprachliche gewesen. In einem Brief vom 9. 7. 1912 an Ottonie Gräfin Degenfeld beschreibt Hofmannsthal eindeutig das eigentliche Dilemma, das ihn damals zum ersten Mal heimgesucht hatte und ihn seitdem offenbar bis an sein Lebensende begleitet, ja, geplagt hat — der Mangel an begnadeten schöpferischen Augenblicken als Folge der Verstrickung in vielfältige "soziale" Engagements und Verantwortungen: Er war als Familienvater und Ehemann mehr *Mensch* wie andere Menschen und weniger *Dichter*:

> [...] — dies ist ja wirklich nichts Kleines: wieder productiv werden — das sagt sich leicht, aber es heißt mit seinem ganzen Ich hinüber in eine andere Welt, die tausend Fäden und Häkchen loskriegen an denen es hängt, Kinder und Vater, Haus und Wirtschaft und Briefzeug und was sich alles nicht zerreißen läßt sondern nur mit behutsamen Fingern ablösen - hoffentlich gelingts, in den letzten Jahren kann ich nur wenige Tage, wenige verstreute Augenblicke zu den eigentlich productiven rechnen, in früheren Jahren war ich nicht reicher, ärmer vielleicht, einsamer sicher, aber es kam öfter zu dem namenlos beglückenden Einklang zwischen außen und innen, Ich und Welt — ohne die möchte ich nicht leben — was ist alles andere dagegen? Der Einsame, Einschichtige kommt leichter zu solchen Augenblicken, ich bereue aber nicht daß ich ein Mensch bin wie andere Menschen, Kinder habe, ein Haus für sie aufrecht halte — so befremdlich es mir manchmal ist.

"Seltene Augenblicke" sind auch jene Sternstunden, da sich das Gedicht dem *Leser* magisch erschließt. Der schwierige Entstehungsprozeß des dichterischen Wortes ist, nach Hofmannsthals Ansicht, durchaus identisch mit seiner Reinkarnation, mit dem Prozeß der erlebendeinsichtigen Rezeption des Gedichtes. Wie Schiller, der meinte, daß der lebendige Geist einem Geist nicht erscheinen kann, denn: "*Spricht* die Seele, so spricht ach! schon die *Seele* nicht mehr,*"* so glaubte auch Hofmannsthal, daß das Gedicht im Moment seiner Gestaltung schon nicht mehr wahr ist — "'Werke' sind totes Gestein...", so heißt der Titel einiger Verse zu diesem Thema. Das Gedicht wird dem Leser erst in einem Augenblick der Erleuchtung, "wo immerhin nach öden Zeiten aus der Seele Geborenes wieder auf die Seele wirkt," lebendig und damit sinnvoll. Ein Gedicht lebt nicht, es wird gelebt. In den Versen "Nach einer Dante-Lektüre" (1893) beschreibt Hofmannsthal diesen Vorgang der Neuschöpfung im echten Leseprozeß — wie die schweren alten Verse Dantes zunächst kalt anzufühlen seien, zwar denken machten, aber keinen Schauer gäben; jedoch dann kommt jener begnadete Augenblick:

Du liest, und endlich kommst du an ein Wort,
Das ist, wie deine Seele oft geahnt
Und nie gewußt zu nennen, was sie meinte.
Von da hebt Zauber an.

Ein derartiges Verhältnis zwischen Leser und Gedichtetem ist ein echtes Erlebnis, und darum plädiert Hofmannsthal in seinem Vortrag "Der Dichter und diese Zeit" auch dafür, das Wort "lesen" durch "leben" zu ersetzen.

Freilich, Gedichte leben und Gedichte interpretieren sind zwei grundverschiedene Dinge. Die Magie eines Gedichtes spüren — und damit sein Wesen erfahren — liegt in der Gnade eines erhöhten Augenblickes. Ein Gedicht interpretieren ist ein akademischer Willensakt. Für letzteres hatte Hofmannsthal nichts weniger als Verachtung. Immer wieder hat er sich emphatisch gegen das "zweckhafte" Wort ausgesprochen, am eindeutigsten wohl im "Gespräch über Gedichte." Dort will Clemens gerade das poetische Symbol der Schwäne in einem Gedicht von Hebbel deuten, als sein Freund Gabriel ihn unterbricht. Er solle nicht aussprechen, was sie bedeuten, es wäre doch unrichtig.

Es sind Chiffren, welche aufzulösen die Sprache ohnmächtig ist [...], du wirst keine Gedankenworte finden, in welchen sich die Seele jener, gerade jener Regungen entladen könnte, deren hier ein Bild sie entbindet.

In "Poesie und Leben" meint Hofmannsthal, daß man über die Künste überhaupt fast gar nicht reden solle, und er fährt fort,

[...] daß es nur das Unwesentliche und Wertlose an den Künsten ist, was sich der Beredung durch sein stummes Wesen nicht ganz von selber entzieht, und daß man desto schweigsamer wird, je tiefer man einmal in die Ingründe der Künste hineingekommen ist.

Hofmannsthal hält es für eine Schwäche des jetzigen Menschen, Dichtung zu analysieren, nicht nur, weil die Seele der Poesie im wissenschaftlichen Wort doch nicht eingefangen werden kann, sondern vor allem, weil dadurch das Zauberische des Symbolischen aufgelöst würde. In seinen Aufzeichnungen spricht er verschiedentlich abfällig von den Interpreten, von uns, die "den sogenannten geistigen Beschäftigungen nachgehen, als da sind das Lesen und das Schreiben." Er hält unsere akademische Tätigkeit für ein geschäftiges Nichts und vergleicht uns mit Buben, die nichts Wesentlicheres leisten, als am Rande eines Weihers herumzustochern und Steine in das trübe Wasser zu werfen. Noch viel drastischer gibt er seiner Mißbilligung in dem Gedicht "Gedankenspuk" aus dem Jahre 1890 Ausdruck. Auf die Gefahr hin, unsere akademische Sensibilität zu verletzen und unsere ehrliche Bemühen um Hofmannsthals Werk zu entwerten, sei daraus zitiert. Hofmannsthal sagt uns dort eine Verwandtschaft mit Hephästhos nach,

Dem schmierigen Handwerk,
Der hinkenden Plage,
Der humpelnden, keuchenden Unzulänglichkeit.

Die intellektuelle Komponente, die wissenschaftliche Akribie im kreativen Prozeß, wird durch den Wissenschaffter verkörpert. Es sitzt

In unserer Seele enger Zelle
Mit blödem Mönchsfleiß,
Und emsig das Leben bejahrend,
Gräber schaufelnd der schmerzenden Wahrheit,
Gräber von Büchern, Worten, Staub,
Der eignen Beschränktheit in Ehren froh,
Ein lallender Kobold: der deutsche Professor...

Nun, Hofmannsthal, der sich doch selber sein Leben lang als Literaturkritiker betätigte, hat sich nicht immer so abfällig über das wissenschaftliche Bemühen um die Dichtung geäußert. In derselben Satire billigt er uns denn auch zu, daß wir durchaus im Innern leuchtend die Charis tragen, "die strahlende Ahnung der Kunst." Ja, in "Poesie und Leben" spricht er sogar nachdrücklich von dem Vergnügen, "um ihre Schöpfungen herumzugehen und ihnen manches abzulauschen."

Im Geiste dieses Zitates ist die vorliegende Sammlung von Interpretationen zu verstehen. Sie ist entstanden unter Berücksichtigung der folgenden Gedanken: In wenigen Jahren werden die meisten Gedichte Hugo von Hofmannsthals rund hundert Jahre alt sein — ein stattliches Alter, und dennoch sind sie auch heute so frisch, so vielsagend, so geheimnisvoll und zugleich offenbarend wie zur Zeit ihrer Entstehung.

Einige von diesen Gedichten gehören ohne Zweifel zu den denkwürdigsten der deutschen Literatur und können sich, obwohl von einem sehr jungen Menschen geschrieben, mit den reifsten lyrischen Werken der großen deutschen Dichter messen. Viele sind für Liebhaber seit eh und je eine Quelle der Erbauung, der Bereicherung, ja, auch der Erschütterung. Eine große Anzahl ist indessen in Vergessenheit geraten und wurde auch von der Forschung aus unerfindlichen Gründen vernachlässigt. Von den rund 165 uns zugänglichen Gedichten Hofmannsthals ist bis jetzt nur ein knappes Drittel mehr oder weniger gründlich von der literaturwissenschaft betrachtet worden. Die bekannteren, wie "Lebenslied" oder "Die Beiden", sind hingegen des öfteren interpretiert worden — oder ist es umgekehrt, sind wohl diese Gedichte erst durch ihre häufigere Behandlung in den Blickpunkt geraten und daher "bekannter"? Wie dem auch sei, die restlichen Gedichte werden zwar gelegentlich zitiert, dann und wann wird auch einmal ein Teil daraus genauer analysiert, aber doch gewöhnlich nur zur Untermauerung einer gelehrten These. Die Mehrzahl der Gedichte erwartet immer noch einer genauen Untersuchung um ihrer selbst willen und damit ihrer verdienten Profilierung im so reichhaltigen und verschiedenartigen Opus des Dichters. Erst dann kann überhaupt der Wert des gesamten lyrischen Oeuvre und in der Felge sein Ort im Schaffen Hofmannsthals angemessen beurteilt werden. Und erst wenn das Fundament seines Gesamtwerks — eben die Lyrik, ohne die weder seine Prosa noch sein dramatisches Opus denkbar wären — zur Genüge ausgelotet und wissenschaftlich abgesichert ist, kann es auch die so verschiedenartigen theoretischen Gerüste mittragen, die ständig an Hofmannsthals Werk errichtet werden. Es ist also durchaus angebracht, auch den weniger bekannten oder geschätzten Gedichten Bahn zu brechen damit sie, damit sie, über den Weg der und damit hoffentlichForschung, erneut in das Bewußtsein eines breiteren Publikums dringen.

Die hervorragensten Leistungen der Hofmannsthal-Forschung der letzten zwei Jahrzehnte bestanden in dem Bemühen, jene von Hofmannsthal selbst statuierte Einheit in seinem Werk nachzuweisen und festzustellen, welchen literarischen Strömungen es verpflichtet ist. Es scheint nun an der Zeit, Einzelwerke des Dichters wieder in den Mittelpunkt zu rücken und für sich sprechen zu lassen. Darum wurde diese Sammlung auch absichtlich nicht unter ein bestimmtes Vorzeichen gestellt, etwa eines vorherbestimmten Themas oder einer normierten Methode. So zeichnet sich jeder Beitrag durch einen individuellen Ansatz aus, und das Angebot ist breit gefächert. Es reicht vom sehr persönlichen, der Einfachheit des Gedichtes entsprechenden Verständnis von "Das kleine Stück Brot..." über die sorgfältige, detailierte Analyse und Erklärung jeder Zeile von "Nox portentis gravida" — einer Darstellung der Epiphanie — bis hin zum Vergleich von "Siehst du die Stadt?" mit einem thematisch ähnlichen Gedicht von William Wordsworth. "Welt und ich" wird zum Anlaß, das Spannungsverhältnis zwischen Kunst und Leben und den Begriff der Welterfahrung als ästhetisches — und autobiographisches— Erlebnis zu bestimmen. "Großmutter und Enkel" wird auf drei verschiedene Arten gelesen: Aus dem entstehungsgeschichtlichen Kontext werden die Intention Hofmannsthals und die Beziehung des Textes zu Goethe erschlossen, und auch wird es von seinem Ort in der Gedichtsammlung her betrachtet. Die Interpretation von "Zum Gedächtnis des Schauspielers Mitterwurzer" beschäftigt sich gleichzeitig auch mit der Bedeutung des Theatralischen und Schauspielerischen bei Hofmannsthal. "Der Jüngling in der Landschaft" — "das christlichste aller Gedichte" — wird als Ausdruck eines Bekentnisses nicht zum sozialen Engagement, sondern zur fast religiösen Offenbarung, zum Erkenntnisgewinn gesehen. Obwohl diese Sammlung den Waisenkindern unter Hofmannsthals Gedichten gewidmet ist, haben doch auch zwei Gedichte Unterschlupf gefunden, die schon einmal spezielle Fürsorge genossen haben. Die Interpretation von "Wir gingen einen Weg..." ist nicht zuletzt wegen ihrer kunstgeschichtlichen Sehweise erneuter Aufmerksamkeit für würdig erachtet worden. In "Terzinen" wird die Form dieser Gedichte genau bestimmt und damit ein neuer Weg in bereits bestellte Gefilde gewiesen, der auch als Modell für andere Gedichtanalysen dienen kann. Zu fremdsprachigen Beiträgen war ermutigt worden in der Hoffnung, daß der durch den Dichter selbst vorgegebene typische Hofmannsthal-Jargon vermieden würde, der die wissenschaftliche Ausdrucksweise jetzt schon seit Jahrzehnten beherrscht — man denke nur an den leidigen Begriff der Präexistenz oder, *mea culpa*, den des höchsten Augenblicks. So sollten nicht nur neue Ausätze gefunden, sondern auch der Tendenz unserer Disziplin vorgebeugt werden, sich auf ausgefahrenen Bahnen im Kreise zu drehen. Hofmannsthal selbst hatte ja eben hier die Aussichtslosigkeit der Philologie gesehen, als er Burckhardts Warnung aufgriff, Worte nicht als endgültige Bezeichnungen aufzufassen, sondern als den ewig wechselnden Ausgleich zwischen denselben Dingen und neuen Individuen.

In diesem Sinne soll der vorliegende Band einen bescheidenen Anfang machen, weiter in das nur unzulänglich verstandene Reich von Hofmannsthals Poesie vorzudringen.

Zum Geleit

VOR FAST HUNDERT JAHREN begann der kaum siebzehnjährige Hugo von Hofmannsthal Verse zu schreiben. Gut zehn Jahre später hatte er ein Corpus von Gedichten geschaffen, das in der Geschichte der modernen Lyrik zu den eigentümlichsten und vorzüglichsten gehört. Im Gesamtwerk des Dichters nimmt dieses Corpus an Raum etwa ein Dreißigstel ein. Wer nur die Gedichte zu zählen gewillt ist, die Hugo von Hofmannsthal selbst "autorisiert" und in die *Gesammelten Werke* von 1924 aufgenommen hat, kommt auf ein Neunzigstel. Das Erstaunen aber und die Faszination, mit denen man seit damals diesem lyrischen Werk begegnet, haben, meine ich, nicht nachgelassen.

Wir wissen, daß Hofmannsthal in jenem Jahrzehnt (ca. 1891–1901) auch seine "Lyrischen Dramen" und danach dann, ja zeit seines Lebens, lyrische Passagen schrieb— in den Dramen, den Essays, der Prosa und vornehmlich in den Libretti. Es wäre also eine Torheit zu behaupten, Hofmannsthal habe nach dem "Abschluß" des Gedichtwerkes, seines kleinen lyrischen *opus maximum*, nichts Lyrisches mehr verfaßt; es wäre aber ebensolche Torheit, sich nicht mit dem Gedanken zu beschäftigen, warum er relativ plötzlich zwar nicht der lyrischen Aussagemöglichkeit, aber dem Gedicht als Kunstform entsagt hat. Denn angesichts der zahlreichen lyrischen Passagen in seinem Werk ist es sicherlich nicht abwegig, von Entsagung zu sprechen. Dies ist nicht der Ort, ihren Motiven nachzuforschen. Weder biographische noch die so sehr strapazierten Überlegungen, die zum berühmten Chandos-Brief führten, scheinen mir hier überzeugend. Viel eher wäre einmal zu untersuchen, was Hofmannsthal veranlaßt haben könnte, schon einmal "autorisierte" Gedichte wieder zurückzuziehen, und zwar zur größten Verwunderung seiner Freunde. Ebenso sollten wir uns vielleicht einmal etwas detaillierter fragen, warum er besonders einige der zwischen 1901 und 1910, also in dem sich an die intensive lyrische Produktion anschließenden Jahrzehnt, geschriebenen, sehr stark lyrischen, gleichsam visionären, zumindest betont visuellen Prosa-Stücke (wie "Erinnerung schöner Tage" und "Die Wege und Begegnungen") anscheinend wirklich unterbewertete und in Briefen zuweilen bagatellisierte. Die Fragen, die uns dieses Oeuvre aufgibt, sind mitnichten beantwortet, ja kaum alle erkannt. Es lohnt sich also der immer wieder gemachte Versuch, dieses erstaunliche *opus lyricum* eines sehr jungen Menschen zu deuten und es somit einer immer wieder die Literatur befallenden, um sich greifenden Vergessenheit zu entziehen. Besonders, da es doch einmal so aussah, und auch dem Dichter selbst oft so vorgekommen sein muß, als solle außer diesem als begnadet empfundenen Frühwerk (die Gedichte, vermehrt um die "Lyrischen Dramen") zunächst nichts von Hofmannsthal gelten und bleiben. Alles dies ist der Forschung als Tatsache und Problematik natürlich wohlbekannt, aber Hofmannsthal spricht ja stärker als andere Lyriker (etwa Stefan George) einen viel breiteren Leserkreis an. Bei fast jeder Tagung der Hofmannsthal-Gesellschaft, an der ich teilnehmen konnte, fiel mir auf, wie viele der Anwesenden ganz einfach Hofmannsthal-Liebhaber sind, denen die Texte des Dichters auch jenseits aller von der Forschung zu Dank oder Undank betriebenen Philologie und Akribie unvermindert wichtig bleiben.

Auch diese hier vorgelegte Auswahl von Gedicht-Interpretationen geht davon aus, daß Hofmannsthals Gedichte noch aktuell sind und wenig Patina und schon gar keinen Rost über die Jahre hin angesetzt haben. Es wird hier mit sehr diversen kritischen Mitteln versucht, diese Gedichte neu zu erschließen oder zumindest in einem neuen Kontext zu sehen. Allen solchen Versuchen sind, wie immer die hermeneutischen Koordinaten gezogen sein mögen, deutliche Grenzen gesetzt, und zwar implizit: Rudolf Borchardt hat einmal angemerkt, ein Text, der ein Geheimnis birgt, das man sozusagen nur auf Zeit entschlüsseln kann, ziehe sich nach der getanen Arbeit des Hermeneuten wieder in sich selbst zurück. Es gibt auch Fälle, in denen der Text ein gut Teil einer bestimmten Deutung absorbiert, so daß künftige Interpreten diesen hinzugewachsenen Teil nur noch mit Mühe vom "Originaltext" loslösen können. Es muß dann, wenn das überhaupt möglich ist, das Hinein-Gelesene erst wieder heraus-gelesen werden.

Zum Geleit

Ich möchte hier ein paar Worte über ein mich seit Jahren besonders ansprechendes Gedicht sagen, nämlich über "Botschaft" aus dem Jahre 1897. Ein paar Worte, denn dies ist ein Vorwort. Die Möglichkeit, "Botschaft," wenn auch nur skizzenhaft, hier mit einzubeziehen, erweitert den Kreis des Angebotenen. Dieser Kreis, und darum geht es, zeigt innerhalb eines schmalen Corpus eine überraschende Vielfalt. Man kann diesen Punkt gar nicht genug hervorheben. Es wäre ein Leichtes, und so ist es ja auch oft geschehen (gleichsam im Auftrag des Dichters selbst, der ja immer wieder auf die "formidable Einheit" seines Oeuvre hinwies), dieses kleine lyrische Werk so zu deuten, als sei es mehr oder weniger eines Sinnes. Das ist es aber nicht. Freilich hat *einer* es geschrieben, aber — und dazu wird dieser Band beitragen können — erst neuerdings ist die Verschiedenartigkeit der von Hofmannsthal sozusagen letzter Hand ins Gesamtwerk aufgenommenen Gedichte evident geworden; nur, so scheint es mir, noch lange nicht genügend evident.

```
Ich habe mich bedacht dass schönste Tage
Nur jene heißen dürfen, da wir redend
Die Landschaft uns vor Augen in ein Reich
Der Seele wandelten: da hügelan
Dem Schatten zu wir stiegen in den Hain                    5
Der uns umfieng wie schon einmal erlebtes
Da wir auf abgetrennten Wiesen still
Den Traum vom Leben nie geahnter Wesen
Ja ihres Gehns und Trinkens Spuren fanden
Und überm Teich ein gleitendes Gespräch                   10
Noch tiefere Wölbung spiegelnd als der Himmel:
Ich habe mich bedacht auf solche Tage
Und dass nächst diesen drei: gesund zu sein
Am eignen Leib und Leben sich zu freuen
Und an Gedanken, Flügeln junger Adler,                    15
Nur eines frommt: gesellig sein mit Freunden.
So will ich dass Du kommst und mit mir trinkst
Aus jenen Krügen, die mein Erbe sind
Geschmückt mit Laubwerk und beschwingten Kindern
Und mit mir sitzest in dem Gartenthurm:                   20
Zwei Jünglinge bewachen seine Thür,
In deren Köpfen mit gedämpftem Blick
Halbabgewandt ein ungeheueres
Geschick Dich steinern anschaut dass Du schweigst:
Und meine Landschaft hingebreitet siehst                  25
Dass dann vielleicht ein Vers von Dir sie mir
Veredelt künftig in der Einsamkeit
Und da und dort Erinnerung an Dich
Im Schatten nistet und zur Dämmerung
Die Strasse zwischen dunklen Wipfeln rollt                30
```

Und schattenlose Wege in der Luft
Dahinrollt wie ein ferner goldner Donner.[1]

Der Reiz, mit "Botschaft" eine Weile zu leben und umzugehen, ist sehr groß. Es ist nämlich ein ganz einfacher Text und doch — will man *alle* Fragen, die er aufgibt, lösen — ein eher sperriger und komplexer. Ich deute hier nur an, worin für mich dieser Reiz einer ausführlichen Deutung liegt, und zwar schon lange. Ich entsinne mich, vor Jahren als Beitrag zu einer Festschrift für Oskar Seidlin eine Deutung von "Botschaft" vorbereitet zu haben; dann aber ergab sich plötzlich die Gelegenheit, einen deutenden Essay gemeinsam mit Wolfgang Stechow zu überreichen. Ein anderes Gedicht aus demselben Jahr wie "Botschaft" erwies sich für die Kollaboration mit einem Kunsthistoriker als wesentlich günstiger, nämlich "Wir gingen einen Weg...." In der zweibändigen Auswahl, die Rudolf Hirsch vor nunmehr dreißig Jahren im S. Fischer Verlag herausgab, folgen "Botschaft" und "Wir gingen einen Weg..." direkt aufeinander, und zwar zu Recht, und eben nicht nur wegen ihrer gemeinsamen Entstehungszeit. Beides sind Sprech-, Gesprächs- und Brief-Gedichte. Der Untertitel von "Botschaft" in einer dem Erstdruck in den *Blättern für die Kunst* zugrundeliegenden Reinschrift ist "Brief."

Also ein Gedicht des jungen gesprächigen, geselligen, ja gesellschaftlichen Hofmannsthal — für ebensolche Leser? Das Mensch-Sein überhaupt und der starke, mehrmals ausgesprochene Wunsch, selbst als Künstler Mensch, d. h. Mit-Mensch, zu sein und zu bleiben, war für Hofmannsthal ein lebenslängliches Anliegen. Ein Brief kann freilich stummes Gespräch sein; für Hofmannsthal ist dieser "Brief" hier nicht so sehr lautloses Gespräch als eine Art Fortsetzung des durch eine Trennung unterbrochenen (gesprochenen) Gesprächs. Für ihn ist der Brief (anders als, sagen wir, für Thomas Mann oder Rainer Maria Rilke) ohnehin nur sehr selten Ruhmesverwaltung und Oeuvre an sich, sondern ganz einfach Geselligkeit, jene so oft bestätigte Regeneration durch den Anderen.

So hätte der Interpret erst einmal zu beachten, daß es in diesem Gedicht zunächst offen bleibt, wer in dem Text angesprochen wird: das "Du" des Gedichtes ist nicht (nicht einmal möglicherweise!) das lyrische

---

[1] Die Gedichte in diesem Band sind, soweit schon in der *Kritischen Ausgabe* zur Veröffentlichung gelangt, zitiert aus Hugo von Hofmannsthal, *Sämtliche Werke. Kritische Ausgabe*, hrsg. von Rudolf Hirsch, Clemens Köttelwesch, Heinz Rölleke, Ernst Zinn (Frankfurt a. M.: S. Fischer, 1975–), Bd. 1, *Gedichte 1*, hrsg. von Eugene Weber (1984), angegeben im Text als SW 1 und Seitenzahl. Alle anderen Zitate, wenn nicht anders angegeben, aus *Gesammelte Werke in Einzelausgaben*, hrsg. von Herbert Steiner, 15 Bde. (Frankfurt a. M.: S. Fischer, 1952–1969) mit den für sie üblichen Siglen. "Botschaft" SW 1, 78.

Ich selbst und somit das Gedicht ein Monolog oder Schein-Dialog, sondern wie im wahren Brief ist es ein wahres "Du" und wurde in Reinschrift und Erstdruck großgeschrieben. Wir haben ein als Brief geschriebenes Gedicht vor uns. Es beginnt auch gleich mit dem Hinweis, daß wir uns die Landschaft "redend," im Gespräch, und vor unseren Augen in ein Reich der Seele verwandeln sollen. Es wird nicht gesagt: Indem wir reden, wird die Landschaft, die uns unverwechselbar vor Augen ist, in eine ganz allgemeine, in etwas wie eine *paysage d'âme*, also praktisch in ein Klischee verwandelt; vielmehr verwandeln wir, was wir sehen, in ein "Reich der Seele," das nur für den Sprechenden (oder nur für ihn und den Angesprochenen) in diesem Gehen und Reden existiert. Hier findet eine Wieder-Echtwerdung eines zum Klischee heruntergekommenen Begriffes statt, eine Rückführung auf die Ur-Situation seines Inhaltes. Ich glaube, eine solche Lesart wäre Hofmannsthal vertraut gewesen, denn für ihn war ja "Landschaft" keineswegs nur ein in der "Natur" angesiedelter Begriff; für ihn besaß, wie er zehn Jahre später an Helene von Nostitz schreiben sollte: "[...] der Eine in dem Anderen Ländereien, Landschaften, Gärten, Abhänge [...]."

Das wäre, meine ich, der erste Einstieg in das Gedicht, die erste *lectio*, die dem ersten Abschnitt gerecht werden könnte. Der zweite Abschnitt (ich gehe zunächst von Doppelpunkt zu Doppelpunkt), spricht bereits von dem dann im letzten Abschnitt wieder zur Sprache kommenden "Schatten," der das Reich des Schon-einmal-Gewesenen abschirmt. Also auch hier eine zweite "Landschaft," dieser Hain nicht des jetzigen, sondern des vergangenen Gehens: das schon einmal Erlebte; damals fanden wir Spuren auf abgetrennten (wovon?) Wiesen, aber nicht Spuren vom gelebten Leben Anderer, sondern vom Traum, den diese anderen Wesen vom Leben (ihrem eigenen?) hatten. Während dieses Gehens, das auf Vergangenes stößt, ereignet sich (vielmehr: es wird gefunden) wieder ein Gespräch, ein "gleitendes." Dieses Wort, deutlich mit allem Vergehenden verbunden, ist für Hofmannsthal von besonderer Bedeutung. Dieses zweite Gespräch nun reflektiert eine größere Tiefe als der Himmel selbst es könnte.

Auf solche Tage bedenkt sich der "Brief"-Schreiber (bedenkt sich darauf, wie er auch darauf vergessen könnte) und schließt hier das bei Hofmannsthal mehrfach nachweisbare Simonides-Skolion an: das beste für den Sterblichen seien Gesundheit, eine schöne Physis, ein unbeschwerter Reichtum und unter Freunden zu sein. Der dritte Wunsch wird hier, gleichsam ins Geistige transponiert, zum Gedanken-Reichtum, und *gezeigt*, ja ikonisiert, wird dieser Reichtum mit Hilfe von Adlerflügeln, die Hofmannsthal sehr oft und auch in "Wir gingen einen Weg..." einsetzt.

Das Gedicht ist ganz deutlich zweigeteilt. Der Wunsch des zweiten Teiles wurde ja im ersten Teil begründet und beschrieben. Die Teilung fällt genau in die Mitte. Beachtet man die Interpunktion, besonders die eine Intensivierung eskalierenden Doppelpunkte, welche die Gespräche, die eins aus dem anderen hervorgehen und sich dabei aber potenzieren lassen, dann gibt uns die Deutung gleich weniger Rätsel auf. Der einzige Punkt bezeichnet nämlich die genaue Halbierung des Textes. Das ließe sich leicht auch an anderen Texten zeigen. In diesem Text wahrt Hofmannsthal durch den Doppelpunkt (anstelle des Punktes) die subtile innere Beziehung der beiden im ersten Teil beschriebenen Gespräche.

Um die Bedeutung des "gesellig sein mit Freunden" richtig ins Blickfeld zu rücken, bedarf es vielleicht einer Stelle aus "Wir gingen einen Weg...," denn dort wie hier verbinden sich Natur und Kunst, Erlebtes und Ererbtes, zu jenem Geisterhaften, von dem die schönsten Gedichte Hofmannsthals einen spürbaren Hauch haben. Der Passus, an den ich denke, beendet das Gedicht:

[...] da wurde es mir so
Als dürft ich jenen letzten die noch nah
Der Erde schienen freundlich ihr Gewand
Anrühren wie ein Gastfreund thuen darf
Von gleichem Rang und ähnlichem Geschick:
Denn ich gedachte jenes Abenteuers.   (SW 1, 77)

Genau solch ein Abenteuer beschreibt "Botschaft." Das "So," mit dem der zweite Teil der "Botschaft" beginnt, indem es die ersten 16 Zeilen zusammenfaßt, bedeutet: weil das so ist, will ich, daß "Du" kommst und mit und bei mir diesen eben beschriebenen sich steigernden Prozeß in Gang setzt.

Und nun — man glaubt zunächst, es komme nun die "Illustration," die Anwendung des gerade Gesagten — zieht sich der Text ins Rätselhafte zurück. Wer ist der Angesprochene? Müssen wir's wissen? Es ist ein Freund des Sprechers und, wie sich später herausstellt, ein Dichter, der aufgefordert wird, mit dem Sprecher aus den ihm (diesem Sprecher) vererbten Krügen zu trinken. Diese wiederum sind Kunstgebilde aus Worten (Mörike, Keats), und zwar mit bildender Kunst geschmückte. Und der Freund soll nun im Garten-Turm mit ihm sitzen, in einer Art Doppel-Bild von Paradies und Gefängnis. (Bei "Gartenthurm" denken wir vor allem an "Der Beherrschte" [1897] und wiederum an "Wir gingen einen Weg..."). In ersterem, einem ausgesprochenen Erzähl-Gedicht, erhöht sich die Gefährlichkeit des Turmes noch. In "Botschaft" sind die bewachenden "Jünglinge," die entweder den Eintritt verwehren oder die Bewohner des Gartens schützen sollen, Engel-Figuren; von jenem "ungeheueren Geschick" ist in den Gedichten jener Zeit sehr oft die Rede. Was der Freund, mit dem es gesellig zu sein gilt, nun vor sich liegen sieht, ist des Sprechenden "Landschaft," entweder die erste oder die zweite verwandelte, und diese ist es (so meint der Sprecher), die nun in einem Vers des Freundes "veredelt" fortleben soll. Und nun wird die Syntax rätselhaft gleitend; "in der Einsamkeit" mag dem Vorhergehenden wie dem Darauffolgenden zugehören; jedenfalls wird die Landschaft, jetzt definitiv in Kunst verwandelt, weiter beschrieben. In einer detaillierten Interpretation wäre jetzt vielleicht anzumerken, daß der Ansicht der *Kritischen Ausgabe*, "nistet," "rollt" und "dahinrollt[n]" bezögen sich auf "Erinnerung," nicht unbedingt beizustimmen ist. "Nistet," meine ich, gehört zu "Schatten" und "Erinnerung," "rollt" zu "Strasse" und "dahinrollt" zu "Wege" und allenfalls zu "Strasse." — Und schließlich sind noch die Hinweise auf "Schatten" zu klären und zwar nicht nur, wie die *Kritische Ausgabe* meint, im Hinblick auf die fünfstrophige Reinschrift des "Lebensliedes" (1896), sondern auf sehr zahlreiche Parallelstellen aus der Zeit 1896/97, also besonders auf "Unendliche Zeit" (1896), einen Text, der sich wie ein gedichteter Kommentar zu "Botschaft" liest. So wird in den letzten sieben Zeilen des Gedichtes eine Art von mythischer Landschaft beschrieben, deren Entstehung im Gedicht selbst dokumentiert ist. Die beiden Hälften des Gedichtes spiegeln sich also wirklich. Es spiegeln sich auch die Zeichen und Symbole, also die beiden Landschaften, die beiden Ich, das redende und das angeredete, die Schatten, das Gehen, das Trinken, die Straße, auf der wir gehen, die nie geahnten Wesen, die beiden Jünglinge schließlich — Spiegelbilder des Sprechenden und des Angesprochenen.

Das möge als Skizze genügen: dank der heute verfügbaren Hofmannsthal-Konkordanzen läßt sich jedes Gedicht (auch die Prosa) zum Interpretieren oder zu Wortfeld-Studien (leider) fast unbegrenzt kontextualisieren.

Es gereiche Deutern wie Lesern zum Trost: die Gedichte, auch die oft interpretierten, sind noch nicht völlig aus-gedeutet. Damit sei diese hier vorgelegte Auswahl zugleich empfohlen und vor allen falschen Endgültigkeits-Ansprüchen in Schutz genommen. Viele Einsichten, Aufhellungen und — als deren Folge — eine erhöhte Aufmerksamkeit Hofmannsthals Gedichten gegenüber: kann man von einer Sammlung von Deutungen mehr verlangen? Die Einsichten und Aufhellungen können manchmal auf ihre Weise so dauernd sein wie die Vergänglichkeit, die sie beschwören.

Richard Exner

Lore Muerdel Dormer

Das kleine Stück Brot...

Das kleine Stück Brot
Die Blume blaßrot
Und die Decke von Deinem Bette
Wenn ich die drei nur hätte.

Hätt ich das Brot nur immer noch   5
Davon Du lachend abgebissen
So spürt' ich auch den leisen Druck
Von all den fortgeflogenen Küssen.

Wär nicht die Blume ganz zerfallen
Hätt irgendwie ein Ding Bestand   10
Müsst immer wie ein kleiner Vogel
Dein Herz mir klopfen in der Hand.

Und wäre nur die Decke mein
Wie lieb und schläfrig, los vom Mieder,
Muß in ihr hingebreitet sein   15
Die Ahnung Deiner kleinen Glieder.

So hab ich keines von den dreien
Und muß immer von neuem —

Und kann doch nicht enden
Mit Lippen und Händen 20
Dich anzurühren,
Um Dich zu spüren![1]

DAS KLEINE GEDICHT IST KAUM BEKANNT. Es findet sich nicht in der Steinerschen Ausgabe von Hofmannsthals Werken und auch nicht unter den bisher erschienenen Gedichten der *Kritischen Ausgabe*. Dem Nachlaß entnommen, wurde es zunächst in den *Hofmannsthal-Blättern* veröffentlicht und ist erst in der neuen Fischer Taschenbuchausgabe der *Gesammelten Werke* einem größeren Leserkreis zugänglich. Zusammen mit "Drei kleine Lieder"[2] und Gedichten aus dem Nachlaß — besonders "Der nächtliche Weg," "Das Zeichen," "Wir sprechen eine Sprach..." und "Da ich weiss...," — entstammt es dem Jahr 1899 und ist, wie sie, an Gerty Schlesinger, seine spätere Frau, gerichtet.[3] Doch, wie die "Bibliographie" der Taschenbuchausgabe[4] erweist, nimmt es auch unter ihnen eine Sonderstellung ein: Es ist ein Teil eines Briefes an Gerty, in dem Hofmannsthal schreibt:

> Auf der anderen Seite das bestellte Gedicht. Nicht bös sein bitte, wenn es dumm ist. Ich hab noch nie in meinem Leben für ein Mädel oder eine Frau ein Gedicht gemacht. Ich werd's schon besser lernen, wenn Sie mich noch ein bisserl länger behalten.[5]

Eine Nachschrift zu dem Brief lautet: "die Blume ist die Anemone, die Sie neulich zum dekolletierten Kleid genommen haben." Hofmannsthal hat also das Gedicht scherzhaft der Auftraggeberin abgeliefert wie einst der Dichter des Barock seine Gelegenheitslyrik, und es gehört Gerty so als *bestelltes* Gedicht in ganz besonderer Weise.

---

[1] Zitiert nach Hugo von Hofmannsthal, *Gesammelte Werke in zehn Einzelbänden*, hrsg. von Bernd Schoeller in Beratung mit Rudolf Hirsch, [Gedichte, Dramen I, 1891–1898] (Frankfurt a. M.: Fischer, 1979), 198; weiterhin zitiert als GW G. Einige vom Druck der Taschenbuchausgabe abweichende Stellen entsprechen dem Manuskript des Nachlasses. Ich danke Dr. Rudolf Hirsch für diese Hinweise.

[2] GW G, 36 f.

[3] GW G, 196, 197, 199, 200.

[4] GW G, 629.

[5] ebd. 629.

Die ersten vier Strophen erinnern an die Vierzeiler eines Volksliedes. Hofmannsthal scheint sich um die Jahrhundertwende besonders mit *Des Knaben Wunderhorn* beschäftigt zu haben und weist mit Entlehnungen darauf hin. So etwa in dem dritten Gedicht von "Drei kleine Lieder," das ursprünglich sogar die Überschrift "Im Volkston" hatte,[6] in dem Scherzgedicht "Wir sprechen eine Sprach..."[7] und dem "Kindergebet"[8] für Genja Claassen.

"Das kleine Stück Brot" beginnt also mit vier Volksliedstrophen, doch es endet mit einer sechszeiligen Strophe, die in immer kürzer werdenden Zeilen fast wie ein barockes Figurgedicht aussieht. Warum kam es zu diesem seltsamen Ausbruch aus der Form, die sich im Gedicht aus "Drei kleine Lieder," im Scherzgedicht und im "Kindergebet" erhielt? In der Antwort auf diese Frage erschließt sich die Deutung.

Die Einheit von Sinn und Form weist auf eine Meisterschaft, die man dem einfachen, "dummen" Gedicht — wie Hofmannsthal es scherzhaft nennt — zunächst nicht ansieht. Die erste Strophe führt in die Zauberwelt der Volkssage und des Märchens, in der man drei Wünsche frei hat. Der Dichter wünscht sich ein "Stück Brot," eine "Blume" und eine "Decke." In den drei folgenden Strophen gibt er die Begründung für jeden dieser Wünsche: Chiffren für den Kuß, Umarmung und die völlige Hingabe der Geliebten.

Diese Bilder gehören zu der Atmosphäre des Märchenhaften, Kindlichen, das für die meisten Gedichte an Gerty charakteristisch ist und wohl in der Begegnung Hofmannsthals mit ihr wesentlich war. Gertys besonderen Zauber hat Hofmannsthal am besten in *Der weiße Fächer* beschrieben, als Florindo von seiner jung verstorbenen Frau sprach:

Sie war ein Kind, und wie bei einem Kind
Ein neugebornes Wunder jeder Schritt.
[...]
Mit unbefangnen Augen stand sie da
Und ehrte jedes Ding nach seinem Wert,
Gerechter als ein Spiegel; [...]
Sich gebend wie die Blume unterm Wind,
Weil sie nichts andres weiß, und unberührt,
Ja unberührbar, keiner Scham bedürftig,

---

[6] Die letzte Strophe geht auf die Ballade "Auf diese Gunst machen alle Gewerbe Anspruch" zurück; siehe GW G, 610.

[7] Dieses Gedicht war Gerty ebenfalls gewidmet. Hofmannsthal hatte darüber vermerkt: "ein dummes kleines Gedicht mit einem schönen Refrain" (GW G, 629).

[8] Die erste Strophe ist aus *Des Knaben Wunderhorn* entlehnt (GW G, 628).

> Weil Scham doch irgendeines Zwiespalts Kind
> Und sie so völlig einig in sich selber.[9]

Im Gedicht spiegelt sich diese kindliche Unbefangenheit in der zweiten Strophe im lachenden Abbeißen des Brotes — zugleich ein Hinweis darauf, daß diese Kind-Frau durchaus kein ätherisches Wesen ist, sondern den praktischen Dingen des Lebens fröhlich zugewandt.

Die Metaphern der Blume und des klopfenden Herzens sind in werkimmanenter Interpretation schwer zu verbinden. Doch nach Hofmannsthals Begleitbrief ist die Blume "die Anemone, die [Gerty] zum dekolettierten Kleid" getragen hatte. Der Dichter fühlt sich vom Zauber des Fraulichen verführt und ist im Begriff, dem Impuls nachzugeben; doch die tastend vorgestreckte Hand wendet sich, muß — in bezaubernder Metapher — Bergung werden:

> Müßt immer wie ein kleiner Vogel
> Dein Herz mir klopfen in der Hand.

Keiner, der einmal ein halbflügges Vögelein in der Hand gehalten hat, kann diesen Eindruck je vergessen — das zarte, erschrockene Pulsieren des kleinen Körpers, völlig hilflos und deshalb Schutz als Selbstverständliches fordernd.

Auch die in der folgenden Strophe mit der Federdecke verbundene Erotik des Ver- und Enthüllens wird eingebettet in Bilder, die der Welt des Kindes angehören: "lieb und schläfrig," "Ahnung Deiner kleinen Glieder."

Meisterhaft nutzt Hofmannsthal, der sich schon früh wie ohne Zwang in streng vorgezeichnete Gedichtformen fügen konnte, nun die Freiheit der Volksliedstrophe.[10] Die erste Strophe des Gedichtes in zwei Reimpaaren unterscheidet sich im Metrum deutlich von den drei folgenden und kann in den ersten drei Verszeilen als Zwei- oder Dreiheber gelesen werden. Mir erscheinen sie am reizvollsten im Zweiertakt, so würde jeder der Wünsche besonders skandiert: "kleine" / "Brot," "Blume" / "rot" und "Decke" / "Bette." Die letzte Strophe faßt sie im Dreiheber nochmals zusammen — zugleich in dem auf die kommenden Strophen hinweisenden Konjunktiv: "Wenn ich die drei nur hätte."

Die drei folgenden Strophen sind als traditionelle Vierheber des Volksliedes gestaltet; doch der Takt bleibt ein leises Pochen, denn

---

[9] GW G, 458.

[10] Siehe Wolfgang Kayser, *Kleine deutsche Versschule* (Bern: A. Francke, 1951), 39 f., 86, 94.

Rhythmus und Wortmelodie malen das impulsive Abbeißen vom Brot, das Fortfliegen der Küsse, das klopfende Herz des kleinen Vogels und, in Dehnungen der Vokale und Diphtonge, das schläfrige Ausstrecken der jungen Gestalt. Aber nur Zeile zwei und vier finden ihr Echo in diesen Strophen: für den Bittsteller reimen sich die Dinge leider nicht ganz.

So finden die drei Wünsche auch keine Erfüllung, denn — und hier endet das Märchen, das Volkslied — jeder dieser drei Wünsche hat sich schon selbst verwünscht. Das rasch aufgezehrte Stück Brot, die "ganz zerfallen[e]" Anemone — eine von den Blumen, die nach dem Abpflücken ihre Tönung nur ganz kurz behalten — , und die Decke, die leicht und schmiegsam die Formen des Körpers empfängt und diesen Eindruck mit jeder seiner Wendungen neu verliert: sie alle sind zugleich Chiffren des Vergänglichen. Deshalb die Klage: "Hätt irgendwie ein Ding Bestand."

Das Gedicht ist eng verwandt mit "Das Zeichen," auch aus dem Jahre 1899, in dem dieselben Gedanken deutlicher ausgedrückt werden:

Und wie wir uns ersehen,
Tief eins ins andre gehen,
Es bleibt doch nichts bestehen:
So wenig wie ein Kuß.

Es bleibt um Brust und Wangen
Nichts von so viel Verlangen,
Kein Zeichen bleibet hangen
Auch von so vielem Glück.

Und trügest du ein Zeichen,
Ein purpurrotes Zeichen,
Es müßte auch verbleichen,
Es ginge auch dahin![11]

Doch während "Das Zeichen" in Resignation endet, versucht Hofmannsthal in "Das kleine Stück Brot..." einen Ausweg zu finden. Das Gedicht sucht sich Bahn in der Endstrophe. Sie hat drei Reimpaare, und die Sprache wechselt von Konjunktiv in die Gegenwart. Die erste Zeile wendet sich nochmals zurück: "So hab ich keines von den dreien." Aber dann kehrt die Metrik des Gedichtanfangs wieder, und die kürzer werdenden Zeilen drängen immer ungestümer auf das Du hin. Der Dichter will sich vergewissern — "Mit Lippen und Händen" — , daß die Geliebte da ist, da bleibt. Doch das "muß immer von neuem" geschehen, kommt nicht zur Ruhe, "kann doch nicht enden." So läßt auch hier die

---

[11] GW G, 197.

Flüchtigkeit des Augenblicks, seine Vergänglichkeit, keine Gewißheit aufkommen.

Beide Gedichte zeigen, daß der behütet aufgewachsene und vom frühen Ruhm verwöhnte junge Dichter nun im eigenen Leben — Beispiele sind der Tod Josephine von Wertheimsteins 1894[12] und die schwere Zeit seines Militärdienstes in Galizien — und in der Auseinandersetzung mit dem Gedankengut seiner Zeit — besonders der Philosophie Ernst Machs — die Härte und Flüchtigkeit des Daseins erfahren hatte und nach Werten suchte, die dem Augenblick standhielten. Wohl sah Hofmannsthal den ständigen, unaufhaltsamen Wandel alles Lebendigen, doch seine Werke, auch "Das kleine Stück Brot...," weisen darauf hin, daß er sich — vielleicht unter dem Einfluß des Neuplatonismus und der Werke Gustav Fechners — [13] auf die Dauer nicht voll zur Diesseitigkeit Machs bekennen konnte.

Wie das Sterben der Dianora in *Die Frau im Fenster* und der Sobeide in *Die Hochzeit der Sobeide* zeigt; wie aus dem Prolog und dem Dialog in *Der weiße Fächer* und aus der Umkehr des Bettlers in *Das Salzburger große Welttheater* zu ersehen ist,[14] scheint sich für Hofmannsthal im Menschen bei wesentlichen Entscheidungen — dem Anruf der Tyche — ein überzeitlicher "Kern" der Persönlichkeit zu formen, dessen er sich aber nur im Tod oder in außergewöhnlichen Augenblicken — "Schwellenerlebnisse" würde Fechner sie nennen — voll bewußt wird.

Auch die Verschüttungsepisode in der entscheidenden Begegnung zwischen Kari Brühl und Helene in *Der Schwierige* ist ein "Schwellenerlebnis" und deutet an, daß es für Hofmannsthal eine solche der Zeit enthobene Bindung zwischen Mann und Frau gibt, die über Schuld und Untreue hinaus Vergebung, Neuanfang und Dauer gewährt.[15]

Der Dichter spricht zurückblickend noch 1926 in einem Brief an Carl Burckhardt über die Ehe als "das Hohe," "das Sacrament," die Entschei-

---

[12] Zu Hofmannsthals Beziehung zu Frau von Wertheimstein siehe Rudolf Holzer, *Villa Wertheimstein: Haus der Genien und Dämonen* (Wien: Bergland Verlag, 1960).

[13] Man denke an das bekannte Motto des "Ad me ipsum." Vgl. auch Lore Muerdel Dormer, "Hofmannsthals 'Terzinen' und Gustav Fechner. Hinweise auf bisher unbeachtete Bezüge in Leben und Werk," *Modern Austrian Literature* 19, 2 (1986), 33–45.

[14] Vgl. dazu Lore Muerdel Dormer, *Hugo von Hofmannsthal. Das Problem der Ehe und seine Bedeutung in den frühen Dramen* (Bonn: Bouvier Verlag H. Grundmann, 1975), 63 f., 89–91, 126. Für die Wandlung des Bettlers, vgl. GW *Dramen III, 1893–1927*, 143–163.

[15] Ironischerweise wird das Tiefste über die Ehe im Dialog zwischen den zwei "Ungetreuen," Kari und Antoinette, ausgesagt. GW *Dramen IV, Lustspiele*, 394 f., siehe auch 406 ff.

dung, die er bis zu seinem Tod nicht bereuen werde: "[...] (Es ist alles was ich davon denke in meinen Lustspielen gesagt, oft in einer mit Willen versteckten und beinahe leichtfertigen Weise.) Doch bleibt der Entschluß dazu in unserer heutigen Welt immer ein halbes Wunder."[16]

So fand Hofmannsthals Gedicht für Gerty, sein wahres Ende in der "Existenz," eben in diesem Entschluß zur Ehe. Die Chiffren des Wünschens waren nun "Brot," "Blume" und "Decke" des täglichen Lebens, und die Vergänglichkeit wurde im Unvergänglichen geborgen.

---

[16] *Hugo von Hofmannsthal, Carl Burckhardt: Briefwechsel* (Frankfurt a. M.: S. Fischer, 1957), 226.

Richard Exner

Wir gingen einen Weg...

Wir gingen einen Weg mit vielen Brücken
Und vor uns gingen drei die ruhig sangen.
Ich sage dies damit du dich entsinnst.
Da sagtest du und zeigtest nach dem Berg
Der Schatten trug von Wolken und den Schatten   5
Der steilen Wände mit unsichren Pfaden,
Du sagtest: "Wären dort wir zwei allein!"
Und deine Worte hatten einen Ton
So fremd wie Duft von Sandelholz und Myrrhen.
— Auch deine Augen waren nicht wie sonst —   10
Und mir geschah dass eine trunkne Luft
Mich fasste so wie wenn die Erde bebt
Und umgestürztes prunkvolles Gerät
Rings rollt und Wasser aus dem Boden quillt
Und einer taumelnd steht und doppelt sieht: 15
Denn ich war da und war zugleich auch dort
Mit dir im Arm und alle Lust davon
War irgendwie vermengt mit aller Lust
Die dieser grosse Berg mit vielen Klüften
Hingiebt wenn einer ruhig wie der Adler   20
Mit ausgespannten Flügeln ihn umflöge.
Ich war mit dir im Arm auf jenem Berg
Ich hatte alles Wissen seiner Höhe,
Der Einsamkeit, des nie betretnen Pfades
Und dich im Arm und alle Lust davon...   25
Und als ich heut im Lusthaus beim Erwachen

An einer kühlen Wand das Bild der Götter
Und ihrer wunderbaren Freuden sah:
Wie sie mit leichtem Fusse kaum mehr lastend
Vom dünnen Dache weinumrankter Lauben 30
Ins Blaue tretend aufzuschweben schienen
Wie Flammen ohne Schwere mit dem Laut
Von Liedern und dem Klang der hellen Leier
Emporgeweht da wurde es mir so
Als dürft ich jenen lezten die noch nah 35
Der Erde schienen freundlich ihr Gewand
Anrühren wie ein Gastfreund thuen darf
Von gleichem Rang und ähnlichem Geschick:
Denn ich gedachte jenes Abenteuers.[1]

> *O wüßt ich mehr von diesen Abenteuern,*
> *denn irgendwie bin ich dareinverwebt*
> *Und weiß nicht, wo sich Traum und Leben spalten.*

---

[1] Siehe Fußnote 1 von "Zum Geleit" in diesem Band; SW 1, 76–7. Diese Fassung des Gedichtes entspricht im wesentlichen seiner Erstveröffentlichung in den *Blättern für die Kunst*, 4. Folge (November 1897), 9 f. Wir finden "Augen" (Zeile 10) nur in einer handschriftlichen Vorlage und im Erstdruck (ein mir verfügbares Blatt aus der Handschrift hat für Zeile 10 "Auch Deine waren nicht wie sonst"). Danach wird es (bereits in der 1904 gedruckten "Auslese aus den Jahren 1898–1904" aus den *Blättern für die Kunst*) permanent zu "Wangen" abgeändert. Dies scheint auf einen Wunsch Hofmannsthals zurückzugehen. Anders verhält es sich wohl mit Zeile 11, in der in den ersten vier Drucken (1897, 1904 und zweimal im Jahre 1918) "Luft" steht; ab 1934 (*Nachlese der Gedichte*) wird ein die Interpunktion gefährdender, aber durch den Text der Zeilen 17, 18 und 25 verständlicher Druckfehler ("Lust") ständig weiter abgedruckt. Erst mit den nach dem Zweiten Weltkrieg erschienenen Ausgaben der *Gesammelten Werke* (1946 ff.) treten drei Punkte nach dem Titel des Gedichtes auf; in den Drucken von 1897 und 1904 erscheint das Gedicht ohne Titel. Ab Dezember 1918 (*Rodauner Nachträge*; dort unter "Unveröffentlichte Gedichte!") steht in Zeile 34 nach "Emporgeweht" ein Semikolon; bis dahin, einschließlich in dem Druck aus dem gleichen Jahre (in Wolf Przygodes *Die Dichtung*, I, 1; 44 f.), ein Doppelpunkt, der unsere Deutung sinnvoll unterstützt. Letzterer Druck ist auch der einzige, der in einer wichtigen Einzelheit dem Manuskript, das mir vorlag, folgt: sämtliche Hinweise auf ein Du (in allen Fällen der zweiten Person Singular des Personalpronomens) sind großgeschrieben und legen somit nicht nur das Genre des Briefgedichtes nahe, sondern geben uns damit vielleicht auch eine Erklärung, warum Hofmannsthal dieses Gedicht nach dem Druck in den *Blättern für die Kunst* nur zweimal an verhältnismäßig zurückgezogener Stelle erscheinen ließ und nie in den Kanon seiner Gedichte aufnahm. — Für weitere Einzelheiten verweisen wir auf Eugene M. Weber, "A Chronology of Hofmannsthal's Poems," *Euphorion* 63 (1969), 284–328, besonders die Nummern 85 bis 87, und auf die Varianten und Erläuterungen in SW 1, 332–335.

DER DICHTER IM *KLEINEN WELTTHEATER* (GLD, 300) beendet mit diesen Worten seine Rede, nachdem er uns gesagt hat, er werde "jenes künstliche Gebild" fertigen, "aus Worten, die von Licht und Wasser triefen." Diese Worte und auch das Gedicht, dem wir[2] uns widmen wollen, stellen nur einen Teil der Fülle jenes oberitalienischen *mensis mirabilis* dar, dem wir ein gut Teil des Jugendwerkes verdanken. Wir wollen versuchen, an einem bisher wenig beachteten Gedicht deutlich zu machen, was für Abenteuer dies waren und wie der Dichter in sie verwebt war, denn das wird etwas Wesentliches über den schöpferischen Prozeß überhaupt (und nicht nur für diesen bestimmten Dichter) aussagen.

Es gibt bei Hofmannsthal eine Ideallandschaft — wir wollen sie schon jetzt Seelen-Landschaft nennen — deren Symbolik sich mühelos aus den Werken herauslösen läßt. Nur ein Beispiel sei gegeben. 1895 notierte er sich: "Die Ideallandschaft: tiefer Fluß zwischen steilen Uferhängen, auf denen Städte, Weingärten, Landstraßen: das Leben" (A 116). Wir finden diese Landschaft in zahllosen Texten wieder. In sie übersetzt Hofmannsthal, was er erfährt. Er übersetzt ins Bild; Auge und Seele sind schöpferisch. Am 29. April 1894 schreibt er in sein Journal: "Ich bin ein Dichter, weil ich bildlich erlebe" (A 107), und meint wohl das gleiche, wenn er sich wenige Wochen später notiert, Menschen wie er seien doch seit den Stürmern und Drängern wieder die *ersten ganzen Künstler*.[3]

Also um Bildlichkeit geht es, und besonders in jenen produktiven Wochen notiert sich Hofmannsthal Wesentliches zu diesem Thema. Auf die Erstveröffentlichung der uns beschäftigenden Verse folgt in den *Blättern für die Kunst* die Prosa-Notiz "Bildlicher Ausdruck," in der für unsere Betrachtung gewissermaßen ein Programm entworfen ist: Bilder seien nicht entbehrlicher Zierat, "vielmehr aber ist der uneigentliche, der bildliche Ausdruck Kern und Wesen aller Poesie" (P I, 286). Den Worten des Dichters aus dem *Kleinen Welttheater*, mit denen wir begannen, entsprechen jene gegen Ende des "Prologs" zur *Frau im Fenster* aus dem gleichen Jahr. Dort ist die Rede von der "tiefren Bildlichkeit" des seelischen Geschehens. In "Wir gingen einen Weg..." wird sie zu einer paradigmatischen Erkenntnisweise.

---

[2] Mein "wir" ist nicht als der übliche akademische *pluralis majestatis* zu lesen. Wie aus der "Notiz" am Ende dieses Aufsatzes hervorgeht, war der Aufsatz als Gemeinschaftsarbeit gedacht, und obwohl ich Wolfgang Stechow meine Ansichten nicht zuschreibe, sollte diesem Text, gleichsam als Grundmuster, das Dialogische nicht verlorengehen.

[3] *Hugo von Hofmannsthal, Richard Beer-Hofmann: Briefwechsel*, hrsg. von Eugene Weber (Frankfurt a. M.: S. Fischer, 1972), xxi.

Von dem Gedicht gibt es bis jetzt nur eine Deutung. Sie stammt von Albrecht Goes und ist — im Rahmen eines kleinen Buches von Interpretationen — sehr begrenzt. Unser Versuch ließe sich leicht über den zur Verfügung stehenden Raum ausdehnen; eine Möglichkeit des epistemologischen Einstiegs in Hofmannsthals Werk und Schaffensweise bietet sich an. Eine Eigenart unserer Deutung ist die visuelle — kunsthistorisch einkreisbare — Unterstützung, die sie durch ihre besondere Anlage erfährt. Um diese Unterstützung wahrhaft sichtbar werden zu lassen, werden Illustrationen und ein das Kunsthistorische einbegreifender Exkurs in die eigentliche literarische Deutung eingebettet, die dadurch wiederum etwas skizzenhaft bleiben muß. Beide Deutungsweisen scheinen uns nicht nur legitim; sie werden am Ende zu einer einzigen und sind diesem Gedicht gemäß.

I

Eine Deutung dieses Gedichtes mag sich zunächst, unabhängig von der Entstehungsgeschichte, auf den Wortlaut konzentrieren wollen. Da es räumlich unmöglich ist, den Text zunächst allein, dann innerhalb der drei anderen mit ihm zur Veröffentlichung in den *Blättern für die Kunst* an George gesandten Gedichte zu interpretieren und schließlich noch im Rahmen aller im Jahre 1897 entstandenen Werke oder der gesamten Lyrik des Jugend- wie des Gesamtwerkes, sei uns eine möglichst flexible Methode zugestanden. Auch generisch ließe sich "Wir gingen einen Weg..." einordnen, als Liebes-Gedicht, als Reise- oder Erzählgedicht, als Briefgedicht, als Bildgedicht und nicht zuletzt auch als Festgedicht, im Sinne jenes wiederum im gleichen Jahr in Varese "für die kleine Tochter meines Freundes Richard Beer-Hofmann" gedichteten Festspiels.[4]

---

[4] Abgedruckt im *Almanach: Das einundachtzigste Jahr* (Frankfurt a. M.: S. Fischer, 1967), 17–20. Es kann hier nicht zu den zahllosen Parallelen zu anderen in der gleichen Zeit entstandenen Werken, besonders zum *Kleinen Welttheater*, eingegangen werden. Um die Nähe zu unserem Text zu zeigen, genüge der Hinweis auf wenige der Ariadne in den Mund gelegte Verse:

Wo in Lauben
wo auf Brücken
mit verflochtnem Blick und Fingern
Liebende beisammen stehen,
fühl ich ihr Geschick in mich
greifen [...].

Auf sprachliche Eigenheiten hat Werner Derungs hingewiesen.[5] Es scheint aber, daß die bewußt behutsame Setzung der Prädikate und — so müßte man hinzufügen — die fast gesuchte Simplizität der Wortwahl dem Leser die Sicht freihalten soll auf die nach der eingangs gegebenen und fast unpoetisch wirkenden Prosa-"Erzählung" einsetzende visionäre Zusammenschau. Das Gedicht ist "ausgeschrieben" und vom rein Sprachlichen völlig verständlich; man vergleiche es mit dem "Lebenslied," zu dessen im Manuskript vorgefundener fünfter Strophe sich von der sehr naheliegenden "Botschaft" mehrere Querverbindungen nachweisen lassen (die "Wipfel" und die "schattenlosen Wege"). Der Leser wird vor Zeile 11 in keiner Weise strapaziert. Vokabeln wie "sagen" und "gehen" und "sein" werden wiederholt angewandt und Bilder und Vergleiche im Konjunktiv und ganz im Subjektiven gehalten, als handele es sich (was es auf einer Ebene freilich auch tut!) um eine private Aussage. Mit einigem Recht spricht Goes von den einem intimen Brief nicht unähnlichen Erzählversen.[6] Man braucht nur an das nach seiner Entstehung unmittelbar benachbarte Briefgedicht "Botschaft" zu denken, um zu wissen, daß hier sowohl wie dort eine geliebte Person gemeint sein muß. Dies auszusprechen ist nicht genug, man muß sofort hinzufügen, wie gut man daran tut, den Text nicht als ein autobiographisches Selbstzeugnis zu lesen.[7] Auch hier wird nämlich der Leser sofort in die "tiefre Bildlichkeit" mitgenommen. Dasselbe gilt auch für das längste der vier an George gesandten Gedichte, für "Der Jüngling und die Spinne"[8]; allein "Der Beherrschte"[9] ist als ein einziges Gedicht von 1897 gereimt (jeweils die b und d Zeilen) und erinnert in seiner elliptischen Diktion an Verse aus früheren Jahren.

Die Druckgeschichte der in der Erstveröffentlichung in den *Blättern* nebeneinander erscheinenden Gedichte bedarf einer kurzen Erwähnung

---

[5] Wermer Derungs, *Form und Weltbild der Gedichte Hugo von Hofmannsthals in ihrer Entwicklung* (Zürich: Juris-Verlag, 1960), 132.

[6] Albrecht Goes, *Freude am Gedicht: Zwölf Deutungen* (Frankfurt a. M.: S. Fischer, 1954), 21.

[7] Vgl. Ernst-Otto Gerke, *Der Essay als Kunstform bei Hugo von Hofmannsthal*, Germanistische Studien, Heft 236. (Lübeck, Hamburg: Matthiesen Verlag, 1970), 162.

[8] Dieses Gedicht erschien später als die drei bereits erwähnten. George brachte es erst 1899, im dritten Band der vierten Folge.

[9] Dr. Hirsch teilt mir mit, dieses Gedicht, das Hofmannsthal bei der Übersendung an George als "in einem gewissen Zusammenhang" mit "Wir gingen einen Weg..." (dieses im Erstdruck übrigens ohne Titel) stehend bezeichnet hatte, habe ursprünglich den Titel "Der Sieger" getragen. Auf den "gewissen Zusammenhang" ist noch besonders — anläßlich der Deutung der letzten Zeile des Gedichtes — zurückzukommen.

und Überlegung, denn zwei von ihnen ("Wir gingen einen Weg..." und "Der Beherrschte") erschienen nach ihrer Erstveröffentlichung zu Lebzeiten Hofmannsthals in keiner Sammlung seiner Gedichte.[10] Die Nähe der Gedichte zu George ist nicht schwer zu erweisen, schwieriger dagegen, ob diese Nähe Hofmannsthal bewogen hat, sie nach ihrer Erstveröffentlichung fast ganz aus dem Druck zu ziehen.[11] Selbst "Botschaft" wird, von der Anthologisierung (siehe Anmerkung 10) und den *Rodauner Nachträgen* (1918) abgesehen, erst in die Gedichtausgabe von 1922 aufgenommen.

Bis in das Vokabular nachweisbar und von großer Bedeutung ist der innere Zusammenhang der 1897 an George übersandten vier Gedichte. Um unsere Vermutungen über den Zusammenhang dieser vier Gedichte zu präzisieren, müßten wir die Entstehungszeiten genau wissen. Aber auch ohne diese positivistische Genugtuung ist die Dichtheit des Gewebes evident. Ehe der Jüngling die Spinne und ihr Opfer sieht, ist er — in der zeitlich frühesten der vier Dichtungen — der Spiegelung der Ganzheit hingegeben ("Ich bin von einem solchen großen Leben / Umrahmt [...]" [SW 1, 70]). Wie im 1895 geschriebenen "Traum von großer Magie" sieht der Dichter des "Prologs" (zur Madonna Dianora) in einer Landschaft von Klippen und Abgründen "die Macht der Schwere enden" (SW 1, 52) und weiß: "Das Gleiche war / Ja schon einmal, das hab ich schon erlebt [...]"

---

[10] Eine Ausnahme ist lediglich die Anthologisierung von "Wir gingen einen Weg..." innerhalb der *Blätter für die Kunst* (1904). Merkwürdigerweise wurden sie auch von Hofmannsthal weder in die erste noch in die zweite Ausgabe seiner *Ausgewählten Gedichte* (1903 und 1904) im Verlag der Blätter für die Kunst aufgenommen. Erst in der von H. Zimmer 1934 herausgegebenen *Nachlese der Gedichte* werden sie wieder einem breiteren Leserpublikum vorgestellt. Zu den Einzelheiten der Druckgeschichte siehe Horst Webers *Bibliographie* (1972), besonders die Nummern VII: 102, 103, 103A und VIII, 6, und SW 1, 330 f.

[11] Die George-Nähe gilt auch für das erstmals 1974 von Rudolf Hirsch unter dem Titel "Ein unbekanntes Gedicht aus dem Jahre 1897" in einer Hofmannsthal-Beilage der *Frankfurter Allgemeinen Zeitung* am 2. Februar 1974 veröffentlichte und kommentierte Gedicht "Eine Vorlesung." Es stammt ebenfalls aus dem Jahre 1897 und weist verschiedene Querverbindungen zu "Botschaft" auf. Hofmannsthal schrieb auch später Texte, die an Georges Diktion erinnern, z.B. die Prosa "Erinnerung" (1924). Die George-Nähe verhinderte nicht *per se* die Drucklegung. Andererseits mag Hofmannsthal versucht haben, diese Nähe jeweils abzuschwächen. Das Manuskript unseres Textes z.B. lautet in Zeile 9: "Wie fremder Duft von Zimt und Sandelholz und Myrrhen;" der Anklang an das 1895 in den *Büchern der Hirten- und Preisgedichte* erschienene Gedicht "Der Herr der Insel" ("Auf einer insel reich an zimmt und öl") wäre um so augenfälliger gewesen, da "zimmt" sonst bei George nicht vorkommt. Erstaunlicher sind letzten Endes aber die beabsichtigten oder unbeabsichtigten Entsprechungen; man vergleiche das Ende von Georges Versen auf Hofmannsthal ("H.H." im *Jahr der Seele*) mit dem Schluß von "Botschaft"!

(GLD 130). Die Fäden, die von "Botschaft" zu "Wir gingen einen Weg..." laufen, sind zahlreich; auch hier "schon einmal erlebtes" (SW 1, 78), dazu in "Botschaft" eine Umschreibung des aneignenden Vorganges des anderen Gedichtes; die "schönsten Tage" sind jene, "da wir redend / Die Landschaft uns vor Augen in ein Reich / Der Seele wandelten" (ebd.). Der ferne Donner, in den "Botschaft" ausrollt (vgl. Anmerkung 11), findet ein Echo in einer Rede der Sängerin Vittoria im *Abenteurer* (D I, 210). Wie das Gleiche stets wiederkommt, so tendiert auch jedes der Gedichte zur Kreisform und zum inneren Refrain, wozu sich die unstrophigen Jambenketten ("Der Beherrschte" ist die Ausnahme) besonders gut zu eignen scheinen (vgl. Derungs, 136). Dem innersten seelischen Bereich entstammte die Garten- und Turm-Symbolik, die nicht nur für das gesamte Jugendwerk Hofmannsthals von Bedeutung ist. Wiederum mit Ausnahme des strenger gesetzten "Beherrschten" dominiert in den anderen fast epistolarischen Gedichten das Gesellige. Es ist von gemeinsamen Spaziergängen die Rede; eine momentane Einswerdung, die sich dann wieder auflöst und ebenso wiederkehrt, ruht auf diesem in "Botschaft" apostrophierten "Gesellig sein mit Freunden," dem in unserem Text das Bild der unter sich und mit uns geselligen Götter entspricht. Die Geselligkeit also ist *ein* Schlüssel des Gedichtes, dessen Text nun als selbständige Dichtung gelesen werden soll.

II

In den ersten zehn Zeilen ruft der Dichter einer geliebten Person einen Gang in einer Berglandschaft ins Gedächtnis. Die drei Singenden, die ihnen vorangegangen waren, dienen, wie sich herausstellen wird, lediglich dazu, den Anderen möglichst schnell in das Erlebnis zurückzubringen. Das "Und mir geschah" der elften Zeile setzt voraus, daß ein Sein in der Landschaft für Hofmannsthal im wahrsten Sinne bedeutend ist. Das ist es, sowohl nach dem literarischen Zeitgeist wie nach der eigenen Biographie.

Die Landschaftsverbundenheit Hofmannsthals ist so reichlich belegbar, daß wir uns beschränken müssen. Für ihn ist die Überlegung Henri-Frédéric Amiels *Tout paysage est un état de l'âme* mehr als nur eine kluge Formulierung (vgl. P I, 30); seine Gedichte, in denen auch *l'abîme de l'irrévélé* oft zum landschaftlichen Topos wird, beweisen das. Die visionären Prosastücke des ersten Jahrzehnts des Jahrhunderts beweisen es auch. Bekannt sind die Stellen im Briefwechsel mit Helene von Nostitz. Ein Mensch mag im Mitmenschen "Ländereien, Landschaften, Gärten,

Abhänge" besitzen,[12] aus den Bächen, Seen und Wäldern werden eines Tages die Kinderjahre aufsteigen und so der Kreis sich schließen (ebd., 114). Weniger bekannt sind die Stellen aus Briefen an Arthur Schnitzler, in denen Zeit und Substanz einer menschlichen Begegnung dem geistigen Auge sichtbar werden, "wie eine Landschaft, aber viel merkwürdiger; als wenn man in einem Tal stünde und durch die Wände der Berge hindurch die anderen Täler gleichzeitig sehen würde"[13]; und über dreißig Jahre später (1928) die Bemerkung, diese ganzen zusammen verlebten Jahrzehnte stünden als "einzige Landschaft vor meiner Seele [...] und alles drängt in eine letzte Ahnung hinein: ich nenne sie Gott-" (ebd., 311). Der Akzent liegt auf dem gleichzeitigen Sehen des zeitlich und räumlich Auseinanderliegenden und auf der Nähe eines Gottes oder (wie man nach unserem Text wird sagen können) der Götter. Diese immer wieder heraufgerufene und beschriebene Berglandschaft ist eine seelische Urlandschaft Hofmannsthals.[14]

"Wären dort wir zwei allein!" (Zeile 7) bricht wie ein Gruß in die bis dahin gleichmütige Erzählung ein. Mit ihm wird die Stimmung nicht gebrochen (obwohl der Ton der Worte von fremdem Duft[15] ist und die

[12] *Hugo von Hofmannsthal, Helene von Nostitz: Briefwechsel*, hrsg. von Oswalt von Nostitz (Frankfurt a. M.: S. Fischer, 1965), 33.

[13] *Hugo von Hofmannsthal, Arthur Schnitzler: Briefwechsel*, hrsg. von Therese Nickl und Heinrich Schnitzler (Frankfurt a. M.: S. Fischer, 1964), 65.

[14] Vor mehr als fünfzig Jahren bereits wies Walter Perl, *Das lyrische Jugendwerk Hugo von Hofmannsthals*, Germanische Studien, Heft 173 (Berlin: Verlag Dr. Emil Ebering, 1936), auf eine besondere Technik Hofmannsthalscher Landschaftskunst hin; eine Gestalt blickte aus dem Fenster oder von einer Brücke in die Landschaft. Perl sieht darin (84) ein Motiv, das an Darstellungen der Bildenden Kunst erinnert, in denen durch eine Gestalt das Auge des Beschauers der Landschaft zugewandt wird. Perl verdanken wir ebenfalls den Hinweis auf einen (hier allerdings fast umgekehrten) schöpferischen Prozeß, wie Batista ihn im *Tod des Tizian* beschreibt. Der Maler habe aus der Landschaft "ein Menschliches gemacht" (Perl, 81 und GLD 193 f.). Der gleiche Prozeß der schöpferischen Verwandlung fasziniert an solchen Prosastücken wie "Erinnerung schöner Tage" und "Die Wege und Begegnungen," um die berühmtesten herauszugreifen (siehe hierzu auch Gerke, 161). 1897 läßt Hofmannsthal Victoria im *Abenteurer* sagen, das Leben spinne das Beste unserer Seele aus uns hinaus, und in der Natur, in den "unschuldigeren Geschöpfen" (D I, 240), überlebe es alterslos. Diese Landschaften werden dann im Alter wieder eingesogen. Recht verstanden, deutet sich auch eine — sich vom neunzehnten Jahrhundert aber entfernende — Idyllik an (vgl. Hugo von Hofmannsthal, *Briefe 1900–1909* [Wien: Bermann-Fischer, 1937], 283; fortan Briefe II). Wie komplex sie ist, zeigen besonders die zahlreichen Landschafts-"Stellen" in der Korrespondenz mit Ottonie Degenfeld.

[15] Der Duft (siehe auch Anmerkung 11) ist präzise genug beschrieben, um uns sofort die Erinnerung an die "von Sandelholz genährten" Flammen wachzurufen, die Weidenstamm sich auf der höchsten Spitze des Campanile in Venedig wünscht, den dieser Verschwender mit Rosen und Narzissen umwickeln will. Es verdient in unserem

Augen des geliebten Menschen nicht wie sonst sind und sich somit die Verwandlung bereits vorzubereiten scheint!), sondern gesteigert. Diese Art der Steigerung ist mehrfach zu beobachten: das wiederholende Neuansetzen (z.B. 11/34 und 17/25) am gleichen aber höher gelegenen Punkt der Spirale führt den Leser bei unvermindert erzählendem und unbeschleunigtem Gang des Dargestellten ins Innere des Gedichtes, wie unser ein Mandala aufnehmender Blick in deren innerste Mitte gezogen wird. Die zehnte Zeile deutet auf eine neue Phase des Erlebnisses. Durch den Gruß ist in den Dichter (wie im *Kleinen Welttheater*) "ein solches Glück" (GLD 305) hineingekommen, aus den Augen — man wird es mit den Worten der *Sobeide* (1899) sagen können — "lehnt sich so / die Seele! und die Worte, die du redest [und beide haben ja gesprochen!], zucken / noch in der Luft, weil dir das Herz so zuckt, / aus dem sie kommen" (D I, 157). Wir werden später behaupten, das Gedicht "erinnere" sich an eine konkrete Reise in einer konkreten Landschaft, die sie im wahrsten Sinne verherrlicht: die Brücken in der ersten Zeile springen auch in der sechs Jahre später dieselbe Fahrt erinnernden "Sommerreise" "über das schäumende Wasser. [...] sie sind Menschenwerk, aber es ist, als hätte sie die Natur zurückgenommen" (P II, 56). Aus der verherrlichten Landschaft erhebt sich die Rotonda des Palladio; sie ist — und wir denken bereits an das beschriebene "Bild" unseres Gedichtes — konkretes Bauwerk und zugleich "ein unsterblicher Traum," der die Landschaft (die Berge und ihre Wässer) in jedem Sinne "umwandelt," "gestillt, erlöst durch ein Gleichnis" (P II, 62).

"Und mir geschah" — damit beginnt die Erschütterung des Erzählers. Gruß und Blick des geliebten Menschen haben ihm in dieser seelischen Urlandschaft das Herz erschüttert, und nun erschließt sich ihm im wahrsten Sinne die Erde, das Geheimnis. Eine Offenbarung wird stattfinden. Es ist weder stilistisch zu hoch noch zeitlich zu weit gegriffen, wenn man das Gedicht in den Zusammenhang stellt, der über die bereits erwähnten Prosastücke zu den "Augenblicken in Griechenland" und zur "Erinnerung" von 1924 und den noch späteren Prosastücken über Nordafrika und Sizilien reicht. Die Erde bebt und tut sich auf, und der Erschütterte wird wissend werden. Wichtig und erwähnenswert ist die Rolle, die das Wasser spielt, das als Träger des Geheimnisses und als Symbol des unter aller Verschüttung Bestehenden aus dem Boden quillt.[16]

Rahmen ebenfalls der Erwähnung, daß er wenige Zeilen später sagt: "Mach Dichterträume wahr, stampf aus dem Grab / den Veronese und den Aretin [...]" (D I, 172)

[16] Vgl. Werner Vordtriede, "Das schöpferische Auge: Zu Hugo von Hofmannsthals Beschreibung eines Bildes von Giorgione," *Monatshefte* 68 (1956), 161–168; 162.

Ihm ist geschehen, daß er *sieht*; der taumelnd Stehende (die Erde ist noch nicht beruhigt) sieht *doppelt*. Er bleibt neben dem geliebten Menschen stehen, ist aber zugleich auch dorthin versetzt, wo dieser wünscht, dort wären sie zu zweit allein. In dieser Trunkenheit, welche auch die Luft wie in einer Fata Morgana erzittern macht, kostet er das Alleinsein aus und zugleich die Lust, den anderen im Arm zu haben. Er steht auf diesem großen Berg und ist zugleich der Lust teilhaftig, die dieser Berg ihm schenkt, der ihn — dem Adler gleich — ruhig umflöge. Der hoch im Blauen fliegende Vogel, Adler oder Falke, war vor 1897 bereits Symbol für Hofmannsthal und wird es bleiben: er sieht alles Getrennte vereint. So hat der Erzähler nun Liebeslust und alles Wissen der Höhe, der Einsamkeit, und die "süße Vermischung von Weite und Nähe" (P II, 58), in welcher er die Präsenz des abwesenden geliebten Menschen um so stärker empfindet.[17]

Die Zeilen 26–38 bringen die nächste Steigerung ("da wurde mir so"), die erst von der Schlußzeile abgefangen wird. Wir sind, so simpel es klingen mag, versucht zu sagen, das intensiv empfundene Liebeserlebnis, die Erfahrung, hier den geliebten Menschen im Arm zu spüren und dort auf der Höhe des Berges dieses Menschen in dortiger Einsamkeit umso

---

[17] Das hat seine Konsequenzen im Täglichen; die Briefwechsel sind voll von Hinweisen auf dieses Phänomen. Der Abwesende ist oft stärker vor dem inneren Gesicht des Schreibenden als die ihn tatsächlich umgebenden Menschen. Das wahre Gesicht des anderen zeichnet sich erst ab, wenn sich das wirkliche, tatsächliche, sich von Augenblick zu Augenblick wandelnde, nicht dazwischenschiebt. Im Werk wird die Erfahrung des Doppeltseins des öfteren beschrieben (so z.B. im gleichen Jahr im *Kleinen Welttheater* [GLD 301]). Wie wenig der Augenblick des So-und-nicht-anders-Seins übernommen werden kann, sagt Miranda im *Weißen Fächer* sehr treffend aus (GLD 251 f); auch in den "Aufzeichnungen" notiert Hofmannsthal oft zu diesem Thema. Daß das Doppelt-Sehen eine Kehrseite hat, die Hofmannsthal oft beschrieb, wissen wir aus mehreren Werken. Wie das Allgefühl vermag es in sein tragisches Gegenteil umzuschlagen; wir brauchen nur an den Kaufmannssohn im "Märchen der 672. Nacht" zu denken. Ähnlich tritt uns in der "Reitergeschichte" die tragische Konsequenz des Doppelt-Sehens entgegen. Wie alle grundlegenden Fragestellungen seines Werkes hört auch dieses Thema nicht auf, Hofmannsthal zu beschäftigen. Noch im *Andreas* und im *Turm* ist von seinen beseligenden wie von seinen vernichtenden Aspekten die Rede. Aus dem gleichen Jahre wie unser Text stammen die folgenden Verse aus der *Frau im Fenster*, in welchen Madonna Dianora den genauen Moment des Überganges von der Beglückung zur Bedrohung zu summieren scheint:

> [...] und aus dem Fenster über diesen Rand
> von kühlen festen Steinen beug ich mich
> und strecke meine Arme nach dem Boden.
> Mir ist, als wär ich doppelt, könnte selber
> mir zusehn, wissend, daß ichs selber bin —
> *Pause*
> Ich glaube, so sind die Gedanken, die
> ein Mensch in seiner Todesstunde denkt (D I, 70).

intensiver fühlbare Präsenz zu erleben, also das Erlebnis des Doppelt-Sehens und Doppelt-Empfindens, versetzt den Menschen ganz einfach unter die Götter und deren wunderbare Freuden. Es ist wie bei der Evokation des Giorgione-Bildes in der "Sommerreise:" "Wir sind aus der Naturwelt mit leichtem Schritt in ein Kunstwerk eingetreten," aus dem "Vergänglichen der Wirklichkeit," dessen augenblickliche Ewigkeit aber bereits deutlich ausgesprochen war, in jenes "unvergängliche Zugleichsein des Traums" (Vordtriede, 162). Dies gilt auch hier, wo wir nicht mit absoluter Sicherheit sagen können, welches "Kunstwerk" genau gemeint ist.[18] Die Götter sind da und zugleich leiblos, sie sind Flammen ohne Schwere und sie vollziehen nach, was von den zwei Menschen im Gedicht berichtet wurde. Im "Prolog" zur Frau im Fenster wünscht sich der Dichter, sein Stück möge lieber von Puppen gespielt werden, die bei aller Lust und Verzweiflung schön bleiben würden und von grenzenloser Anmut (GLD 136). Kleists "kochende Seele" (P II, 149) hatte es erkannt und Hofmannsthal nahm es auf: nur der Gliedermann und der Gott handeln schwerelos, absichtslos und in grenzenloser Anmut. Ging vorher der Blick auf die einsamen Höhen des Berges, die der Adler durchzieht, so wird er jetzt grenzenlos, bis in den Himmel, emporgeweht; kaum mehr lastend scheinen die Götter zu schweben. Räume, innere Räume, tun sich auf wie später in der "Erinnerung." Die Liebesflammen, die emporschlagen, sind ebenfalls schwerelos. Alles scheint sich durch die Decke des Lusthauses zu verflüchtigen und aufzulösen. Was aber zu *sehen* ist, wird die Liebe preisen und sie feiern, denn Götter feiern ein Fest, ein Liebesmahl — es wird von Musik und Liedern und wunderbaren Freuden gesprochen. Das Licht nimmt wie in den sich nach oben ins Unendliche öffnenden barocken Kuppeln immer mehr zu. Goes hat völlig recht: es ist eine wahre "Berührung der Sphären," eine wahre Begegnung, welche die irdische im Gedicht angedeutete Umarmung erst möglich gemacht hat. Die Begegnung ist in der Tat, wie es zehn Jahre später heißen wird, "die eigentliche entscheidende erotische Pantomime" (P II, 265). Die Schlußzeile wird dieses Geheimnis noch weiter entschlüsseln. Wir lesen aber inzwischen die Verszeilen 26–38 noch einmal und meinen, das Bild, das sie hier andeutend malen, greifen zu können. Dieses Gefühl war vor über sechs Jahren der Grund, weshalb ich mich an Wolfgang Stechow wandte.

---

[18] Vordtriede hat am Giorgione-Beispiel sehr gut gezeigt, wie sich das *wirkliche* kunsthistorisch existierende Bild wieder in eine Art von Kunstwerk zurückverwandelt, das wie die griechische Urne von Keats und die Lampe Mörikes in keinem Katalog zu finden ist (167 f.).

Exkurs über den "Bildlichen Ausdruck" des Gedichtes

Vieles spricht dafür, daß uns für dieses Gedicht die direkte "Quelle" aus der Bildenden Kunst verborgen bleiben wird, ja daß es sie gar nicht gibt.[19] Andererseits *hat* der Dichter im Lusthaus beim Erwachen etwas gesehen und erinnert. Am Neujahrstag 1891 hatte sich der Sechzehnjährige notiert:

> In der Tiefe der Erde gleicht sich Winter- und Sommerwärme; je tiefer man in das Wesentliche der Kunst eindringt, desto einheitlicher, unwandelbarer erscheint sie, unbeschadet des Wandels in ihren Formen (A 89).

Dies mag am Anfang und Ende unseres Exkurses bedacht werden. Höchstwahrscheinlich handelt es sich um eine Art von Dekoration, eine Art von Bühne, die sich aus Architektur- und Gemälde-Erinnerungen zusammensetzt. In der "Botschaft" heißt es ja auch:

> So will ich dass Du kommst und mit mir trinkst
> Aus jenen Krügen, die mein Erbe sind
> Geschmückt mit Laubwerk und beschwingten Kindern
> Und mit mir sitzest in dem Gartenthurm: (SW 1, 78)

Deutlich sehen wir Mörikes Lampe vor uns, an sich also schon eine kunsthistorisch nicht nachweisbare Reminiszenz.

Die Überlegung aber, welches Bild oder welche Bilder Hofmannsthal im Sinn gehabt haben könnte, als er die Verszeilen 26–39 schrieb, sind

---

[19] Zu den indirekten "Quellen," die zur Atmosphäre des Bildes in unserem Text beigetragen haben, darf man, wie mir Dr. Hirsch einmal vorschlug, vielleicht auch das von Bellini begonnene und von Tizian vollendete *Götterfest* rechnen. In einigen anderen Fällen, von der deutlich auf ein Giorgione (Tizian)-Bild hinweisenden "Sommerreise" abgesehen, gibt es aber viel direktere Quellen. Manfred Hoppe hat in *Literatentum, Magie und Mystik im Frühwerk Hugo von Hofmannsthals* (Berlin: de Gruyter, 1968) zunächst mehrere Beispiele angeführt, aus denen der Einfluß der Bildenden Kunst auf Hofmannsthal (selbst aus zweiter Hand, also aus Beschreibungen, wie etwa jenen von Hermann Knackfuß, *Raphael* [Bielefeld, Leipzig: Velhagen und Klasing, 1899]) ersichtlich wird (siehe besonders 106 ff. für "Ein Traum von großer Magie"). Ich möchte hier aber besonders an die *Isabella* von Millais erinnern, an ein Gemälde in Liverpool, das Hofmannsthal, wie H. Stefan Schultz im Hofmannsthal-Heft von *Modern Austrian Literature* 8, 3 und 4 (1974), 49 ff. ausgeführt hat, nur als Reproduktion kennen konnte, und nach dem er eine Szene der *Frau im Fenster* konzipierte. Er kannte die präraphaelitischen Maler (siehe besonders A 108) und hatte sicher auch vor der Abfassung desselben Dramas ein Gemälde von Ford Madox Brown, *Romeo and Juliet*, gesehen (die Reproduktion befand sich nur wenige Seiten entfernt von der *Isabella* von Millais im gleichen Band der Mutherschen Monographie), auf welchem Romeo mit Hilfe einer Strickleiter gerade den Balkon, dem Juliet ihn in die Arme nimmt, erstiegen hat. Das Motiv der in das Gemälde aufgenommenen Strickleiter, das auch in Hofmannsthals kleinem Drama vorkommt (D I, 62, 73 ff.), stammt aus Shakespeare (*Romeo and Juliet*, Akt II, Szene 5, Verse 71–75).

fruchtbar und behalten ihren Wert, auch wenn es sich herausstellen sollte, daß verschiedene der hier erwähnten oder aber einige hier gar nicht berücksichtigten Fresken als definitive "Vorlagen" aus der Kunst angesprochen werden müssen. Die Bildlichkeit des Gedichtes bedarf auf alle Fälle eines Kommentars, und es mag sein, daß die Unmöglichkeit einer definitiven Zuordnung trotz scheinbar schlüssiger Evidenz den Kern unseres Kommentars darstellt. Warum wird es eine oder mehrere Vorlagen geben? Hofmannsthal war zu jener Zeit oft mit Gemälden beschäftigt, man denke an die zahlreichen Stücke, die heute im Band *Prosa I* gesammelt vorliegen. Ob und wann er das Original eines Bildes gesehen hat (vgl. Anmerkung 18), sagt wenig aus über einen möglichen Einfluß. Hofmannsthal fuhr 1902 zum erstenmal nach Rom. Aber schon einige Jahre zuvor hatte er z.B. Michelangelo aus Kunstbänden kennengelernt. Das Werk Tiepolos bedeutete ihm viel, und Raphaels bedeutendste Werke wird er aus der Knackfuß-Darstellung gekannt haben.[20]

Zunächst aber darf der Entstehung dieses Aufsatzes nicht vorgegriffen werden. Die Antwort Wolfgang Stechows auf meine Anfrage lautete (26. Februar 1969, alle Unterstreichungen im Brief):

Dagegen scheint mir das andere Gedicht ["Wir gingen einen Weg..."] recht *deutlich* von Raphaels *Farnesina*-Loggia (Chigi) inspiriert zu sein; sehen Sie sich das doch in Fischels Raphael (schöne Aufnahmen) an: Lusthaus (früher *offen*!), kühle Wand, Götterfreuden, leichter Fuß, dünnes Dach, Lauben, ins *Blaue* tretend, emporgeweht (nicht nur an der Decke, auch die *Amor und Psyche* Zwickel!). Die Dekoration besteht freilich mehr aus Früchten und anderen Girlanden als aus *Wein*, aber er fehlt wohl nicht ganz, und die Abweichung wäre schwerlich gewichtig.

Ich konzentrierte mich zunächst auf die Deckenbilder und schrieb zurück, daß mir für sie das Schwebende nicht so einleuchte, und daß ich also mit den "Flammen ohne Schwere" Schwierigkeiten hätte. Er antwortete am 4. Juni 1969:

Ich schreibe sofort, weil es da wirklich ein Mißverständnis gegeben hat: ich meine nicht das *Deckenbild* (Fischel, pl. 207), in dem ja freilich nichts "aufschwebt," sondern die Zwickelfelder an der oberen Wand, von denen Fischel (pl. 205, 208–211) nur Details hat, die man aber in einer Gesamtaufnahme

---

[20] Siehe z.B. den Brief an den Vater vom 6. Juli 1895, in dem er seine "unglaubliche Freude" an einem Michelangelo-Band von Knackfuß "trotz ganz unzulänglichen Textes und sehr mittelmäßiger Illustrationen" bekundet (Hugo von Hofmannsthal, *Briefe 1890–1901* [Berlin: Bermann-Fischer, 1935], 146 f; fortan Briefe I.) Knackfuß beschreibt in seinem Raphael-Band die Fresken sehr genau (z.B. 122). Der Veronese-Band dieser Reihe erschien im Jahre 1897 und befand sich, wie mir Dr. Hirsch mitteilte, ebenfalls nachweisbar in Hofmannsthals Besitz.

sehen muß (oder besser in Rom!), wie sie im Klassiker der Kunst — Band Raphael 1923 (s. XXXIX) abgebildet ist. *Diese* sind an der *kühlen Wand, sie scheinen* (Fischel 208, 210) mit *leichtem* Fuß [...] vom *dünnen Dache* [...] *Lauben* ins *Blaue* tretend (*sehr* blau, leider von Maratta erneuert! aber doch ursprünglich auch blau) *aufzuschweben* [...] *emporgeweht* — dieser Eindruck ist im Original *entscheidend*. Auch zu verstehen, daß ihm so ist, als ob er *jenen letzten, die noch nah der Erde s c h i e n e n* [sic] — er meint hier bestimmt *keine* Figur, die er *wirklich* anrühren könnte! — (Fischel 205; besser Jupiter und Amor K d K 162), ihr Gewand anrühren könnte. Ich glaube, *so* würde es sich doch machen.

Ich hatte damals noch keine Ahnung, wie reichlich das "Beweismaterial" sein würde. Fischel, Pope-Hennessy, von Salis schienen zu schreiben, als kennten sie Hofmannsthals Gedicht und meinten wie Stechow, daß "es sich so machen würde." Der ganze Aufsatz wäre aber ohne Wolfgang Stechows entscheidende Vermutung, die ich — ob nachweisbar oder nicht — für einen absolut *stimmenden* und spätere definitive Zuordnung (etwa Veronese) nicht ausschließenden Einfall halte, nicht geschrieben worden.

Wie aus der "Notiz" hervorgeht, konnten wir die Einwände und andere Möglichkeiten nicht mehr besprechen. Ich sammelte also Beweismaterial für und gegen die Zuordnung des Gedichtes zu den Raphael-Fresken: Hofmannsthal kam erst 1902 nach Rom;[21] die Illustrationen in Knackfuß zeigten die Decken-Fresken nicht mit den Zwickelfeldern zusammen; Hofmannsthal hätte sie allein aus den Beschreibungen "sehen" müssen, wozu er freilich wie kein zweiter imstande gewesen wäre; in einer 1893 geschriebenen Rezension des Bandes von Richard Muther über die Geschichte der Malerei des neunzehnten Jahrhunderts, der die Reproduktionen von Ford Madox Brown und Millais enthält, (siehe Anmerkung 18), erwähnt er "Raphaels Galatea" (P I, 144) — der Maler muß ihm also schon früh bekannt gewesen sein; die "Evidenz" der "Sommerreise" (geistige und seelische Chronik jener Reise vom Jahre 1897) mit ihren zahlreichen Hinweisen auf Künstler und ihre Werke; die Frage, ob er auf dem Wege von Vincenza über Verona, Desenzano, Salò und Brescia nach Como und Varese nicht doch vielleicht einen Abstecher nach Süden zum Palazzo del Tè in Mantua gemacht haben könnte, wo er das gleiche *Convito degli dei*, das Hochzeitsmahl für Amor und Psyche, hätte sehen können, und zwar von der Hand Giulio Romanos gefertigt, der Raphael bei den Arbeiten in der Loggia Chigi

---

[21] Den Eltern schreibt er am 12. Oktober 1902 unter anderem: "Die Dekoration der Loggien ist auch unvergleichlich und entzückend, aber leider sehr verdorben" (Briefe II, 89).

Wir gingen einen Weg... 43

geholfen hatte; die Erinnerung an den Besuch der Villa Barbaro in Masèr, die Veronese mit illusionistischen Fresken ausgemalt hatte; die verblüffenden Formulierungen,[22] die sich bei von Salis fanden (z.B. "[...] es ergibt sich die Fiktion, als schaue man aus offener Säulenhalle ins Freie," von Salis, 207 f.) und die sich in einer früheren Beschreibung der Villa Masèr fast wiederholen,[23] in welcher auch die bedeutendsten Gemälde dieser Villa als "ähnlich dem großen Rat und dem Gastmahl der Götter von Raffael" (in der Farnesina) charakterisiert werden (Reinhart, 63); das Laubenwerk in der Farnesina, von Giovanni da Udine geschaffen, das schon von Vasari erwähnt wird, der das ganze Werk als wahrhaft schön bezeichnet.[24]

Allmählich schien es mir, als ob Raphael — auch wenn Forscher wie von Salis auf antike Vorbilder der Fresken und des Gästehauses hinweisen — mit den Farnesina-Fresken ein Urbild aller späteren, auf Apuleius fußenden Amor-und-Psyche-Malereien geschaffen habe (Abb. 1). Und dazu ist man versucht zu sagen: Hofmannsthal *hat* dieses Hochzeitsmahl und den Götterrat in der Farnesina zumindest implizit gekannt, ehe er 1902 nach Rom kam. Und schließlich waren es die "wunderbaren Freuden," denen fast alle Beschreibungen der märchenhaften Feste in der Chigischen Gartenvilla (von Salis, 190) zu entsprechen schienen, dieser Geist der Heiterkeit, der *festajuoli* der Renaissance, der sich in dieser einst zum Garten hin offenen Halle in girlandenartigem Laubwerk emporrankte.[25] Fast jeder Kunsthistoriker, der diese Fresken und später die Veroneses in der Villa Barbaro und die Tiepolos in der Villa Valmarana beschreibt, hat bemerkt, wie der Augenblick vom Künstler

---

[22] Man lese z.B. die Verszeilen 26–34 und dann bei von Salis in der Beschreibung der antiken Villa: "Die langgestreckten Felder enthalten landschaftliche oder figürliche Szenen, aber seltsam unwirklich und visionär wirkende; als spielten sie in entlegener Ferne, der Welt des Irdischen entrückt, gaukeln sie gleich Traumbildern zu Häupten des Schläfers in dem intimen Gemach" (Arnold von Salis, *Antike und Renaissance: Über Nachleben und Weiterwirken der Alten in der neueren Kunst* (Zürich: Eugen Rentsch Verlag, 1947), 194.

[23] H. Reinhart, "Die Villa Masèr bei Treviso: Ein Asyl Paolo Veronese," *Zeitschrift für Bildende Kunst* 1 (1866), 61–64; 64.

[24] Giorgio Vasari, *Lives of the Most Eminent Painters*, Bd. 2 (New York: The Heritage Press, 1967), 50.

[25] Oskar Fischel, *Raphael* (London: Spring Books, 1964), 166. Unter die genaueren Beschreibungen, die für den Leser unseres Textes aufschlußreich sind, rechne ich auch von Salis, 197 f., und die von sehr guten Illustrationen begleiteten in dem von Ettore Camesasca herausgegebenen Band *All the Frescos of Raphael: Part II* (New York: Hawthorn Books, 1963), 68.

eingefangen und verherrlicht wurde. Das ist wohl bei Tiepolo am stärksten, dem es gelingt, "die schwebende Sekunde" als etwas Vergeistigtes zu fassen.[26] Als spräche er vom Dichter und nicht vom Maler, sagt Hegemann, nicht die Handlung selbst, sondern ihre seelische Funktion sei bloßgelegt.[27]

Wir dürfen vorläufig zusammenfassen: auch wenn Hofmannsthal eine unabweisbare definitive "Quelle" vor sich gehabt hätte, wäre er nicht von der Schönheit des Anblicks und dem ästhetischen Genuß als solchem zum Schreiben angeregt worden. Werner Vordtriede hat das für die Giorgione-Erinnerung bereits formuliert: "Das Bild wird nicht mehr von außen betrachtet, sondern geht in des Dichters Besitz über 'und lebt in mir wie ich in meiner Hand'" (Vordtriede, 167). Deshalb wird der Dichter in dem Augenblick des Miterlebens jener wunderbaren Freuden der Götter "freundlich ihr Gewand / Anrühren" dürfen.

Daß Hofmannsthal Raphael nicht positivistisch wörtlich nahm, erhellt aus einer viel späteren Bemerkung in einer Grillparzer-Rede, in welcher er auf ein an Castiglione gerichtetes Wort des Malers hinweist, "da es in dieser Welt an schönen Frauen Mangel" habe, so bediene er sich dafür einer gewissen Idee, die er in seinem Geist trage. In der gleichen Weise gibt es beim Dichter Grunderlebnisse, die Metamorphosen durchmachen, aber ihre Substanz kaum je wandeln. Es geht also um "die Grundverhältnisse des Daseins," von denen eine Idee "aus seinen Gedichten widerstrahlt" (P IV, 127 f.). Das Entscheidende, hat mir Wolfgang Stechow geschrieben, war das Aufschweben, das schwerelose Emporgewebt-Werden, also eine Berührung der Sphären. In der Farnesina sind die "irdischen" Entsprechungen der Legende nicht ausgeführt; daß sie geplant waren, geht aus den Fingerzeigen einiger Figuren hervor.[28] Somit stand ein Übergang zur Welt der Götter nie in Frage, und Fischel konnte mit Recht von einer durch die Farbe bewirkten Verklärung sprechen.[29]

---

[26] Vgl. Hans W. Hegemann, *Giovanni Battista Tiepolo* (Berlin: Rembrandt Verlag, 1940), 77f.

[27] Es ist in diesem Zusammenhang interessant, daß Woltmann bei der Beschreibung der Fresken in der Villa Barbaro in Masèr auf Züge Veroneses verweist, die von Tiepolo später aufgegriffen und genützt wurden (Alfred Woltmann, "Castelfranco und Villa Masèr," *Deutsche Rundschau* 4 [1875], 357–367; 365).

[28] Vgl. John Pope-Hennessy, *Raphael*, The Wrightsman Lectures (New York: New York University Press, 1970), 283, und von Salis, 19).

[29] Das tut er in Sätzen, die wiederum verblüffend an die Zeilen 27–31 gemahnen: "The path to the other world passes from the solid to the imponderable, the airy, luminous. Play with forms here offered him possibilities of the clearest symbolism [...]. But from

Hofmannsthal hätte für seine Sicht Raphaels auch Goethe als Zeugen aufrufen können.[30] In den "Felsbuchten des ägäischen Meers" im zweiten Teil des *Faust* spiegeln sich die oben erwähnten "Grundverhältnisse." Von Salis stellt den Zusammenhang zur Farnesina her (er ist durch den die Einheit alles Seins feiernden Triumph der Galatea[31] vorgegeben), indem er Nereus sehnsüchtige Worte (8429 ff.) zitiert: "Ach nähmen sie [die Delphine] mich mit hinüber!" (von Salis, 216). Denkt man noch an den Schluß des zweiten Aktes (die Apostrophe des großen Eros, 8474 ff., wo auch der Begriff des Abenteuers aufklingt) und im Helena-Akt an die Beschwörung des traumhaften Augenblickes (9411–9418) und an das Ende der Evokation Arkadiens (besonders 9562–9573), so ist auch aus der Hofmannsthal so verständlichen Tradition dem Gedicht des Dreiundzwanzigjährigen ein weiteres Grundmuster unterlegt, von dem es sich als mögliche Metamorphose abhebt.

Im späteren Werk sind die Versuche, die Grundverhältnisse des Daseins darzustellen, unvergleichlich schwerer und heroischer. Hofmannsthal hat das gewußt. In den frühen zwanziger Jahren rückt er Raphael neben Dante und sagt:

> Wer den großen Stil eines Dante oder Raphael erahnen will, vergegenwärtige sich die Zweifels- und Schwächewelten, die Schein- und Schreckensmächte, welche durch das erfüllte Dasein jener Gemälde und Gebilde als nichtexistierend statuiert werden. Dies ist die reinigende und aufbauende Gewalt, die von den Werken des hohen Stiles ausgeht [...] (A 199 f.).

the heavenly visions of the Chigi cupola, with its reflections of light on limbs and draperies against a pale blue, we can form some conceptions of his intentions in the Olympian deities of the Farnesina ceiling; they were to lead their bright, untroubled existence in elemental light" (Fischel, 236). Zu Zeile 31 siehe auch die Bemerkungen bei von Salis über den offenen Himmel (193) und die Vermutungen über die den himmlischen entsprechenden irdischen oder gar unterirdischen Vorgänge (von Salis, 196, 198).

[30] Selbstverständlich berichtete dieser auch von seinem Besuch der Loggia Chigi: "Dieser Saal oder vielmehr Galerie ist das Schönste, was ich von Dekoration kenne, so viel auch jetzt dran verdorben und restauriert ist" (vgl. Anmerkung 20; Johann Wolfgang von Goethe, *Sämtliche Werke*, Bd. XXVII, 2, *Italienische Reise* [Stuttgart, Berlin: Cotta, 1902], 74); hierzu auch von Salis, 202.

[31] von Salis weist auf die unmittelbare Galatea Quelle Raphaels hin, nämlich auf die auch Botticelli beeinflussende "höfische Festdichtung des Angelo Poliziano" (von Salis, 212). Polizian, Humanist und Kunstlyriker am Hofe Lorenzo Medicis, geht seinerseits auf Philostrat zurück. Bedeutend für die Metaphorik Goethes (und Hofmannsthals) sind die Delphine als Begleiter Galateas. Hier sei auch auf eine merkwürdige, von der Forschung bisher m.W. nicht aufgegriffene Gegenüberstellung Hofmannsthals und Polizians (beides Wunderkinder, Wortkünstler, Gestalter und Verherrlicher einer Zeit, die sie liebten und die zu ihren Lebzeiten unterging) im *Times Literary Supplement*, Nr. 3741 (16. November 1973) hingewiesen. — Hofmannsthal erwähnt in seinen Werken den Namen Polizians nie.

Hier bedient er sich der Diktion Goethes.[32] 1897 wurden diese Abgründe noch spielend überbrückt, und ein Gastmahl der Götter, ein *Convito degli dei*, vermochte das Irdische noch emporzuwehen.

Hatte Raphael in neuerer Zeit das Urbild des Amor- und Psyche-"Romans" in der Farnesina gemalt, so sind nach der Darstellung der engen Verbindung zu unserem Gedicht die wesentlichsten "Kristallisationsformen" der Legende zu erwähnen, die Hofmannsthal sämtlich mehr oder minder präsent gewesen sein müssen. Auf die Unwahrscheinlichkeit eines Besuches des Palazzo del Tè während der Radtour wiesen wir bereits hin.[33] Es ist natürlich möglich, daß er aus Illustrationen zumindest die zwei Wandgemälde gekannt hat, die das Hochzeitsmahl von Amor und Psyche aufs Üppigste darstellen, und die bereits Vasari beeindruckten, und deren die Wände gleichsam verschwinden lassende idyllische Freiheit Ingres entzückt haben soll (Hartt, 127ff).

Bestimmt aber hat Hofmannsthal die Fresken Paolo Veroneses in der Villa Barbaro in Masèr aus eigener Anschauung gekannt. Auf einem dem Gedicht zuzuordnenden Manuskriptblatt findet sich die Eintragung: "Villa Giacomelli in Maser, 3 km östl. von Cornuda auf der Strecke Feltre-Treviso."[34] Unter den damals verfügbaren deutschen Beschreibungen der Villa Barbaro dürfte Hofmannsthal die in der *Zeitschrift für Bildende Kunst* erschienene von H. Reinhart gekannt haben. Er beschreibt die illusionistischen Fresken sehr wirkungsvoll, spricht von ihrer gewissen Üppigkeit, von den an Michelangelo erinnernden nackten Gestalten, und — für unseren Text von Bedeutung — von dem scheinbar offenen blauen Himmel (Reinhart, 63). Woltmann beschreibt in der Rodenbergschen *Deutschen Rundschau* die Fresken noch genauer, weist auch auf die für das Gedicht so wichtige Pergola hin und auf die Decke des olympischen Saales (siehe Abb. 2) und auf Veroneses so glücklich und frisch empfundene "*Verknüpfung dieser idealen Gestalten mit der wirklichen Welt*" (Woltmann, 362, 364; m.H.). In den Notizen zum *Andreas*, wo von der Gestalt des Maltesers die Rede ist, finden wir eine Bemerkung, die sich

---

[32] Ich denke vornehmlich an des wiederholte "Nicht-Statuieren" (des Winters, der Mönche, des Klosters, des Todes) im Gespräch mit Friedrich Förster (*Gedenkausgabe*, Bd. 23, 463).

[33] Zu den Unterschieden gegenüber der Amor und Psyche-Darstellung in der Farnesina siehe Frederick Hartt, *Giulio Romano* (New Haven: Yale University Press, 1958), 131.

[34] Vor 1875 war die Villa Barbaro in den Besitz eines reichen Industriellen, Giacomelli, übergegangen, der "ihr eine würdige und discrete Herstellung zu Teil werden ließ" (Woltmann, 360). Hofmannsthal besuchte die Villa am 18. August 1897, einen Tag bevor er in Vincenza das Gedicht begann.

sehr wohl auf die 1897 in der Villa Barbaro empfangenen Eindrücke beziehen kann: "(— jenes sinnlich Vollkommene, wie es sich beim Veronese im Verhalten eines vollkommenen Weiß zu einer entblößten Kehle ausspricht, desgleichen beim Correggio)" (E, 236). Diese Eindrücke — was immer sie aus bereits Gesehenem und aus Büchern oder Bildwerken Absorbiertem assoziierten — waren *ein* entscheidendes auslösendes Moment in der Entstehung des Gedichtes.

Von Veroneses illusionistischen Fresken, die chronologisch Raphael und Giulio Romano innerhalb eines halben Jahrhunderts folgten, ist der Weg zu den fast zweihundert Jahre später geschaffenen Fresken Tiepolos in der Villa Valmarana bei Vincenza nicht so weit, wie man annehmen könnte. Schon Woltmann wies darauf hin, daß Tiepolo manche Motive und Techniken Veroneses übernommen hatte (Woltmann, 365). Ob Hofmannsthal, der die Villa 1897 besuchte, damals Tiepolo schon so sehr schätzte wie später, ist schwer zu sagen. Im *Abenteurer* gibt er Anweisung, "Fresken im Geschmack des Tiepolo" sollten eine Decke im Haus Venier schmücken (D I, 224). Im gleichen Jahr schreibt er an die Eltern: "Maler, die ich früher kaum beachtet habe, wie der Tiepolo, genügen jetzt, um mich für Stunden in die freudigste Stimmung zu versetzen" (Briefe I, 271). Es mag sein, daß Valmarana (eher aber wohl Venedig) dies bewirkt hatte. Auf alle Fälle war es, wie die zitierte Bühnenanweisung und Ambiance und Atmosphäre des ganzen Stückes andeuten, Tiepolos festlicher Glanz, der es Hofmannsthal angetan hatte. Liest man hierzu die kunsthistorische Literatur, so ist es wiederum verblüffend, wie die Beschreibungen, besonders die Hans Hegemanns, am Text des Gedichtes entlang formuliert zu sein scheinen. Was später in der Würzburger Residenz noch überwältigender zur Geltung kommen soll, der "schwerelose silbrige Ton" (Hegemann, 34 f.) und die zahllosen Möglichkeiten der schon erwähnten "Augenblicks"-Gestaltung, zeigt sich bereits in Valmarana an. Die "außerkörperliche Sphäre" wird in die Gemälde einbezogen und ein in der Kunst bis dahin noch nicht möglich gewesenes Erleben "der lichterfüllten Natur" (Hegemann, 47/50) führt zu Darstellungen wie jener von Apollo und Artemis (siehe Abb. 3), die Hegemann beschreibt, als habe er unseren Text vor sich liegen: "Daß die *solcherart vom Irdischen entrückten Götter dennoch dem Menschen greifbar nahe sind,* macht eine Wirkung von wunderbarer Festlichkeit" (Hegemann, 145; m.H.).

Im *Kleinen Welttheater* sind malerische Szenen dargestellt, die an Leonardo wie an Michelangelo erinnern. Es wäre töricht, den Anteil jedes einzelnen bildenden Künstlers an einer dichterischen Vision ermitteln zu wollen, wenn es, wie wir meinen, eine einzelne unabweisbare Quelle nicht gibt. Immerhin aber erscheint es uns erwähnenswert, daß das, was wir als

Urbild jener im Gedicht genannten "wunderbaren Freuden der Götter" bezeichnet haben, selbst ein Kompositum ist: die Fresken in der Loggia Chigi in der Farnesina sind nicht nur Raphaels Werk, ein ganzer Stab von Künstlern war daran beteiligt, und mehrere von ihnen werden in der "Sommerreise" erwähnt (vgl. von Salis, 192, und P II, 57 f.). Wer kann den Anteil Michelangelos an Veronese erklären? Wie kommt es, daß Fischel, wenn er eine Studie für das berühmte *Disputa*-Gemälde Raphaels sieht, an die luminose Durchsichtigkeit Tiepolos denkt (Fischel, 82) und uns daran erinnert, Karl Philip Moritz habe Raphael den klarsten Seelenspiegel genannt und Karl Gustav Carus ihn mit Mozart verglichen und bemerkt, beider Künstler Schaffensweise sei von jenem traumhaften Zusammen- und Gleichzeitig-Sehen erfüllt gewesen, das wir auch in unserem Text beobachten konnten? Es scheint wirklich, daß der Sechzehnjährige recht hatte: in ihrem Wesentlichen ist die Kunst unwandelbar, "unbeschadet des Wandels in ihren Formen" (A 89).

III

Für das schöpferische Auge sind auf einen Augenblick sämtliche möglichen Quellen zu einer einzigen geworden. Wir kehren zum Gedicht zurück und wenden uns der Deutung seiner letzten Zeile zu. "Denn ich gedachte jenes Abenteuers." Vielleicht erlaubt die innere Nähe der erwähnten vier Gedichte sogar eine über den Text hinausreichende Deutung;[35] wir wollen hier versuchen, im Text zu bleiben. Es wurde ihm, als dürfe er der Götter Gewand berühren, als Gastfreund, "von gleichem Rang und ähnlichem Geschick."[36] Dann folgte der Doppelpunkt, der besagt, das Abenteuer, das er bestanden und erfahren, gebe ihm das Recht zu solcher Handlung. Welches Abenteuer? Die Antwort steht in den Zeilen 16–25. Wenn Goes meint, was am Ende des Gedichtes bleibe, sei das Niegeschehene (24), so können wir nicht zustimmen. Was in den

---

[35] Rudolf Hirsch meint in einem Brief, "jenes Abenteuer" sei in "Der Beherrschte" beschrieben. Dieser kühne Schluß, den auch die Flammen-Symbolik stützt, würde allerdings Hofmannsthals Bemerkung von dem "gewissen Zusammenhang" der beiden Gedichte aufs Bedeutendste erweisen.

[36] Auf dem mir zugänglichen Manuskriptblatt erschien Zeile 38 unter der Überschrift "Schluß Verona 20 VIII." Die letzte Zeile: "Denn ich gedachte [...]" fehlt. Dr. Hirsch teilte mir aber mit, sie stehe schon in der Vicentiner Fassung vom 19. August. Daß diese Zeile damals schon vorgesehen war, steht für mich außer Zweifel. Auf dem "Vicenza 19 VIII" überschriebenen 2. Manuskriptblatt des Gedichtes (es beginnt oben mit Zeile 26) fehlt zwar die Zeile, nach dem letzten Wort von Zeile 38 ("Geschick") steht aber bereits der Doppelpunkt. Die Anzahl der Manuskriptblätter zum Gedicht wird aus den Angaben in Webers Chronologie (317) nicht ganz deutlich.

Versen, die das Doppelt-Sehen und Doppelt-Empfinden beschreiben, *geschah*, ist unverlierbar.

Und diese tiefste Schicht in der Erfahrung einer stärksten Präsenz des abwesenden geliebten Menschen, dieses Fest der Liebe, wird im Bild der Götter und ihrer wunderbaren Freuden gespiegelt und wiederholt, und der Dichter darf sagen, dies, daß er die Liebe so erlebt, mache ihn zu einem, der ihr Gewand berühren darf und erhebe ihn zu ihrem Rang und mache ihn eines ähnlichen Geschickes teilhaftig. Die letzte Zeile versichert uns aber auch, daß er trotz dieses Augenblickes Mensch bleibt und dieses "Abenteuer" sich wiederholen kann, nicht in derselben, aber auf ähnliche Weise. Ob die Verklärung anhält, in welcher der geliebte Mensch gesehen wurde, ist von geringer Bedeutung. Die Verwandlung ist unverloren. Ein Beispiel aus der Biographie sei gegeben, da es nicht ohne innere Bedeutung für diese drei Gedichte ist, deren eines, "Botschaft," wohl dem Empfänger der gleich zu zitierenden Zeilen zugedacht war. Hofmannsthal schreibt nach einer schweren Krise ihrer Freundschaft an Richard Beer-Hofmann am 23. Mai 1919 einen Brief, in dem ich mehr sehe als den Wunsch, Aus-den-Fugen-Gegangenes wieder einzurenken: "Alles, Richard, einfach alles an Ihnen ist mir sympathisch: Ihr Blick, Ihre Stimme, Ihr Gesicht — *das ich ja kaum mehr physisch sehe, sondern in einer ganz anderen viel complexeren Art* [. . .]" (*Briefwechsel*, 162; m.H.). Um so zu sehen, muß irgendwann — und dann gleichsam für immer — dieses im Gedicht beschriebene und gefeierte Doppelt-Sehen geschehen sein.

"Bild und Landschaft verändern sich beide," sagt Vordtriede anläßlich der schöpferischen Umdichtung des Giorgione, "und ein neues drittes Gesicht entsteht: Hofmannsthals Erlebnis" (168). Dieses ist in der "Sommerreise" wie in unserem Gedicht beschrieben. Der bildliche Eindruck setzte sich aus mehrerem zusammen (das antike Vasenbild der "Idylle" ist von dieser Art; nicht ästhetische Rezeption eines Kunstwerkes, sondern Schaffen einer Fiktion), wie wir es bei Keats und Mörike vermuten. Das Wunder ist in der Tat "Einklang," dem im Text eine Beseligung entspricht, die den Dichter zum Freund der Götter macht. Welche Fresken immer Hofmannsthal gesehen haben mag, das Gedicht ist eine schöne Illustration jener eigenen Sätze im Hause Lanckoronski über den rechten Geist der Anschauung von Kunstwerken. Es scheint, als ob er damals Goethe ausdrücklich in eigenster Sache zitiert hätte: "Denn 'die Kunst,' sagt Goethe, 'läßt sich ohne Enthusiasmus weder fassen noch begreifen. [. . .] Und der Kopf allein faßt kein Kunstprodukt, als nur in Gesellschaft mit dem Herzen'" (P II, 27).

Wie er die unermeßlichen Landschaften der Seele verstand und das in ihnen tausendfach verborgene Leben, ist im "Gespräch über Gedichte" nachzulesen (siehe besonders P II, 96). Aus Rom hatte er den Eltern geschrieben, er könne alles Gesehene erst "durch eine Art von Reproduktion" aufnehmen und es wieder aus sich herausbringen "fast wie etwas von meiner Phantasie Erfundenes. Und dazu bedarf es, wie zur Arbeit, des geheimnisvollen Zustandes, den man mit Stimmung [...] bezeichnen muß und der mich manchmal durch lange Epochen im Stich läßt" (Briefe II, 90). Er beschreibt hier eine Arbeitsweise, die im späteren Leben und unter veränderten historischen Verhältnissen immer gefährdeter und exponierter wurde, und die er sich sicher mitunter durch Ort und Stunde zu erzwingen versuchte — ich denke weniger an die schöpferischen Plagen beim Abschließen der zweiten *Turm*-Fassung als an die sich ihm während der Vorbereitungen zu der Münchner Rede fast verweigernde Gesamt-Sicht seines Themas. Erlebnis baut sich nämlich auf Erlebnis auf, und in guten Stunden steht alles scheinbar Verlorene in verwandelter Form neben uns (vgl. Briefe II, 122).

Wer diese Schaffensweise — ausübend oder als Betrachter — zu akzeptieren vermag, den wird die wahrscheinlich völlig unbewußte Wiederkehr von Motiven nicht wundern, auch dann nicht, wenn sich dabei die Grenzen zwischen Leben und Werk verwischen. Und so soll am Schluß dieser Gedanken zu dem Gedicht aus dem August 1897 eine Briefstelle aus dem März 1911 kommen. Die seelische Übereinstimmung ist auch ohne die wörtlichen Entsprechungen erstaunlich, ja erschütternd, obgleich uns das gerade in den Briefen an Ottonie Degenfeld — und besonders jenen aus dem Jahre 1911 — nicht verwundern sollte, denn sie sind mehr als alle bisher veröffentlichten Briefe voller Bilder und Symbole, aus denen sich eine Ikonologie der menschlichen Seele ablesen ließe. Fälschlich hat man immer gemeint, dieses Bestehen auf dem "Einklang" sei auf Hofmannsthals Jugendjahre beschränkt gewesen. 1923 berichtet er Ottonie, er habe den "Luftleib des [letzten] Actes [des *Turm*]" vor sich und er müsse ihn nun, solange er ihn zu *glauben* vermöge, verwirklichen. Wie ja bei einem Gedicht, "wofern es ein wirkliches Gedicht ist," die erste und letzte Zeile "*zugleich da sein müssen.*"[37]

Der Luftleib des Gedichtes "Wir gingen einen Weg...," meine ich, ersteht noch einmal in einem Brief vom 4. März 1911 (ebd., 107 f.). Die Lektüre eines Gedichtes von Goethe löst einen "Augenblick" von höchster Bedeutung aus und ermöglicht es Hofmannsthal, Ottonie Degenfeld einmal zu sagen, wie er zu ihr steht, denn ihr Bild hatte sich auf einen Au-

---

[37] *Hugo von Hofmannsthal, Ottonie Gräfin Degenfeld: Briefwechsel*, hrsg. von Marie Therese Miller-Degenfeld unter Mitwirkung von Eugene Weber, eing. von Theodora von der Mühll (Frankfurt a. M.: S. Fischer, 1974), 478.

genblick "in einer andern schönen, durchleuchteten Welt" befunden und "wunderbar dazugehört." Dieses selten eindringliche und seelisch gültige Verwobensein von Leben und Werk wird dem Leser vielleicht den Einklang von Briefstelle und Gedicht spüren und ihn so die Substanz des Gedichtes noch einmal erleben lassen:

> Gestern abend schlug ich ein größeres Gedicht von Goethe auf, das Fragment "die Geheimnisse" — halb wollte ich darin lesen, um auszuruhen von eigenen zu lebhaften Gedanken und Einfällen, halb aber war es kein wirkliches Lesen, denn ich suchte — und fand — in dem Gedicht einen geheimen ganz unterirdischen Bezug auf Bilder und Gestalten, die in mir sich bewegten, ich sah in das Gedicht hinein wie in einen Zauberspiegel, sah hinein mit sehenden und doch zugleich blicklosen, nach innen gewandten Augen — plötzlich kam da eine sehr schöne Stelle, etwas ewig Wahres war da gesagt, für meinen Sinn war es in diesem Augenblick mehr als *gesagt*, es stand da wie ein wirkliches Ding, ein Wesen, aber von crystallener Reine, etwas Schönes, geistig aber wesenhaft, und plötzlich waren auch Sie da, unter jenem schönen Ding standen Sie und Ihr ganzer aufmerksamer Blick, den ich so lieb habe, heiter und ernst zugleich, — und in dem Blick Ihr ganzes Wesen — war auf das Ding geheftet und dann auf mich nur im Sinn der großen gemeinsamen Aufmerksamkeit, die wir beide dem Ding schenkten — wir waren verbunden, als wären wir zusammen einen langen schönen Weg gegangen, um dies zu finden, wir zeigten es einander — es war ein schöner beglückender Augenblick — soll ich *allein* ihn gehabt haben?

Notiz

Der vorliegende Aufsatz hat eine etwas ungewöhnliche Entstehungsgeschichte, die kurz berichtet werden soll, weil sie so ganz anders als vorgesehen verlief. Vor über zehn Jahren korrespondierten Wolfgang Stechow und ich einmal über mögliche visuelle Anregungen zu einigen Gedichten von Hofmannsthal. Ich hatte angefragt, ob er hinter dem Gedicht "Die Beiden" eine "Vorlage" aus der Malerei vermutete. Er verneinte das; es handle sich da wohl um ein "rein literarisches Concetto" — hingegen fühlte er sich durch die Lektüre eines weiteren, ihm ebenfalls vorgelegten Gedichtes ("Wir gingen einen Weg...") an Raphael und die Farnesina erinnert. Ein weiterer Briefaustausch, in dem von Daten und Orten noch nicht die Rede war, detaillierte und begrenzte seine Vermutungen. Ein damals von mir geplanter Aufsatz wurde nicht geschrieben. Ich hatte mir aber vorgenommen, bei einer nächsten Gelegenheit ein anderes Gedicht von Hofmannsthal für Oskar Seidlin zu interpretieren. Die "Gelegenheit" ergab sich mit der Festschrift. Meine Anregung, auch Wolfgang Stechow um einen Beitrag zu bitten, konnte von den Herausgebern nicht mehr berücksichtigt werden, weil sich die rein raumtechnische Planung schon in einem fortgeschrittenen Stadium befand. Ich kam dann auf die mir ideal scheinende Lösung, die Korrespondenz mit Wolfgang Stechow über das in Vincenza begonnene Gedicht wieder aufzunehmen und zusammen mit ihm einen Aufsatz darüber für die Festschrift zu schreiben.

Das Gedicht hatte mich in den Jahren dazwischen weiter beschäftigt. Im Sommer 1972 konnte ich im Freien Deutschen Hochstift das Manuskript des Textes einsehen. Herr Dr. Rudolf Hirsch, dem diese Arbeit wie die meisten meiner Hofmannsthal-Studien sehr viel verdankt, genehmigte mir, den einen oder anderen für meine Argumentation wichtigen Hinweis aus dem Manuskript zu veröffentlichen. Er wies schließlich auf die Möglichkeit hin, auch die Fresken Tiepolos in der Villa Valmarana in Vincenza könnten Hofmannsthal inspiriert haben. Diesen Gedanken teilte ich Wolfgang Stechow mit, nachdem wir beschlossen hatten eine Interpretation zu wagen; damals sandte ich ihm auch alle mir zugänglichen und auffindbaren Parallel-Stellen, mehrere mögliche Hinweise in Briefen aus den Sommermonaten des Jahres 1897 sowie eine Reihe von Notizen Hofmannsthals, die er sich auf der Rückseite von einigen dem Gedicht zuzuordnenden Manuskriptblättern gemacht hatte. Statt einer weiteren Korrespondenz wurde für den Vormittag des 13. Oktober 1974 ein Treffen verabredet, das nie stattfand, weil Wolfgang Stechow am Morgen des 12. Oktober in Princeton starb. Notizen für unsere Besprechung haben sich nicht gefunden. Mit freundlicher Genehmigung von Ursula Stechow werde ich an den gegebenen Stellen des Aufsatzes aus der kurzen Korrespondenz des Jahres 1969 zitieren, zumal die darin geäußerten Vermutungen sich während meiner weiteren Überlegungen als außerordentlich fruchtbar erwiesen haben. Auch die Tatsache, daß schließlich wohl eher Veroneses als Raphaels Fresken als unmittelbare "Quelle" anzusprechen sind, minderte — wie hoffentlich überzeugend deutlich wird — die Bedeutsamkeit der Begegnung dieser Verse mit Raphael in keiner Weise.

Da mir das kunsthistorische Rüstzeug gänzlich fehlt, hätte ich den Aufsatz, dessen Thema zu den letzten von Wolfgang Stechows geplanten Arbeiten gehört, nicht ohne vielfältige Hilfe beenden können. Neben Rudolf Hirsch und H. Stefan Schultz haben mich meine hiesigen Kollegen Alfred Moir und Peter Meller freundlich beraten. Ich bin ihnen allen dankbar; sicher werden sie in meinem Aufsatz mehrere Stellen, deren für einen Wissenschaftler vielleicht allzu schwebende Aussage ich allein zu verantworten habe, mit gehöriger Skepsis aufnehmen. Ich hatte mich auf Vermutungen und Einfälle zu stützen. Daß dies in diesem besonderen Fall

Wir gingen einen Weg... 53

Hofmannsthal gemäß ist, steht für mich außer Zweifel. Ich meine auch, in einer Festschrift seien anstelle unumstößlicher Resultate solche Begegnungen, die mitunter zu anfechtbaren Aussagen über ein so festliches Gedicht führen, durchaus am Platze.*

---

* Dieser Aufsatz erschien unter dem Titel "'Eine tiefre Bildlichkeit': Gedanken zu Hugo von Hofmannsthals Gedicht 'Wir gingen einen Weg...'" in der Festschrift für Oskar Seidlin *Herkommen und Erneuerung*, hrsg. von Gerald Gillespie und Edgar Lohner (Tübingen: Max Niemeyer Verlag, 1976). Richard Exner und dem Verlag Max Niemeyer meinen Dank für die freundliche Erlaubnis, diesen durch so reiches Gedankengut ausgezeichneten Aufsatz — mit leichten bibliographischen und formalen Änderungen — hier aufnehmen und ihn damit erneut in das Blickfeld der Hofmannsthal-Forschung rücken zu dürfen. Hrsg.

Abb. 1: Raphael, *Das Hochzeitsmahl für Amor und Psyche.* Farnesina Palast, Chigi Loggia. Foto Anderson. Veröffentlichungsrechte bei Fratelli Alinari, Florenz.

Abb. 2: Paolo Veronese, Deckengemälde und Lünetten (in der Mitte "die Ewigkeit"). Olympisches Zimmer der Villa Barbaro in Masèr. Illustration aus *Palladio, Veronese e Vittoria a Maser*, Introduzioni di Bernard Berenson (Milano: Aldo Martello Editore, 1960).

Abb. 3: Giovanni Battista Tiepolo, *Apollon und Artemis* (Olympisches Zimmer; Fresko). Fremdenhaus der Villa Valmarana bei Vincenza. Illustration aus Hans W. Hegemann, *Giovanni Battista Tiepolo* (Berlin: Rembrandt Verlag, 1940).

Janette C. Hudson

Nox portentis gravida

In hohen Bäumen ist ein Nebelspiel,
Und drei der schönen Sterne funkeln nah:
Die Hyazinthen an der dunkeln Erde
Erinnern sich, daß hier geschehen werde,
Was früher schon und öfter wohl geschah: 5
Daß Hermes und die beiden Dioskuren,
Funkelnd vor Übermut die luftigen Spuren
Der windgetragenen Grazien umstellen
Und spielend, mit der Grausamkeit der Jagd,
Sie aus den Wipfeln scheuchen, ja den Wellen 10
Des Flusses nahe treiben, bis es tagt.

Der Dichter hat woanders seinen Weg,
Und mit den Augen der Meduse schauend
Sieht er das umgelegene fahle Feld
Sogleich entrückt und weiß nicht, wie es ist, 15
Und fügt es andern solchen Orten zu,
Wo seine Seele, wie ein Kind verstellt,
Ein Dasein hat von keiner sichern Frist
In Adlersluft und abgestorbner Ruh.
Dort streut er ihr die Schatten und die Scheine 20
Der Erdendinge hin und Edelsteine.

Den dritten Teil des Himmels aber nimmt
Die Wolke ein von solcher Todesschwärze,

> Wie sie die Seele dessen anfällt, der
> Durch Nacht den Weg sich sucht mit einer Kerze: 25
> Die Wolke, die hinzog am nächsten Morgen,
> Mit Donnerschlag von tausenden Gewittern
> Und blauem Lichte stark wie nahe Sonnen
> Und schauerlichem Sturz von heißen Steinen,
> Die Insel heimzusuchen, wo das Zittern 30
> Aufblühen ließ die wundervollsten Wonnen;
> Vor ungeheurer Angst erstorbenes Weinen
> Der Kaufpreis war: daß in verstörten Gärten,
> Die nie sich sahen, sich fürs Leben fanden
> Und trunken sterbend, Rettung nicht begehrten; 35
> Daß Gott entsprang den Luft- und Erdenbanden,
> Verwaiste Kinder gleich Propheten glühten
> Und alle Seelen wie die Sterne blühten.[1]

"FORMIDABLE EINHEIT DES WERKS."[2] So beurteilt Hugo von Hofmannsthal 1926, drei Jahre vor seinem Tode, sein eigenes Werk. Die Bemerkung steht in "Ad me ipsum," dem Dokument, das Hofmannsthal zur dichterischen Selbstanalyse diente. In der Forschung ist schon zur Genüge darauf hingewiesen worden, daß dieses Dokument bei der Interpretation von Hofmannsthals Werk nur sehr vorsichtig herangezogen werden sollte, da der Dichter die starke und wohl lebenslängliche Tendenz zeigte, das eigene Leben und Schaffen zu stilisieren. Dennoch bieten manche Einträge in "Ad me ipsum" wertvolle Einsichten ins Hofmannsthalsche Oeuvre. Eine solche Einsicht spiegelt meines Erachtens das eingangs erwähnte Zitat.

Die Einheit des Hofmannsthalschen Werkes zeigt sich unter anderem im Bezugsreichtum der einzelnen Texte zueinander. Hierzu bemerkt Michael Hamburger am Schluß seiner kurzen, aber überaus aufschlußreichen Studie über "Die Gedichte und kleinen Dramen:" "Jede Lektüre eines seiner Werke im Lichte eines anderen offenbart neue Querverbindungen, neue Verflechtungen, von Wortlaut und Anspielung, neue scheinbare Kontradiktionen und Paradoxe."[3] Wegen dieses Bezugs-

---

[1] SW 1, 59–60; siehe Fußnote 1 von "Zum Geleit" in diesem Band.

[2] A 237.

[3] Michael Hamburger, "Die Gedichte und kleinen Dramen," *Hugo von Hofmannsthal: Zwei Studien* (Göttingen: Sachse und Pohl, 1964), 62. Obwohl die Feststellung von der

systems ist es bei Hofmannsthal besonders aufschlußreich, Werke verschiedener Entstehungszeiten und Gattungen in die Einzelinterpretationen einzubeziehen. Das tut zum Beispiel Richard Exner, wenn er auf Fäden hinweist, die von dem Prosastück "Erinnerung" (1924) auf einzelne frühe Gedichte, unter anderem auf das "bis heute unausgeschöpfte Gedicht" "Nox portentis gravida" (1896), zurücklaufen.[4] Vor allem bei der Interpretation der dritten Strophe von "Nox portentis gravida" einer äußerst verschlüsselten Strophe, ist es nicht nur hilfreich, sondern zum Verständnis nötig, auf Beziehungen zu anderen Hofmannsthal-Werken hinzuweisen.

Der Verbindungsfaden bei den von Exner erwähnten Texten[5] ist die Epiphanie, die einmal von außen hereinbricht, einmal im Innern als Seelenlandschaft aufblüht.[6] Da der Zustand der Epiphanie, von Hof-

doch von vielen bestätigt, so z.B. von Richard Exner: "Es scheint also geboten, so schwierig sich das in der Praxis für den Kritiker und Wissenschaftler gestalten mag, Hofmannsthals gesamtes Schaffen als *ein Werk* zu betrachten, denn seine eigene dichterische Sehweise hat sich während seines Lebens im Wesentlichen nicht gewandelt" (*Hugo von Hofmannsthals "Lebenslied": Eine Studie* [Heidelberg: Carl Winter, 1964], 35). Erwin Kobel weist auf die reiche Vielfalt des Werkes hin — Verschiedenheit der Gattungen, der Versionen einzelner Werke, der Inspirationsquellen — sieht aber "in der Zeit als der reinen Form der Anschauung" die Einheit des Werkes (*Hugo von Hofmannsthal* [Berlin: Walter de Gruyter, 1970], 2). Kobel zitiert auch Martin Stern, der in seinem Nachwort zur *Florindo* Ausgabe, "das durchgängige Wirken von sinntragenden Figurenkonstellationen und Bildern" betont (Frankfurt a. M.: S. Fischer, 1963), 182. Rolf Tarot in *Hugo von Hofmannsthal: Daseinsformen und dichterische Struktur* (Tübingen: Max Niemeyer, 1970) vertritt auch den Standpunkt, daß Hofmannsthals ganzes Werk "eine Anschauungs- und Darstellungsweise [aufweist], die schon in den frühesten Essays zu beobachten ist" (ebd., 5). Aber im dritten Kapitel, sechsten Absatz seines Buches (139-160) bespricht er ausführlich die Kritiker, die entgegengesetzter Ansicht sind und das Hofmannsthalsche Werk als sehr uneinheitlich empfinden.

[4] Richard Exner, "Erinnerung — welch ein merkwürdiges Wort: Gedanken zur autobiographischen Prosadichtung Hugo von Hofmannsthals," *Modern Austrian Literature* 7 (1974), 166.

[5] Vierter und fünfter Brief der "Briefe des Zurückgekehrten"; "Augenblicke in Griechenland," besonders "Statuen"; "Nox portentis gravida", "Die Wege und die Begegnungen"; "Erinnerung"; "Erinnerung schöner Tage"; "Gerechtigkeit"; "Glück am Wege"; "Sommerreise"; "Raoul Richter." Dazu wären auch Gedichte wie "Spaziergang" (besonders die letzte Strophe) und "Besitz" zu erwähnen; ferner "Ein Brief," "Ansprache im Hause des Grafen Karl Lanckoronski," wo sich blitzartig Verknüpfungen allweitig offenbaren; "Der Dichter und diese Zeit," wo das Epiphanieerlebnis für den gläubigen Leser beschrieben wird; "Über Charaktere im Roman und im Drama," wo das Erlebnis auf den Dichter bezogen beschrieben wird.

[6] Schon 1936 hatte Walter Perl in seiner Studie *Das lyrische Jugendwerk Hugo von Hofmannsthals. Germanische Studien*, Heft 173, 1936 (Neudruck Nendeln/Liechtenstein: Kraus, 1967), 27, auf die Bedeutung der Epiphanie für das gesamte lyrische Schaffen Hofmannsthals aufmerksam gemacht.

mannsthal auch lyrischer Zustand, erhöhter Augenblick, die guten Augenblicke genannt, in seinem dichterischen Werk ein solches Schwergewicht hat, ist es erstaunlich, daß "Nox portentis gravida" so wenig Beachtung gefunden hat, da doch gerade in diesem Gedicht der Zustand der Epiphanie zwingend dargestellt wird.

Für Hofmannsthal selber zählte "Nox portentis gravida" nicht zu den Lieblingsgedichten. An Stefan George schreibt er, eine geplante Ausgabe seiner Gedichte betreffend, daß er nur etwa fünfzehn Gedichte "gern gedruckt sehen würde."[7] "Nox portentis gravida," war nicht dabei. Anscheinend hat sich die Forschung von diesem allzu harten Selbsturteil beeinflussen lassen; jedenfalls gibt es von "Nox portentis gravida" keine eingehende Einzelinterpretation. Dabei ist dieses Gedicht nicht weniger zugänglich als beispielsweise "Lebenslied," das 1896 entstanden ist, also im selben Jahr wie "Nox portentis gravida" und dem Richard Exner eine ganze Monographie widmet.[8] Es ist ebenso formvollendet wie die von Hofmannsthal für die Sammlung vorgezogenen Gedichte. Vor allem evoziert es aber ein für Hofmannsthal zentrales Anliegen: in mythologischer Chiffrierung stellt es den dichterischen Schaffensprozeß dar, und zwar durch die Epiphanie in der Erscheinung des Dionysos Zagreus, wie zu ermitteln sein wird. Mehr noch, die im Gedicht enthaltene, auf sich selbst weisende Gebärde zeigt auf das Endprodukt dieses Schaffensprozesses hin, nämlich auf das vollendete Gedicht.

"Nox portentis gravida" wird von Richard Exners *Index Nominum*,[9] welcher zur Erschließung nicht identifizierter Zitate dient, nicht erwähnt. Das bedeutet wohl, daß die lateinische Überschrift des Gedichtes von Hofmannsthal selber stammt. Eine von Vorahnung schwere Nacht — "gravida" kann sogar schwanger heißen — eine vorbedeutungsträchtige Nacht: so etwa wäre der Titel des Gedichtes zu übersetzen. Der Titel scheint der Interpretation die Aufgabe zu stellen, die im Gedicht delphisch verschlüsselte Vorahnung zu entziffern.

Hofmannsthal nennt das Gedicht einmal auch "Nox tripartita." Im äußeren Aufbau wird diese Dreiteiligkeit deutlich. Das Gedicht besteht aus drei Strophen von ungleicher Länge: die erste Strophe aus zehn, die

---

[7] *Briefwechsel zwischen George und Hofmannsthal*, hrsg. von Robert Boehringer, 2. ergänzte Auflage (Berlin: Helmut Küpper, 1953), 190–191.

[8] Richard Exner, *Hugo von Hofmannsthals "Lebenslied"* op. cit.

[9] Richard Exner, *Index Nominum zu Hofmannsthals gesammelten Werken* (Heidelberg: Lothar Stiehm, 1976).

zweite aus elf und die dritte aus siebzehn gereimten, fünffüßigen Jamben (mit drei Abweichungen).

Das Reimschema ist abwechslungsreich verschlungen. Die erste Zeile der ersten Strophe bleibt ungereimt. Darauf folgt ein verschränkter Reim (abba), Zeile 6 und 7 bilden einen Paarreim und die letzten vier Zeilen einen Kreuzreim. Die zweite Strophe beginnt wie die erste, diesmal aber mit zwei ungereimten Zeilen. Darauf folgt, ebenfalls die Dreiheit reflektierend, ein dreiteiliger Kreuzreim (abc abc). Die Strophe schließt mit einem Paarreim, was einerseits einen definitiven Abschluß schafft, andererseits aber auch einen Übergang zur dritten Strophe herstellt, die anfangs drei ungereimte Zeilen mit zwei gereimten kombiniert. Auch der dreiteilige Kreuzreim der zweiten Strophe kehrt wieder und der einfache Kreuzreim der ersten. Dieses wiederkehrende, an den Anfang zurückweisende Element unterstreicht die selbstbezogene Gebärde im Gedicht. Die dritte Strophe schließt wie die zweite mit einem Paarreim.

Aufschlußreich ist auch die Aufteilung von männlichen und weiblichen Reimendungen, weil sie ebenfalls inhaltliche Gestaltungsmuster untermalt. Sieht man in der ersten Strophe von der ersten ungereimten Zeile ab, so verteilen sich die männlichen und weiblichen Endungen gleichmäßig: es sind fünf männliche und fünf weibliche Endungen. Diese ausgewogene Verteilung reflektiert das in der Eingangsstrophe von "Nox portentis gravida" gestaltete Harmonisieren von Antinomien. Die weiblichen und männlichen Endungen, die sich mit Ausnahme des weiblichen Doppelreims in der sechsten und siebten Zeile abwechseln, verstärken noch den Eindruck von Gegensätzen, die sich in dialektischer Wechselwirkung im Gleichgewicht halten. In der zweiten Strophe wiegen eindeutig die männlichen Endungen vor: nur der abschließende Paarreim ist weiblich. Das Starre, das in der zweiten Strophe durch den männlichen Reim unterstrichen wird, löst sich in der dritten Strophe auf. Dort sind die Reime fast durchgehend weiblich.

Himmel und Erde, hell und dunkel, das Leichte, Getragene, Schwebende und das Zielstrebig-Vitale, das Spiel und die Grausamkeit der Jagd: diese Gegensätze stehen einander in der ersten Strophe gegenüber und werden gegeneinander abgewogen. Hier wird eine Art Elysium dargestellt, wo die Lieblinge der olympischen Götterwelt verewigt sind: Hermes und die Dioskuren als Sterne und der Jüngling Hyazinth als Blume. Die Hyazinthen, heißt es im Gedicht, "Erinnern sich, daß hier geschehen werde, / Was früher schon und öfter wohl geschah." Erinnern impliziert Vergangenheit, was in der Zeile "Was früher schon und öfter wohl geschah" betont wird. Die Zukunft liegt in dem Gebrauch des Futurs von geschehen. In der Zeile "Erinnern sich, daß hier geschehen werde" kommt eine Art Dauer im Wechsel zum Ausdruck, mehr noch, eine Art ewige Wiederkehr. Diese Wiederkehr vollzieht sich am Ende der dritten Strophe in den Seelen, die "wie die Sterne blühten." So weist das Gedicht, wie beim Reimmuster, auch hier eine kreisartige Bewegung auf, die zu sich selbst zurückkehrt. Die Zeile "Was früher schon und öfter wohl geschah" ist die einzige in diesen zwei Strophen, die im Präteritum erscheint; sonst herrscht Präsens vor. Erst in der fünften Zeile der dritten Strophe kehrt das Präteritum wieder und bleibt bis zum Ende des Gedichtes die einzige Zeitstufe. Man hat den Eindruck, daß das, was in Zeilen 26–38 der dritten Strophe ausgesagt wird, das beschreibt, "Was früher wohl und öfter schon geschah." Mit dieser nicht chronologischen Zeitenfolge bewirkt Hofmannsthal, daß wir statt eines Nacheinanders ein Nebeneinander erleben.

Ähnliche Verwischungen erreicht Hofmannsthal im Räumlichen. Dadurch, daß er zu "Bäumen" das Attribut "hoch" setzt und die Sterne als "nah" bezeichnet, kehrt er die von uns erwarteten Raumverhältnisse um: die Bäume kommen uns entfernter vor als die Sterne. Alles ist in Verwandlung begriffen, es bestehen keine festen Grenzen zwischen den Bereichen. Und überall halten sich die Gegensätze in bewegter Wechselwirkung das Gleichgewicht. Schon in den beiden Anfangszeilen des Gedichtes schafft Hofmannsthal einen Chiasmus aus dem oben erwähnten Gegensatz zwischen hoch und nah. Die erste Zeile beginnt: "In hohen Bäumen," die zweite endet mit "Sterne funkeln nah." Ein zweiter Chiasmus, der sich mit dem ersten verschränkt, befindet sich in der zweiten und dritten Zeile, wo "funkeln" und "dunkeln," "Sterne" und "Erde" miteinander kreuzweise assonieren. Erde und Himmel, Dunkel und funkelnde Helle stehen einander gegenüber. Durch Alliteration werden in der zehnten Zeile "Wipfeln" und "Wellen," also Höhe und Tiefe, das Luftige und das Flüssige sowohl einander gegenübergesetzt als auch miteinander verbunden.

Selbst die mythologischen Gestalten vereinigen Gegensätze in sich. Bei den Dioskuren ist der eine Zwilling sterblich, der andere nicht. Aber die Sterblichkeit wird durch die Liebe der beiden zueinander überwunden. Nach einer Überlieferung belohnt Zeus die Zwillinge damit, daß er sie in einer Konstellation verewigt. Nach einer anderen erlaubt er ihnen, einen Tag in der Unterwelt und einen Tag im Himmel zu verbringen.

Wie die Dioskuren gehört auch Hermes den entgegengesetzten Bereichen von Leben und Tod an. Hermes ist ein chtonischer Gott. Wegen seiner Funktion als Psychopompos, als Führer der Seelen in den Hades, wird er gewöhnlich mit dem Tod assoziiert. Aber zu seinem Wesen gehört auch das Phallische, wovon bei seinem Kult schon die zu seinen Ehren errichteten Pfeiler, die ithyphallischen Hermae, zeugen. In einer Überlieferung heißt es sogar, daß Eros der Sohn von Hermes und Artemis oder Aphrodite sei. Und als solchen, als erotisch-vitale Kraft, stellt Hofmannsthal den Gott Hermes dar, wie er zusammen mit den Dioskuren den Grazien nachjagt.

Die drei Grazien gehören zum Gefolge der Liebesgöttin Aphrodite und sind ihr wesensverwandt. Das "gravida" im Titel bedeutet schwanger; die Eskapaden eines Hermes haben öfter zu Schwängerungen geführt. Diese Erläuterungen tragen besonders zum Verständnis der dritten Strophe bei, wo von "Aufblühen" und von "wundervollsten Wonnen" (Zeile 31), von "glühten" und "blühten" (Zeile 37 und 38) die Rede ist. Die Nachstellungen von Hermes und den Dioskuren in der ersten Strophe weisen auf die orgiastischen Liebeswonnen hin, die in der dritten Strophe beschrieben werden: "[. . .] wo das Zittern / Aufblühen ließ die wundervollsten Wonnen." Der Fluß und der Tag, der die Nacht beendet, werfen eine Grenze auf, deuten möglicherweise auf den Tod hin, auf den Liebestod in der dritten Strophe.

Zu den Gegensatzpaaren Sterne und Erde, nah und fern, Vergangenheit und Zukunft kommen noch die hinzu, die mit der jeweiligen Natur der Jagenden und der Gejagten zusammenhängen. Die Grazien sind substanzlos ("die luftigen Spuren," an das "Nebelspiel" der ersten Zeile erinnernd) und passiv: sie werden vom Wind getragen. Vital aggressiv zeigen sich hingegen Hermes und die Dioskuren: sie "umstellen," "scheuchen" und "treiben." Trotzdem entstammen aber Jäger und Gejagte demselben Bereich. Denn mit "funkelnd vor Übermut" werden Hermes und die Dioskuren beschrieben, die die drei Grazien — "Glanz," "Frohsinn" und "Blühendes Glück" — umstellen. Also vereint alle trotz ihrer Gegnerschaft dasselbe Element der Helle und der leuchtenden Lebensfreude. Die Darstellung der Einheit ist für Hofmannsthals Gesamtwerk bezeichnend. Diese Einheit ist keineswegs statisch und undifferenziert; vielmehr setzt sie sich, wie in diesem Gedicht, aus Gegensätzen zusammen, die in einem dialektischen Verhältnis zueinander stehen, das heißt, daß sie die äußersten Pole eines Kontinuums bilden und sich in ständiger Wechselwirkung zu einem bewegten, lebendigen Ganzen verknüpfen.

Zur Antithetik der ersten Strophe gehören noch die gegensätzlichen Begriffe "spielend" und "Grausamkeit," mit denen das Verhältnis von Hermes und den Dioskuren zu den Grazien beschrieben wird. Für Hofmannsthal ist die Antithetik dem Wesen des Mythischen inhärent: "Im Mythischen ist jedes Ding durch einen Doppelsinn, der sein Gegensinn ist, getragen: Tod=Leben, Schlangenkampf=Liebesumarmung. Darum ist im

Mythischen alles im Gleichgewicht" (A 35). Diese Deutung erfaßt genau den antithetischen und dennoch einheitlichen Charakter der ersten Strophe von "Nox portentis gravida."

Im lyrischen Werke Hofmannsthals bildet dieses Gedicht, besonders die erste Strophe, eine Ausnahme, da sonst die mythologische Welt der Antike kaum vorkommt. Hofmannsthals Bild der Antike ist von Rohde, Bachofen und ganz besonders von Nietzsches *Geburt der Tragödie* geprägt, das auf der Antithetik vom Apollinischen und Dionysischen beruht. Es geht zwar in dieser Arbeit nicht darum, den Einfluß Nietzsches auf Hofmannsthal zu verfolgen. Liest man aber "Nox portentis gravida" im Licht der *Geburt der Tragödie*, so läßt sich manches Kryptische entziffern. Was zu diesem Vorgehen berechtigt, ist die zentrale Rolle, die Nietzsche im Geistesleben des zwanzigsten Jahrhunderts[10] und auch für Hofmannsthal gespielt hat.[11] Hofmannsthal selbst spricht als junger Mann davon, daß Nietzsche überall in der Luft liege (PI I, 11). Und Ernst Feise stellt fest, daß *Geburt der Tragödie* besonders für das Werk des jungen Hofmannsthal (*Idylle*, *Der Tor und der Tod*) von Wichtigkeit war.[12]

Sowohl bei Nietzsche als auch bei dem frühen Hofmannsthal dominiert das Thema "Leben." In seinem Artikel über Hofmannsthals "Lebenslied" bemerkt Paul Klußmann: "Es gibt kein Wort, das in der Dichtung des jungen Hofmannsthal so häufig sich einstellt, wie das Wort 'Leben,' und das oft wiederkehrende Motiv des Todes ist nicht nur ein steigerndes Gegenmotiv zum Leben, sondern nicht selten eine Verweisung auf den bedeutungsvollen Grenzpunkt zwischen Leben und Tod, der in Hofmannsthals Frühwerk Augenblick der Lebensreife und höchster Vollendung ist, nicht nur im *Tod des Tizian*, sondern auch in *Der Tor und der Tod* und in mehreren Gedichten."[13]

---

[10] Paul Böckmann, "Die Bedeutung Nietzsches für die Situation der modernen Literatur," *Deutsche Vierteljahresschrift* 27 (1953), 78.

[11] Gotthart Wunberg, *Der frühe Hofmannsthal. Schizophrenie als dichterische Struktur* (Stuttgart: W. Kohlhammer, 1965), 24.

[12] Ernst Feise, "Philosophische Motive im Werk des jungen Hofmannsthal," *Festschrift für M. Blakemore Evans*, hrsg. von der Redaktion der *Monatshefte für deutschen Unterricht* und der deutschen Abteilung der Staatsuniversität von Ohio (Columbus: Ohio State University Press, 1945), 31.

[13] Paul Klussmann, "Hugo von Hofmannsthals 'Lebenslied,'" *Hugo von Hofmannsthal*, hrsg. von Sibylle Bauer (Darmstadt: Wissenschaftliche Buchgesellschaft, 1968), 227.

Die Akzentverschiebung vom Leben auf die Kunst vermeint Hans Steffen im Werk Hofmannsthals ab Ende 1893 zu beobachten.[14] Steffen zählt eine Reihe von Gedichten auf, die in der Zeit zwischen dem Dezember 1893 und 1895 entstanden sind. Verwunderlich ist es, daß Steffen bei dieser Aufzählung "Nox portentis gravida" ausläßt, wo doch in der zweiten Strophe ausdrücklich vom Dichter die Rede ist. Steffen begründet die vermeintliche Verschiebung vom Leben auf die Kunst damit, daß Hofmannsthal sich in dieser Zeit in die Philosophie Schopenhauers vertieft habe. Es ist aber genauso berechtigt, auf die Einwirkung von der *Geburt der Tragödie* hinzuweisen, zumal sich bekanntlich dieses Werk stark auf Schopenhauer stützt, besonders was die Begriffe des Apollinischen und des *principii individuationis* angeht.

Nietzsches Beschreibung des Apollinischen erinnert an Hofmannsthals Evokation des Dichters in der zweiten Strophe von "Nox portentis gravida" deren letzte Zeilen die dichterische Tätigkeit darstellen: "Dort streut er ihr (der Seele) die Schatten und die Scheine / Der Erdendinge hin und Edelsteine." Nach Nietzsche ist Apollo der Scheinende, sowohl im Sinne von Leuchten, als auch von Illusion — vom "schönen Schein der inneren Phantasie-Welt."[15] Aber das Apollinische ist für Nietzsche nicht nur Ausdruck des schönen Scheins, sondern auch des Individuationsprinzips: "[. . .] und man möchte selbst Apollo als das herrliche Götterbild des *principii individuationis* bezeichnen, aus dessen Gebärden und Blicken die ganze Lust und Weisheit des 'Scheines' samt seiner Schönheit, zu uns spräche [. . .]." (I 23–24). Einerseits verhülle uns das Apollinische die tiefsten existentiellen Wahrheiten, andererseits aber wäre das konkrete Leben ohne dieses Prinzip nicht möglich. Es ist nämlich nach Nietzsche die Funktion des apollinischen Scheins, dem Menschen, der in das abgründige Chaos des Daseins schaut, das Weiterleben zu ermöglichen. Nietzsche war es vor allem, der hinter der vermeintlichen edlen Einfalt und stillen Größe die Nachtseite der griechischen Tragödie aufdeckte. In der *Geburt der Tragödie* heißt es: "Der Grieche kannte und empfand die Schrecken und Entsetzlichkeiten des Daseins. Um überhaupt leben zu können, mußte er vor sie hin die glänzende Traumgeburt der Olympischen stellen" (I 30). Es ist nach Nietzsche ebenfalls die Funktion des Apollinischen, als Schutz zu dienen vor alledem, was das *principium*

---

[14] Hans Steffen, "Schopenhauer, Nietzsche und die Dichtung Hofmannsthals," *Nietzsche: Werk und Wirkungen*, hrsg. von Hans Steffen, Kleine Vandenhoeck Reihe (Göttingen: Vanderhoeck und Ruprecht, 1974), 79.

[15] Friedrich Nietzsche, *Werke*, hrsg. von Karl Schlechta, 3 Bd. (München: Carl Hanser, 1966), I, 23. Fortan wird Nietzsche im Text in Klammern zitiert.

individuationis gefährden könnte. Darum wehrt sich der olympische Apollo gegen den Einbruch des Gottes Dionysos, des alle Differenziertheiten aufhebenden Fremdlings aus dem Osten. Diese Abwehr veranschaulicht Nietzsche in dem äußerst einprägsamen Bild der "in seinem ganzen Stolz sich aufrichtende[n] Gestalt des Apollo, der das Medusenhaupt keiner gefährlicheren Macht entgegenhalten konnte als dieser fratzenhaft ungeschlachten dionysischen" (I 27).

Dasselbe, höchst ungewöhnliche Bild kommt bei Hofmannsthal am Anfang der zweiten Strophe von "Nox portentis gravida" vor. "Und mit den Augen der Meduse schauend," so beschreibt er dort den Dichter. Daß eine Grenzlinie die erste von der zweiten Strophe scheidet, wird mit dem alliterierenden "Woanders" betont: "Der Dichter hat woanders seinen Weg." In der zweiten Strophe fehlen die Bäume, die Blumen, die funkelnden Sterne, die dunkle Erde; es fehlt die ganze, von den Göttern beseelte Natur der ersten Strophe, und zwar, weil der Dichter mit den Augen der Meduse schaut. Denn bekanntlich wird alles, was die Meduse mit ihren Augen trifft, zu Stein. Darum ist im Gegensatz zur fruchtbaren dunklen Erde der ersten Strophe das umgelegene Feld "fahl," also blaß und leblos.

Obgleich dieses Feld den Dichter unmittelbar umgibt, mutet es ihn als "sogleich entrückt" an. Dieses Entrücktsein bedingt das Unbestimmte, das Unbestimmbare des in der zweiten Strophe dargestellten Bereichs. Der Dichter "weiß nicht, wie es ist." Dieses "es" ist allgemein existenziell aufzufassen, bezieht sich aber auch ganz konkret auf "das Feld," was ebenfalls auf die folgende Zeile zutrifft: "Und fügt es andern Orten zu." Der Kontext in dieser Zeile ist ja ganz räumlich. Nimmt man allerdings die nächste Zeile hinzu, "Wo seine Seele, wie ein Kind verstellt, / Ein Dasein hat von keiner sichern Frist," dann wird offensichtlich, daß es sich doch nicht nur um konkrete Räumlichkeiten handelt, sondern auch um temporal bedingte Seelenzustände.

Das Entrückte des Feldes, und somit die Seele des Dichters, wird einerseits im Bild "wie ein Kind verstellt" gefaßt — verstellt bedeutet in diesem Kontext soviel wie entrückt, nicht an seinem natürlichen Platze — andererseits im Bild von "Adlersluft und abgestorbner Ruh." Zwischen dem Dichter als dem Dichtenden und seiner Seele, dem Urgrund seines Wesens, tut sich eine Spaltung auf. Gotthart Wunberg weist in seinem Buch *Der frühe Hofmannsthal: Schizophrenie als dichterische Struktur* darauf hin, daß das Hofmannsthalsche Werk von Anfang an Züge des Depersonalisationssyndroms trage. Dieses Syndrom, das einem alle

Wahrnehmungen, sogar die der eigenen Stimme, fremd anmuten läßt,[16] bedingt die Art und Weise, wie der Dichter in der zweiten Strophe von "Nox portentis gravida" die Welt wahrnimmt. Wie schon erwähnt, wird in dieser Strophe die Sehkraft besonders betont: der Dichter schaut mit den Augen der Meduse, er sieht das fahle Feld. Wegen der Medusenaugen ist seine Sehkraft von solcher Gewalt, daß alles, was seine Blicke treffen, für immer festgehalten wird. Alles versteinert. So ist die Welt in der zweiten Strophe aufgeteilt in Subjekt und Objekt, in Dichtenden und dargestellte Welt.

Im Gegensatz zu dem mit den Augen der Meduse schauenden Dichter stehen in der dritten Strophe die, "die nie sich sahen" (Zeile 34). Ohne je sich gegenüber zu stehen, ohne je sich im Blick gegenseitig festgehalten zu haben, geben sich die, die nie sich sahen, willig ("Rettung nicht begehrten") dem Tode hin. Sie sind entindividualisiert, außer sich, "trunken," in dionysischer Ekstase. Auch zu dieser Stelle gibt es in der *Geburt der Tragödie* eine Parallele. Nietzsche, wiederum auf Schopenhauer zurückgreifend, spricht vom Grausen, das den Menschen ergreift, wenn er plötzlich anfängt, an den Erkenntnisformen der Erscheinung zu zweifeln, und er spricht von den darauffolgenden Wonnen bei der Auflösung der Individuation: "Wenn wir zu diesem Grausen die wonnevolle Verzückung hinzunehmen, die bei demselben Zerbrechen des *principii individuationis* aus dem innersten Grunde des Menschen, ja der Natur emporsteigt, so tun wir einen Blick in das Wesen des *Dionysischen*" [von Nietzsche unterstrichen] (I 24).

In "verstörten Gärten" finden die sich dem Tode hingebenden Liebenden zusammen. Bei Hofmannsthal bedeutet der Garten den Bereich des Ästhetischen, des Künstlichen und Künstlerischen, des Apollinischen, um mit Nietzsche zu sprechen. Daß aber die Gärten verstört sind, deutet auf den Einbruch des Dionysischen. Denn die Erlösung aus der medusenhaften Starre erwächst aus der dialektischen Beziehung vom Apollinischen und Dionysischen. Nietzsche spricht im Anfangsparagraphen der *Geburt der Tragödie* davon, "daß die Fortentwicklung der Kunst an die Duplizität des *Apollinischen* und des *Dionysischen* gebunden ist: in ähnlicher Weise, wie die Generation von der Zweiheit der Geschlechter, bei fortwährendem Kampfe und nur periodisch eintretender Versöhnung, abhängt" (I 21).

Dieses dialektische Verhältnis zwischen dem Individuationsprinzip und der Einheit allen Seins drückt Hofmannsthal ebenfalls in mythologischen Bildern aus. Im Dezember 1893 notiert er: "Der tragische

---

[16] Wunberg, 13.

Grundmythos: die in Individuen zerstückelte Welt sehnt sich nach Einheit, Dionysos Zagreus will wiedergeboren werden" (A 106). Hofmannsthals Worte stehen wiederum denen Nietzsches über die griechische Tragödie sehr nahe. Der Held der Tragödie sei "der leidende Dionysos der Mysterien, jener die Leiden der Individuation an sich erfahrende Gott, von dem wundervolle Mythen erzählen, wie er als Knabe von den Titanen zerstückelt worden sei und nun in diesem Zustand als Zagreus [Beiname des Dionysos] verehrt werde [...]" (I 61). Der Zustand der Zerstückelung, d.h. der Individuation, sei der Urgrund allen Leidens. Allein in der erhofften Wiedergeburt des Dionysos könne dieser Zustand überwunden werden. "Nox portentis gravida," die vorahnungsvolle Nacht, verkündet die Wiedergeburt des Zagreus. Der Mythos von Dionysos Zagreus zeigt eine dreistufige Entwicklung auf: Dionysos in seiner ursprünglichen Ganzheit, der zerstückelte Zagreus und schließlich der glorreich wiedergeborene Gott. "Nox portentis gravida" reflektiert diesen dreiteiligen Entwicklungsgang: die Darstellung der Einheit in der ersten, der Individuation in der zweiten und der Epiphanie in der dritten Strophe.

Die Syntax der dritten Strophe ist überaus komplex — stellenweise sogar elliptisch — zumal die Strophe siebzehn Zeilen lang ist und aus einem einzigen Satzgefüge besteht. Der Satz hat zwei Subjekte. Subjekt der ersten zehn Zeilen ist "die Wolke"; es leitet die zweite und die fünfte Zeile ein. Am Ende der zehnten Zeile erwartet man einen Punkt, es steht aber ein Komma. Und weil am Ende der darauffolgenden Zeile überhaupt kein Satzzeichen steht, ist "Vor ungeheurer Angst erstorbenes Weinen" Prädikatsnomen zu "Der Kaufpreis war"; "der Kaufpreis" ist also das zweite Subjekt des Satzes. Nach "Der Kaufpreis war" steht ein Doppelpunkt, auf welchen zwei daß-Sätze folgen. Eigentlich stehen hinter dem zweiten daß-Satz zwei weitere daß-Sätze, nur wird die Konjunktion nicht wiederholt. Elliptisch ist auch der erste daß-Satz: es müßte eigentlich *die*, "die nie sich sahen," heißen. Der Satz wird zweimal unterbrochen, einmal von einem Relativsatz und einmal von der partizipialen Konstruktion "trunken sterbend."

Zweideutig ist die Strophe vor allem an dieser Stelle, weil es unklar ist, was der Kaufpreis und was das damit Erkaufte ist. Wie schon erwähnt wurde, muß grammatisch gesprochen das "Weinen" Prädikatsnomen zu "Kaufpreis" sein, und zwar ein "vor ungeheurer Angst erstorbenes Weinen." Durch das attributiv gebrauchte Partizip "erstorbenes" wird ein zeitliches Nacheinander — Weinen, ungeheure Angst, ersticktes Weinen — gleichsam zu einem zeitlichen Nebeneinander zusammengedrängt. Die chronologische Folge wird aufgelöst. Ähnliches vollzieht sich gegen Ende des Gedichtes in der Zeile: "Verwaiste Kinder gleich Propheten glühten," diesmal aber mit bildlichen Mitteln. Vergangenheit und Zukunft werden in dieser Bildersprache zur Gegenwart. Denn bei elternlosen Kindern ist die Verbindung zur Vergangenheit abgebrochen, und im Propheten wird die Zukunft leibhaftig präsent.

In den beiden daß-Sätzen wird das mit Schmerzen und sogar mit dem Tod Erkaufte, nämlich die Wiedergeburt, evoziert. In "Ad me ipsum" weist Hofmannsthal auf einen ähnlichen Prozeß in einigen seiner anderen Werke hin: "Die Wiedergeburt eines neuen genießen [sic] aus der Höhle der Schmerzen Ariadne-Elektra" (A 225). Die Nähe der dritten Strophe von "Nox portentis gravida" zu Hofmannsthals *Ariadne* ist offensichtlich. Über *Elektra, Ödipus und die Sphinx* und *Alkestis* hatte Hofmannsthal geschrieben: "Meine antiken Stücke haben es alle drei mit der Auflösung des Individualbegriffes zu tun" (A 201). Dasselbe gilt auch für *Ariadne*. Aus Schmerz über den Verlust ihres Geliebten Theseus will sie ihr Selbst im Tode aufgeben. Sie stirbt und wird in der Liebe zu Dionysos-Bacchus wiedergeboren. Ähnliches geschieht in der dritten Strophe von "Nox portentis gravida." Die Liebenden, heißt es im ersten daß-Satz, geben ihr Selbst in der Liebe auf, sie geben sich dem Tode hin. Unmittelbar darauf folgt der zweite daß-Satz, der die Epiphanie verkündet: "Daß Gott entsprang den Luft- und Erdenbanden."

Das lebensbedrohende Bild von der todesschwarzen Wolke dominiert in der ersten Hälfte der dritten Strophe. "Die Wolke" ist Subjekt des Satzes und wird zweimal wiederholt. In den ersten vier Zeilen steht das Prädikat im Präsens: "Den dritten Teil des Himmels aber nimmt / Die Wolke ein [. . .]." Jedoch von der fünften Zeile an stehen alle Prädikate im Präteritum. Der Gebrauch des Präteritums ist an dieser Stelle besonders bemerkenswert, weil die ersten vier Zeilen aus der Warte der Nacht geschrieben sind, und die darauffolgenden Zeilen vom nächsten Morgen sprechen, also von Zukünftigem.

Was die Nacht für die Zukunft, für den kommenden Tag verkündet, ist das Erscheinen des Gottes Dionysos. Fast immer begleiten Sturm, Blitz und Erdbeben sein Kommen. Vom Blitz wurde er sogar gezeugt — Zeus ist seiner Mutter als Blitz erschienen — und in seiner feurigen Umarmung ist Semele verbrannt. In Euripides' *Die Bacchae*, zum Beispiel, wird das Nahen von Dionysos Bromios, "dem Donnerer," mit Donner und Blitz angekündigt, und der Palast des Cadmus stürzt durch die Gewalt eines ungeheuren Erdbebens ein. Hofmannsthal kannte natürlich den Bacchae-Stoff und hat ihn sogar in einem Entwurf mit dem Titel "Pentheus" (1904) bearbeitet. In der dritten Strophe von "Nox portentis gravida" ereignet sich eine ähnliche apokalyptische Naturkatastrophe, die die Ankunft von Dionysos verkündet.

Immer wieder taucht die Gestalt des Dionysos/Bacchus in den Werken Hofmannsthals auf.[17] "Wer ist Bacchus?" Diese Frage stellt Hofmannsthal selbst in einem Brief an Richard Strauß, in welchem er versucht, dem Komponisten die Gestalten in dem Libretto zu *Ariadne* näher zu bringen. Bacchus stelle das höhere Leben dar, er sei Schicksal, "fast ein Kind, jedoch ein Gott und mehr als ein Mann" (P III, 141). Gegen Ende des Briefes gibt Hofmannsthal bezeichnenderweise der Hoffnung Ausdruck, daß diese Umschreibungen dem Komponisten "Hieroglyphen geworden sind für ein Unaussprechliches" (P III, 142).

Was ist das Unaussprechliche, wie erfaßt man es? Wie spricht man über das Unaussprechliche? Diese paradoxe Frage bildet das Urerlebnis des fiktiven Briefes von Lord Chandos an Sir Francis Bacon. In seiner Jugend hatte Chandos "in einer Art von andauernder Trunkenheit das ganze Dasein als eine große Einheit" (P II, 10) erlebt. Er hatte ein magnum opus mit dem selbstbezogenen Titel "Nosce te ipsum" geplant. Der Versuch, dieses Werk zu vollbringen, ist ihm jedoch mißlungen, weil es ihm nun unmöglich wurde, "über irgend etwas zusammenhängend zu denken oder zu sprechen" (P II, 12). Der Sturz aus der paradiesischen Einheit ereignete sich, als Chandos versuchte, sich selbst zum Objekt seines Schreibens zu setzen. Um über sich selbst schreiben zu können, um sich selbst zu bespiegeln, mußte er aus sich selber heraustreten, Abstand gewinnen. Hiermit spaltete sich sein Ich in ein schreibendes Subjekt und ein zu beschreibendes Objekt. Ursprünglich waren ihm die geistige und die körperliche Welt eins, nun aber werden solche Begriffe wie "Geist," "Seele" oder "Körper" problematisch. Er kann sie kaum aussprechen.

---

[17] Zum Beispiel in solchen frühen Gedichten wie "Leben" (1892), wo in der fünften Strophe ausdrücklich von Bacchus und seiner Rolle als Begründer der Tragödie die Rede ist. In den lyrischen Dramen, z.B. in *Tod des Tizian* (1892), ist die Nähe von Dionysos ebenfalls spürbar, wie in *Der Tor und der Tod* (1893), wo der Tod von sich sagt, daß er aus Dionysos, aus der Venus-Sippe stammte. Der Wahnsinnige vom *Kleinen Welttheater* (geschrieben 1897, erschienen 1903) fühlt sich dem Bacchus verbrüdert. Auch in der frühen Prosa, zum Beispiel in den Studien "Age of Innocence" (1893) und "Algernon Charles Swinburne" aus demselben Jahr ist Dionysos zugegen. In "Age of Innocence" ist von der bacchantischen Zerstörungslust die Rede, von der der Knabe erfaßt wird, von berauschten Zuständen, in denen er wie von Sinnen die Straßen herunterläuft, und von den zweideutigen Begleitgefühlen: "[...] er liebte die Augenblicke, vor denen ihm graute" (P I, 148). Dieser Zustand ähnelt dem in der dritten Strophe von "Nox portentis gravida," wo grauenvolle Angst jäh in Wonne übergeht. In den Jahren 1900–1904 plant er eine Reihe von Dramen, die alle um die Gestalt des Dionysos kreisen: *Leda und der Schwan, Jupiter und Semele, Penteus*. Am ausführlichsten befaßt er sich natürlich in *Ariadne* mit der Gestalt des Bacchus.

Wie der Dichter in der zweiten Strophe von "Nox portentis gravida" leidet auch Lord Chandos an der Gespaltenheit des Daseins, daher zerbröckeln ihm all die althergebrachten Begriffe. Das erfaßt aber lediglich die eine Seite der Sprachkrise. Denn in "guten Augenblicken," wie Chandos sie nennt, offenbart sich ihm die Ureinheit seiner rauschhaften Jugend wieder. Es fehlt ihm jedoch die Sprache, mit der er diese Offenbarungen fassen könnte. Chandos kann die Wirkung dieser Erlebnisse beschreiben, er spricht von einem "mehr als irdischen Schauer," er kann auch Vorkommnisse dieser Epiphanie-Erlebnisse zitieren, aber es fehlt ihm die Sprache, mit der er die Erlebnisse direkt fassen und übermitteln könnte. Er sucht eine Art Metasprache, "eine Sprache, von deren Worten mir auch nicht eines bekannt ist, eine Sprache, in welcher die stummen Dinge zu mir sprechen, und in welcher ich vielleicht einst im Grabe vor einem unbekannten Richter mich verantworten werde" (P II, 22).

Da ihm diese Sprache abgeht, schweigt Chandos, genauer gesagt, er beschäftigt sich nicht mehr literarisch. Sein Schweigen ist jedoch nicht absolut, denn er schreibt ja den meisterhaften Brief an Francis Bacon, wo er in Bildern, Gleichnissen und Umschreibungen die von ihm erlebten "glücklichen Augenblicke" aufleuchten läßt. Der Chandosbrief vollbringt das scheinbar Unmögliche, weil er das Unaussprechliche ausspricht. In seinem Buch *Hugo von Hofmannsthal* faßt Erwin Kobel dieses Paradoxon in der folgenden lapidaren Aussage zusammen: "Der Chandosbrief ist eine Dichtung, die das zum Gegenstand hat, was die Dichtung aufhebt — und eben damit nicht aufhebt. Diesen Widerspruch gilt es festzuhalten."[18] Was ist das Unaussprechliche, wie faßt man es in Worte? Die Fragen bildeten den Ausgangspunkt für diese Diskussion des Chandosbriefes. Daraus wurde ersichtlich, daß das Unaussprechliche die blitzartig aufleuchtende Vision einer alles umfassenden Einheit ist, welche sich in der Epiphanie offenbart.

Die Darstellung der Epiphanie geht auf eine lange Tradition zurück, angefangen mit dem Neuen Testament, etwa in der Bekehrungsszene Sauls. Sie kommt in allen Genres vor, besonders im lyrischen, und erscheint schon häufig in der Dichtung des neunzehnten Jahrhunderts.[19] Was im Chandosbrief beschrieben wird, ist allgemein für die Evokation der Epiphanie charakteristisch. Sie bricht plötzlich herein – Hofmannsthals Lieblingswort in diesem Zusammenhang ist "jäh." Sie

---

[18] Erwin Kobel, 143.

[19] Morris Beja, *Epiphany in the Modern Novel* (Seattle: University of Washington Press, 1971), besonders in der Einleitung (13–23), vor allem Seite 15.

entzündet sich oft an den banalsten Gegenständen, und zwar spontan; mit dem Willen kann sie nicht heraufbeschwört werden. Die Erschütterung des Menschen durch die Epiphanie ähnelt der Erregung durch den Eros, daher kommen häufig im Kontext der Epiphanie Bilder aus der Sexualsphäre vor. Wo sie einschlägt, wird die Zeitlichkeit aufgehoben, alles ist Gegenwart. In der Epiphanie offenbart sich die Grundeinheit des Daseins; das differenzierte, komplexe Verbindungsnetz von Beziehungen, "das Ganze," wird geschaut.

Zum Wesen aller wahren Dichter gehört das Erlebnis der Epiphanie. Das spricht Hofmannsthal in seinem Essay über d'Annunzio deutlich aus, wenn er sagt, daß die Offenbarung den wahren Dichter vom bloßen Künstler unterscheidet. Dieser Gedanke taucht in seinen Schriften immer wieder auf, beispielsweise in dem 1903 verfaßten Essay "Über Charaktere im Roman und im Drama," in dem vom Dichterberuf die Rede ist:

> Da hat er Erlebnisse, für welche die Sprache kein Wort und die finstersten Träume kein Gleichnis haben. Wie der Geist aus der Flasche Sindbads des Seefahrers, wird er sich ausbreiten wie ein Rauch, wie eine Wolke und wird Länder und Meere beschatten. Und die nächste Stunde wird ihn zusammenpressen in seine Flasche, und, tausend Tode leidend, ein eingefangener Qualm, der sich selber erstickt, wird er seine Grenzen, die unerbittlichen, ihm gesetzten Grenzen, spüren, ein verzweifelnder Dämon in einem engen gläsernen Gefängnis, durch dessen unüberwindliche Wände er mit grinsender Qual die Welt draußen liegen sieht, die ganze Welt, über der er vor einer Stunde brütend schwebte, eine Wolke, ein ungeheurer Adler, ein Gott (P II, 47).

Dieser Abschnitt ist für "Nox portentis gravida" aufschlußreich, weil hier in ähnlichen Bildern derselbe Vorgang beschrieben wird. Der Prozeß geht von dem Erlebnis aus, für welches die Sprache kein Wort kennt. Daher gebraucht Hofmannsthal zur Evokation dieses Erlebnisses zunächst Bilder, die die Formlosigkeit veranschaulichen: "Wolke," "Rauch" oder, wie es in der ersten Strophe von "Nox portentis gravida" heißt, "Nebelspiel." Anschließend spricht er von der Spaltung ins schauende Subjekt und die draußen liegende Welt, was an den Dichter in der zweiten Strophe erinnert, der mit seinen Medusenaugen die Welt um sich erstarren läßt. Die Erlösung aus der Starre erfolgt nach dem Tod mit dem Erscheinen des Gottes, mit der Epiphanie.

Frappierende Parallelen zu "Nox portentis gravida," insbesondere zum Epiphanieerlebnis der dritten Strophe, finden sich in "Briefe eines Zurückgekehrten" (Briefe 4 und 5). Der Autor dieser Briefe ist nicht Dichter, sondern Geschäftsmann. Immer wieder beteuert er, daß er kein Visionär sei. Dennoch weisen alle Erlebnisse, die er beschreibt,

Wesenszüge der Epiphanie auf. Faßt er diese Erlebnisse in Worte, so gebraucht er immer wieder den Vergleich mit dem Blitz, denn die Vision bricht jäh herein und leuchtet nur momentan auf. Raum und Zeit werden aufgelöst. Ganz gleich, wo in der Welt sich der Briefschreiber befindet, er wird bei einem Trunk frischen Wassers immer schlagartig an den alten Brunnen in seinem Heimatdorf versetzt. Er sagt nachdrücklich, daß es sich bei diesen Erlebnissen nicht um eine Erinnerung, sondern um reinste Gegenwart handle: "[...] es war kein Hüben und Drüben, überhaupt keine Zweiheit, die ich verspürte: es war eins ins andere" (P II, 325).

Wie bei Lord Chandos werden diese Visionen von Nichtigkeiten ausgelöst, und wie Lord Chandos beklagt sich auch dieser Briefschreiber über die Unmöglichkeit, für das, was ihm widerfährt, eine Sprache zu finden. In der Weise, wie das Erlebnis von den Sinnen angeregt wird und physisch erschütternd über den Schauenden hereinbricht, hat es etwas sublimiert Erotisches an sich: "[...] stärker [...] als Wollust und reiner [...]" (P II, 328), heißt es im ersten Brief. Im vierten und fünften gipfeln die Epiphanien. Er berichtet zunächst von einem Erlebnis in einer Kunstgalerie, wo sich die Epiphanie an den leuchtenden Farben eines Bildes von van Gogh entzündete. Das wiederum erweckt die Erinnerung an einen gewaltigen Sturm, als die Farben der sich türmenden Wellen ebenfalls eine Vision von der Allumfassenheit des Daseins erstehen ließen. Diese Epiphanie, ein für Hofmannsthal so zentrales Erlebnis der Einheit, das kaum in Worte zu fassen ist, ja, unaussprechlich zu sein scheint, wird hier so eindrucksvoll geschildert, daß die Stelle *in extenso* zitiert wird:

> Und warum enthielt die Farbe der aufschäumenden Wellen, dieser Abgrund, der sich auftat und wieder schloß, warum schien das, was herankam, in schwerem Regen, von Gischt umsprüht, warum schien dies kleine mißfarbige Schiff [...] die Höhle aus Wasser, die wandelnde Welle, die sich mit ihm herwälzte, warum schien mir (schien! schien! ich wußte doch, daß es so war!) die Farbe dieser Dinge nicht nur die ganze Welt, sondern auch mein ganzes Leben zu enthalten? Diese Farbe, die ein Grau war und ein fahles Braun und eine Finsternis und ein Schaum, in der ein Abgrund war und ein Dahinstürzen, ein Tod und ein Leben, ein Grausen und eine Wollust — warum wühlte sich hier vor meinen schauenden Augen, vor meiner entzückten Brust mein ganzes Leben mir entgegen, Vergangenheit, Zukunft, aufschäumend in unerschöpflicher Gegenwart, und warum war dieser ungeheure Augenblick, dies heilige Genießen meiner selbst und zugleich der Welt, die sich mir auftat, als wäre die Brust ihr aufgegangen, warum war dies Doppelte, dies Verschlungene, dies Außen und Innen, dies ineinanderschlagende Du an mein Schauen geknüpft? (P II, 355)

Dieselben Entgegensetzungen, die sich hier zu einem Ganzen fügen, Grausen und Wollust, Vergangenheit und Zukunft, Tod und Leben, kommen auch in der dritten Strophe von "Nox portentis gravida" zusammen. Da ist von einer Naturkatastrophe apokalyptischen Ausmaßes die Rede, von "Todesschwärze," von "schauerlichem Sturz," von "anfallen" und "heimsuchen," von "ungeheurer Angst." Dann kommt jedoch ein Umschlag: "[. . .] wo das Zittern / Aufblühen ließ die wundervollsten Wonnen." In dem Wort "Zittern" am Ende der neunten Zeile liegt der entscheidende Wendepunkt. Das Zittern ist nämlich doppeldeutig: es ist ein Zittern in der Angst, aber auch ein Zittern im orgiastischen Rausch.

Die sich so zu einem Ganzen zusammenfügenden Antinomien gipfeln in der dreizehnten und vierzehnten Zeile, in dem Paradoxon "sich fürs Leben finden" und "trunken sterbend." Aus dieser Dialektik entsteht neues Leben. Ähnlich wie der Prozeß der Wiedergeburt bei Ariadne, die glaubt, sich dem Tode hinzugeben, aber durch das Geheimnis der Liebe von Bacchus zu neuen Leben erweckt wird, ereignet sich in "Nox portentis gravida" die Epiphanie: aus der Wollust und dem rauschhaften Sich-Hingeben der Liebenden entspringt der Gott, der als der wiedergeborene Dionysos Zagreus identifiziert wurde.

Die letzte Zeile von "Nox portentis gravida," "Und alle Seelen wie die Sterne blühten," deutet ebenfalls auf Wiedergeburt. Drei parallellaufende Transfigurationen ereignen sich im Gedicht: durch göttliche Intervention werden Hermes und die drei Dioskuren in Sterne und Hyazinth in eine Blume verwandelt. In der letzten Zeile vereinen sich die vorhergehenden Metamorphosen in dem Bild der Seelen, die "wie die Sterne blühten." Mit dieser Zeile deutet das Ende des Gedichts auf die Anfangsstrophe zurück; und in dieser auf sich selbst zurückweisenden Gebärde liegt der wesentliche Sinn des Gedichtes, seine Selbstbezogenheit. Letzten Endes stellt "Nox portentis gravida" nämlich den Entstehungsprozeß des poetischen Wortes, des Sinnbildes dar.

Was Hofmannsthal unter Sinnbild oder Symbol versteht, erklärt er in dem "Gespräch über Gedichte" (1893).[20] In diesem Aufsatz gebraucht er den Begriff "Symbol," weil er betonen will, daß es sich in der poetischen Bildersprache nicht um Füreinander, nicht um Substitution einer Sache für eine andere handelt, sondern um Ineinander. In einer kühnen Analogie, die zur Illustration von der Definition des Symbols dienen soll, malt Gabriel, einer der zwei Gesprächspartner, aus, wie es zum ersten Schlachtopfer gekommen sein mag. Bereit, sein eigenes Blut "dem furchtbaren Unsichtbaren" (P II, 103) zu opfern, streift er mit der Hand

---

[20] Siehe dazu auch Margit Resch, *Das Symbol als Prozeß bei Hugo von Hofmannsthal* (Königstein/Ts.: Forum Academicum der Verlagsgruppe Athenäum, Hain, Scriptor, Hanstein, 1980).

den Fließ eines Widders; statt sich selbst zu töten, erdolcht er das Tier. Im Augenblick, als das Tier stirbt — und das, betont Gabriel, sei das Entscheidende — seien Tier und Mensch eins. Das Tier sterbe nicht für den Menschen, vielmehr sterbe der Mensch einen Augenblick lang im Tier. Dieses völlige Ineinander sei nur möglich, weil "wir und die Welt nichts Verschiedenes sind" (P II, 105). Hier spricht Gabriel wohl für Hofmannsthal.

Dieser Entstehungsprozeß des Symbols, den Hofmannsthal im "Gespräch über Gedichte" beschreibt, ähnelt dem Vorgang, der in der dritten Strophe von "Nox portentis gravida" nachgezeichnet wird. Es wird dort die gleiche Entwicklung vollzogen: es ist von Todesschwärze und von Heimsuchen die Rede, dann von rauschhaftem, wollüstigem Sich-Hingeben an den Tod, vom Erscheinen des Gottes und schließlich von der Wiedergeburt in den Sternen. So kann die dritte Strophe von "Nox portentis gravida" als Evokation der Entstehung des poetischen Wortes gelesen werden. Gegen Ende seines Aufsatzes über die "Philosophie des Metaphorischen" stellt sich Hofmannsthal einen Dialog über das Metaphorische vor, den zwei oder drei "recht moderne Menschen" im Wiener Volksgarten an einem Sommerabend führen. (Man denkt sofort an den 1893 verfaßten "Juniabend im Volksgarten"). Den Gesprächsstoff präzisiert Hofmannsthal noch: "Ja, die könnten über das Metaphorische philosophieren. Aber es wäre ein ganz unwissenschaftliches Buch, eher ein Gedicht, eine bebende Hymne auf Gottweißwas, als eine ordentliche Abhandlung" (P I, 225). Ein solches Gedicht ist "Nox portentis gravida."

Das Gedicht schildert nicht nur die Entstehung des poetischen Wortes, sondern stellt auch den dichterischen Schaffensprozeß dar, der die beiden in dialektischer Wechselwirkung zueinander stehenden Aspekte dieses Prozesses veranschaulicht. Die erste Strophe evoziert die ewige Wiederkehr von dionysischen Zuständen, vom rauschhaften Einssein alles Seienden, von der Aufhebung aller Differenziertheiten in der Antithetik. Hingegen zeigt die zweite Strophe die apollinische Individuation, das medusenhafte Bannen vom Fluß des Lebens im dichterischen Wort. Die dritte Strophe bringt wiederum die Lösung aus dieser Starre im wollüstigen Zustand der Empfängnis, deren Produkt — und hiermit vollzieht sich für den Leser die selbstreflexive Geste des Textes — das Gedicht selbst ist, das Gedicht mit dem Titel "Bedeutungsträchtige Nacht."

Der Bezugsreichtum Hofmannsthalscher Bilder offenbart sich in diesem Zusammenhang immer wieder. In dem fiktiven Gespräch zwischen Balzac und Hammer-Purgstall "Über Charaktere im Roman und im Drama" wird der dichterische Schaffensprozeß so beschrieben: "In seiner

Arbeit hat er [der Dichter] alles: er hat die namenlose Wollust der Empfängnis, den entzückenden Ätherrausch des Einfalls, und er hat die unerschöpfliche Qual der Ausführung" (P II, 47). Im dichterischen Akt werde Flüssiges festgehalten und zu einer Welt verdichtet. Von Goethes dichterischem Schaffen heißt es dementsprechend: "In den Euphrat kühn zu greifen, die Flut in den Händen zu ballen, das war ihm Dichten" (P II, 108–109).

Indem aber der Dichter aus dem Fluß der Zeit ein Stück Welt herausgreift, es festhält und in der Sprache vergegenständlicht, entsteht die Gefahr, daß diese Welt in der Vergegenständlichung versteinert. Um diesen Versteinerungsprozeß zu schildern, gebraucht Hofmannsthal in der zweiten Strophe von "Nox portentis gravida" das Bild der Meduse. Auch als Midas, "unter dessen Händen alles zu Gold wurde" (P II, 48), charakterisiert Hofmannsthal den Künstler. Im direkten Gegensatz hierzu bezeichnet er den Dichter auch als "umgekehrten Midas." "Dichter ein umgekehrter Midas: was er Erstarrtes berührt, erweckt er zum Leben" (A 93). Midas und umgekehrter Midas: diese beiden Charakterisierungen widersprechen sich nicht, vielmehr ergänzen sie sich dialektisch.

Noch einmal sei an die Hofmannsthalschen Worte im d'Annunzio-Aufsatz von 1896 erinnert, wo es heißt, daß zum wahren Dichtertum die Offenbarung gehöre. Bleibt der Dichter ein bloß Schauender, so haftet seinem Werk etwas Starres und Künstliches an (P I, 271). Es ist die Aufgabe des wahren Dichters, für die Offenbarung empfänglich zu bleiben, dann aber Abstand zu nehmen, um die Vision des Ganzen, die ihm in der Offenbarung zuteil geworden ist, in der poetischen Sprache zu vermitteln. Was mit dem geschieht, der sich nicht zu distanzieren weiß, der sich im Dionysischen völlig auflöst, zeigt uns Hofmannsthal im *Kleinen Welttheater*, in der Gestalt des Wahnsinnigen, der sich mit Bacchus verbrüdert fühlt und die völlige Selbstauflösung im Tode suchen will. Beide Extreme sind verhängnisvoll, beide führen zum Tode, entweder in der Erstarrung oder in der Auflösung.

Im Zusammenhang mit diesem Distanzierungsprozeß muß noch gefragt werden, aus welcher Perspektive "Nox portentis gravida" gedichtet worden ist. Um ein lyrisches Ich handelt es sich nicht, ein lyrisches Du wird auch nicht angesprochen. Die dichtende Stimme spricht aus der Warte der dritten Person. Die Beschreibung wahrt eine gewisse Distanz, wenn auch die Stimme in der dritten Strophe begeistert anschwillt. Die Liebenden, "trunken sterbend," sind wie der Wahnsinnige im *Kleinen Welttheater*: sie gehen vollends im Dionysischen auf. Die dichtende Stimme von "Nox portentis gravida" verhält sich zum Einbruch des Dionysischen wie der Diener im *Kleinen Welttheater*: sie werden alle beide in der Gegenwart des Dionysischen zutiefst erschüttert: werden aber nicht selbst auf immer in den Wirbel hineingesogen, sondern halten noch genug Abstand, um das Erlebnis Sprache werden zu lassen. Zum wahren Dichter gehört die rauschhafte Selbstaufgabe, die die Offenbarung ermöglicht, ebenso aber auch die Selbstbegegnung, die Selbstreflexion, ohne die ein dichterisches Werk nicht zustande kommen kann. Eine dionysische Kunst als solche kann es eigentlich nicht geben. Denn indem der Dichter sein Erleben in Sprache umsetzt, objektiviert er es. Und dazu braucht er Distanz. In der *Geburt der Tragödie* kommt es Nietzsche vor allem auf die Vereinigung des Apollinischen mit dem Dionysischen an. Hofmannsthal erreicht diese Vereinigung im eigenen Akt des Schreibens: "Nox portentis gravida" verkörpert sie.

David E. Jenkinson

Dein Antlitz...

    Dein Antlitz war mit Träumen ganz beladen.
    Ich schwieg und sah dich an mit stummem Beben
    Wie stieg das auf! daß ich mich einmal schon
    In frühern Nächten völlig hingegeben

    Dem Mond und dem zuviel geliebten Tal   5
    Wo auf den leeren Hängen auseinander
    Die magern Bäume standen und dazwischen
    Die niedern kleinen Nebelwolken gingen

    Und durch die Stille hin die immer frischen
    Und immer fremden silberweißen Wasser   10
    Der Fluß hinrauschen ließ — wie stieg das auf!

    Wie stieg das auf! denn allen diesen Dingen
    Und ihrer Schönheit — die unfruchtbar war —
    Hingab ich mich in großer Sehnsucht ganz
    Wie jetzt für das Anschaun von deinem Haar   15
    Und zwischen deinen Lidern diesem Glanz![1]

---

[1] SW 1, 55, siehe Fußnote 1 von "Zum Geleit" in diesem Band.

DAS GEDICHT "DEIN ANTLITZ...", entstanden im Februar 1896, nimmt innerhalb der Lyrik Hugo von Hofmannsthals insofern eine Sonderstellung ein, als es sich, wenigstens auf den ersten Blick, um eine Art Liebesgedicht zu handeln scheint. Trotz der zentralen Bedeutung von Liebe und Ehe in Hofmannsthals späteren Dramen, Erzählungen und Operntexten spielen diese Themen in seinen früheren Gedichten und lyrischen Dramen selten mehr als eine periphere Rolle. Von der durch Hofmannsthal selber getroffenen Auswahl seiner frühen Gedichte für die Insel-Ausgabe hat, außer "Dein Antlitz...," nur das balladeske Sonnet "Die Beiden" eine Begegnung zwischen Mann und Frau zum Thema. Hofmannsthal, der im oft zitierten "Gespräch über Gedichte" eine Art "Symbolistisches Manifest" schrieb, bekannte sich damit zu einer Auffassung von Lyrik, die die unmittelbare Wiedergabe und Darstellung intim-persönlicher Gefühlserlebnisse ausschließt. "Wollen wir uns finden," heißt es dort, "so dürfen wir nicht in unser Inneres hinabsteigen: draußen sind wir zu finden, draußen" (P II, 97). Nun ist zwar bei der Anwendung dieses Leitsatzes Vorsicht geboten, da das "Gespräch über Gedichte" primär nicht Hofmannsthals eigenen Gedichten, sondern dem *Jahr der Seele* von Stefan George gilt (was von der Hofmannsthal-Forschung oft übersehen wurde). Es stimmt aber weitgehend, daß Hofmannsthals Vorliebe eher der Gedankenlyrik und der Schilderung symbolhaltiger Landschaften galt als einer Lyrik, die sich unmittelbar mit Emotionen befaßt. Selbst in unserem Gedicht, in dem Emotionen gewiß eine Rolle spielen, wenn auch eine schwer zu bestimmende, ist die Naturbeschreibung plastisch und anschaulich, während die aus der geschilderten Situation entstehenden Gefühle eher verhüllt sind und erst durch sorgfältige Interpretation erschlossen werden müssen: sie erweisen sich dann allerdings als weitaus komplizierter — und damit auch bedeutender — als es zunächst erscheinen mag.

Eine Untersuchung dieses Gedichtes verspricht Aufschlüsse darüber, wie der Zweiundzwanzigjährige die Problematik sah, die in seinem reifen Werk zu einem zentralen Anliegen wurde: die Problematik der Begegnung und Beziehung zwischen Menschen — Menschen, die ihrem Wesen nach oft sensible, introvertierte und verträumte Einzelgänger sind, mögen sie nun "schwierig" wie Hans Karl Bühl oder äußerlich stolzkokett wie Arabella sein. Darüber hinaus verdient dieses Gedicht eine ausführliche Interpretation, weil es aufgrund seiner subtil-präzisen Dichte und Prägnanz sowie seiner völligen Kongruenz von Form und Gehalt zu Hofmannsthals vollendetsten Gedichten gehört.

Schon die Tatsache, daß das Gedicht mit der in Hofmannsthals Lyrik höchst seltenen Du-Anrede beginnt, läßt den Leser zunächst erwarten, daß es sich um eine Gefühlsäußerung oder gar eine offene oder verhüllte Liebeserklärung handeln wird; er merkt jedoch recht bald, daß dies keineswegs eindeutig der Fall ist. Von der angeredeten Person ist überhaupt nur am Anfang und am Schluß des Gedichtes die Rede; einen viel breiteren Raum nimmt die Beschreibung vergangener Naturerlebnisse ein. Genaugenommen kann man nicht einmal mit völliger Sicherheit sagen, daß es sich bei den beiden vorhandenen Personen um einen Mann und eine Frau handelt. Es läßt sich nur mit einiger Sicherheit feststellen, daß es um den Rückblick auf eine Situation geht, in der zwei Menschen beieinander waren, in der die Vergangenheit stärker gewesen zu sein scheint als die (damalige) Gegenwart, und in der die eigentliche Gegenwart des Sprechenden erst in der vorletzten Zeile, und dann auf höchst unbestimmte Art angedeutet wird, nämlich durch das eine Wort "jetzt." Ansonsten ergeben sich aus der äußersten Unbestimmtheit der Situation nur Fragen: Schläft die Frau — wir wollen annehmen, daß es sich um eine solche handelt — am Anfang, oder bedeutet "Traum" hier wie bei Hofmannsthal oft (aber keineswegs immer, siehe z.B. "Terzinen über Vergänglichkeit" III und IV) einen Zustand wacher Entrücktheit? Wem gilt der Glanz in ihren Augen, der das schöne, gleichsam triumphierende Schlußwort des Gedichtes gibt: dem Sprechenden oder dem Traumzustand? Existiert überhaupt eine Beziehung zwischen dem Sprechenden und der Angesprochenen, und wenn ja, was für eine? Sieht er sie vielleicht zum erstenmal? Auf diese und ähnliche Fragen gibt das Gedicht keine eindeutigen Antworten. Die bedeutungsschweren Wörter "Traum," "stumm," "Beben," die den Leser anderer Hofmannsthal-Gedichte so vertraut anmuten, geben auch dann keinen genauen Aufschluß, wenn er diese anderen Gedichte zum Vergleich heranzieht, da Hofmannsthal selbst diese Schlüsselwörter seines lyrischen Vokabulars nicht in einer konsequent-fixierbaren Bedeutung verwendet. Angesichts dieser Unbestimmtheit wäre es leicht und verlockend, bei der Auffassung Zuflucht zu suchen, daß das Gedicht eben mehrere subjektiv gültige Auslegungen zulasse: schließlich hat kein geringerer Hofmannsthal-Kenner als Richard Exner von den Gedichten behauptet: "[. . .] ihre 'innere Echtheit' liegt sogar mitunter in der Fähigkeit zur mehrfachen Auslegung."[2] Aber was unser Gedicht betrifft, wird man der Sache doch wohl eher mit den von Hofmannsthal selber verwendeten Begriffen des "ambivalenten Zustandes" und des "Überganges" gerecht. Bei der Unbestimmtheit der Situation kann es sich wohl nicht um eine genau

---

[2] Richard Exner, *Hugo von Hofmannsthals "Lebenslied"* (Heidelberg: Lothar Stiehm, 1964), 34.

festzulegende Beziehung, ein identifizierbares männlich-weibliches Psychogramm handeln. Vielmehr wird der Leser gezwungen, seine Aufmerksamkeit auf einen Augenblick besonderer Art zu richten; dieser Augenblick wird zwar aus jedem fixierbaren Zusammenhang herausgelöst, aber dennoch mit den Mitteln der lyrischen Sprache und Form mit größter Präzision festgehalten. Er erweist sich bei näherer Betrachtung durchaus als ein ambivalenter Augenblick des Überganges.

Betrachten wir zunächst die in den ersten zwei Zeilen des Gedichtes geschilderte Situation. Die beiden Personen, der Sprechende und die Angesprochene, scheinen in einer absolut passiven Haltung der Nicht-Kommunikation erstarrt. Nicht nur werden keine Worte gesprochen, es fehlen auch vollständig die Gebärden, die bei Hofmannsthal das Gespräch so oft ergänzen oder gar ersetzen; das Wort "Gebärde" kommt in Hofmannsthals Lyrik häufig vor, und Gebärden aller Art sind in den Dramen und Opern von großer Bedeutung. Sie dienen oft einer beredteren Verständigung, als Worte sie erreichen können. (Siehe z.B. in "Die Beiden" die vielsagende "nachlässige Gebärde," mit der der Mann sein Pferd zum Stillstehen vor der Frau zwingt.) Diese ersten zweieinhalb Zeilen des Gedichtes, die als einzige außer den Schlußzeilen der dritten und vierten Strophe mit einem Ausrufezeichen enden, wirken wie lakonische Feststellungen, im auffälligen Gegensatz zum mittleren Teil des Gedichtes, der ohne jegliche Interpunktion mit seinem strömenden Rhythmus und beredten, klangschönen Fluß der Naturbilder und mit seinen Zeilensprüngen über die Strophengrenzen hinweggleitet. Der Anblick der Frau löst weder Reflexion noch lyrische Ausmalung der Stimmung aus. Mit dem Zustand des "Träumens" einerseits und des "stummen Bebens" andererseits verbinden sich weder Worte, noch Gedanken, noch irgendwelche lyrische Empfindungen. Es scheint sich fast um einen Zustand ohne Bewußtsein zu handeln. Erst mit der Erinnerung an die Vergangenheit setzt ein reflektierendes Denken ein, und zwar sofort mit einem Vergleich: "Daß ich mich einmal schon / In frühern Nächten völlig hingegeben [...]." Dieser Vergleich — Tätigkeit eines reflektierenden Geistes — liegt dem ganzen Gedicht bis zum "wie" der vorletzten Zeile zugrunde und ist für die Interpretation von entscheidender Bedeutung.

Auch die Angesprochene befindet sich anscheinend in einem Zustand, der keinen Bezug zum Sprechenden hat. Vielleicht schläft sie, vielleicht befindet sie sich in jenem aus dem Alltag herausgehobenen Zustand der Entrücktheit, der von Hofmannsthal unter der Bezeichnung "Traum" immer wieder heraufbeschworen wurde, ein Zustand von höchstem lebenssteigerndem Wert, aber gleichzeitig auch — eine zentrale Ambivalenz — ein weltentfremdeter und -entfremdender Zustand von großer

Gefährlichkeit. "Traum" bedeutet bei Hofmannsthal in dieser Verwendung ein "mystisches" Einssein mit der Natur, wie es wohl am deutlichsten in "Terzinen über Vergänglichkeit" III dichterisch gestaltet wurde. Auch im "Traum von großer Magie" wird durch den Traum die magische Verwobenheit und Einheit aller Dinge erfaßt. Die Traumvision des Magiers ist jedoch eine durchaus unpersönliche Vision des Einsseins mit der gesamten Menschheit: "Er fühlte traumhaft aller Menschen Los" (SW 1, 53), heißt es in dem Gedicht, eine Empfindung, die von der individuellen persönlichen Beziehung wesensmäßig verschieden ist, für diese sogar auch leicht genug ein Hindernis sein kann. In diesem Traumzustand wird überhaupt nicht differenziert, denn es heißt weiter: "Ihm war nichts nah und fern, nichts klein und groß." Dementsprechend könnte in "Dein Antlitz. . ." die Frau jede beliebige Frau sein, da sie weder Gestalt noch individuelle Präsenz besitzt. Es besteht auch eigentlich kein Grund zu der Annahme, daß der den Sprechenden berückende Glanz in ihren Augen ihm überhaupt gilt. Es kann sich genausogut um einen gehobenen seelischen Zustand ohne jeglichen persönlichen Bezug handeln. Der "Traum" gilt eben nie einem individuellen Menschen. Die Frau träumt also wohl nicht etwa vom zukünftigen Lebensglück an der Seite des Sprechenden, wie ein gänzlich unbefangener Leser durchaus vermuten könnte. Mit ihren Träumen ist die Angesprochene "ganz beladen," unter ihnen also verborgen, für den Sprechenden wohl unerreichbar; wobei "beladen" — die einzige Metapher in diesem Gedicht, das sonst nur aus primären Bildern besteht — etwas schwer zu Tragendes andeutet, das genausowenig seelische Energie übrigläßt wie die völlige Hingabe des Sprechenden an die Natur in jenen früheren Nächten, an die er sich sofort erinnert.

Zwischen den beiden Personen ist also eine erhebliche seelische Distanz festzustellen. Das erste Wort "Dein" scheint zwar eine entschlossene Hinwendung zur Frau anzukündigen, aber schon das zweite Wort, das hochpoetische "Antlitz," weist deutlich auf diese seelische Distanz hin. "Antlitz" ist ein Wort, das in Hofmannsthals Lyrik sonst nur an einer einzigen Stelle vorkommt, in dem Gedicht "Verwandlung:"

> Wie es auf einmal fremde Züge trägt
> Versteinernd unter meinem müden Blick!
> Und nun — sein Antlitz kam ihm nicht zurück —
> Und dennoch: Fremde auf ein Fremdes starrend,
> Fühlt ich im Innern einen Wahn beharrend,
> Ein Wissen, das vom tiefsten Platz nicht wich:
> Dies ist nichts Fremdes, sondern dies bin ich! (SW 1, 103)

Ein Antlitz ist ein Gesicht, das "mit den Augen der Poesie" gesehen wird, wie es im "Gespräch über Gedichte" heißt, also eher symbolhaft als in seiner Wirklichkeit wahrgenommen wird. Wieviel mehr Wirklichkeit, wieviel Zärtlichkeit lägen im schlichten Wort "Gesicht" — das Hofmannsthal ja auch häufig verwendet. Ein Gesicht, das ist Haut und Hautwärme, Augen und Mund, während ein "Antlitz" den Leser sofort auf eine gehobene poetische Ebene versetzt, auf welcher es nicht um ein Gefühlsobjekt, sondern um ein dichterisches Bild geht, dessen Resonanz wohl Ehrfurcht und Scheu, aber kaum den Wunsch nach Nähe und Berührung erwecken mag. Dem entspricht es dann auch, daß der Sprechende angesichts des Traumzustandes, in dem die Angesprochene sich befindet, schweigt, sich überhaupt völlig passiv verhält; sein Schweigen wird noch durch die Tautologie ("schwieg [...] stumm") unterstrichen. Es wäre demnach weder erforderlich noch angemessen, hier gleich die vielbesprochene, aber wohl eher fiktive "Sprachkrise" herbeizuzitieren, die Hofmannsthal im berühmten "Chandos-Brief" dargestellt hat, an der er aber selber — der doch sein Leben lang ein Meister der Sprachkunst blieb — nie gelitten hat, und die von der Hofmannsthal-Forschung weit über ihre eigentliche Bedeutung hinaus erörtert worden ist. Der "Chandos-Brief" ist nicht als eine autobiographische Konfession, sondern als eine stilisierte Darstellung eines Bewußtseins von den Grenzen der sprachlichen Kommunikation zu verstehen, eine Erkenntnis, die für das ausgehende neunzehnte Jahrhundert kennzeichnend war. Außerdem bedeutet "Schweigen" für Hofmannsthal keineswegs immer "Nichtsprechenkönnen," es kann genausogut "Nichtsprechenwollen" anzeigen. Man denke z. B. an die Szene im *Schwierigen* (1. Akt, 8. Szene), wo Stani so viel und Hans Karl so wenig sprechen, wo aber Hans Karls Schweigen — in den Bühnenanweisungen zweimal explizite angemerkt — fast zu einer beabsichtigten Handlung wird, die ungleich mehr Reife und Menschenkenntnis zum Ausdruck bringt als Stanis seichtes Daherreden.

Die Gründe, warum das Ich in unserem Gedicht schweigt, sucht man am besten nicht in einer vermeintlichen Sprachkrise, sondern in den weiteren Einzelheiten des Gedichtes selber. Da sind erstens die Erstarrung und seelische Distanz, die schon in der ersten Zeile sichtbar werden. Diese Distanz wird in der dritten Zeile durch eine temporale vertieft: der von seelischer Ergriffenheit Bebende wird sofort von Erinnerungen bestürmt. Es kann sich hier demnach nicht primär um ein reifes, ehrfurchtvolles Schweigen handeln, sondern um eine tiefe Betroffenheit, die sich im Beben kundtut, die den Sprechenden aber nicht dazu führt, sich der Frau durch Wort oder Gebärde zu nähern, sondern dazu, sich unwillkürlich von ihr ab und der Vergangenheit zuzuwenden.

Das Beben, welches in Hofmannsthals Lyrik sehr häufig vorkommt, ja geradezu ein Lieblingswort ist, wäre dementsprechend in mehrfacher Weise auszulegen. Gewiß zeigt es an, daß wir es mit einer Situation zu tun haben, die jeder Umarmung vorausgeht. Es verrät seelische Spannung, erwartungsvolle Erregung, keineswegs das gelöste Glück, das die vollzogene Umarmung mit sich bringt. Vielleicht ist es auch ein Beben der Angst vor der Liebesbegegnung, vor dem "ozeanischen Gefühl" (Freud), jener ungeheuren und einmalig beglückenden Ausweitung und Verwandlung in der Vereinigung mit der geliebten Frau. Das Beben würde dann ein Zögern bedeuten, eine Besinnung vor dem entscheidenden, bindenden Schritt. Die Umarmung wird von Hofmannsthal manchmal so dargestellt: Im Gedicht "Vor Tag" z. B. ist es dem Manne in der erotischen Begegnung mit einer Frau, als hätte er "den guten Knaben, der er war, ermordet" (SW 1, 107). Die Liebesnacht wird als ein gewaltsam-furchterregender, fast todähnlicher Übergang aus dem Jünglings- zum Mannesalter, als ein wahrhaftes "Stirb und werde!" empfunden. Auch das Beiwort "stumm" wird von Hofmannsthal gern verwendet, meistens, aber nicht immer, in einem negativen Zusammenhang. So schreibt er z. B. "stumme Klage," "stumme Pein," "unheimlich stumm und fremd." "Stumm" kann aber auch die schweigende Wahrnehmung der geheimnisvollen Tiefe des Lebens bezeichnen, z. B. in "Weltgeheimnis:"

> Einst waren alle tief und stumm
> Und alle wußten drum.　　　　　(SW 1, 43)

und "Terzinen über Vergänglichkeit" II:

> Wie kleine Mädchen [...]
> An einem Abend stumm vor sich hinsehn
>
> Und wissen, dass das Leben jetzt aus ihren
> Schlaftrunk'nen Gliedern still hinüberfliesst
> In Bäum' und Gras [...].　　　　(SW 1, 49)

Das "stumme Beben" kann man also als Zeichen sowohl der Furcht als auch der Ergriffenheit verstehen: genau diesen ambivalenten Schwebezustand zwischen Abkehr und Bejahung, den Übergang von der einen zur anderen will Hofmannsthal wohl andeuten.

Wie dem auch sei, in unserem Gedicht kommt keine Ansprache und erst recht keine Begegnung zustande. Die Begegnung, die die "allomatische" Verwandlung der sich Begegnenden mit sich bringt, ist in

Hofmannsthals ganzem Werk von entscheidender Bedeutung. Man denke z. B. an die Begegnung, die im Gedicht "Die Beiden" dargestellt wird, die die beiden Beteiligten aus ihrer stolzen, beherrschten Selbständigkeit herausreißt; oder an die Liebe auf den ersten Blick zwischen Oktavian und Sophie im *Rosenkavalier*; die schicksalhafte Begegnung zwischen Elektra und Orest in *Elektra*; zwischen der Kaiserin und der Frau des Färbers in *Die Frau ohne Schatten*; zwischen Ariadne und Bacchus in *Ariadne auf Naxos* und andere mehr. Zu einer solchen Begegnung sind aber die beiden Personen in "Dein Antlitz..." nicht, oder jedenfalls noch nicht fähig. Der Mann hängt trotz der seelischen Erschütterung durch den Anblick der Frau noch Erlebnissen nach, die sich bereits als unfruchtbar erwiesen haben. Die Frau wiederum ist so in ihre Träume versunken, daß auch sie weder Wort noch Gebärde von sich gibt. Und erst nach einer wirklichen Begegnung, manchmal erst lange Zeit danach, kann eine wahrhafte *Beziehung* zustandekommen. Die Beziehung muß dann auch eine echte *zwischen*menschliche Beziehung sein, wenn durch sie die Antinomie von Einsamkeit und Gemeinschaft aufgelöst werden soll — eine Auflösung, die Hofmannsthal als sein schwerstes Lebensproblem betrachtete. Zu einer solchen zwischenmenschlichen Beziehung, die durch die völlige Selbstaufgabe genausowenig erreicht wird wie durch den selbstbewußten Abstand, sind nur Menschen fähig, die mit sich selber im reinen sind, weil sie ein festes Gefühl ihrer eigenständigen Existenz haben. Das lyrische Ich unseres Gedichtes ist von einem solchen festen Selbstgefühl noch sehr weit entfernt. Er scheint im Gegenteil in seiner absoluten Passivität nichts anderes zu sein als ein Sammelpunkt für Eindrücke, Empfindungen und Erinnerungen, ein "Taubenschlag," wie es im "Gespräch über Gedichte" heißt.[3]

Da es indessen zur Dialektik menschlicher Beziehungen gehört, daß die Liebe ein starkes Ich-Gefühl nicht nur erfordert sondern auch gibt, kann man in der Vorstufe zu einer Begegnung, wie sie hier dargestellt wird, durchaus den Keim einer möglichen späteren glücklichen Beziehung erblicken. Noch fehlt aber alles, was man als Zeichen der Liebe bezeichnen könnte; weder der Sprechende noch die Angesprochene scheint auch nur zur leisesten, behutsamsten Zärtlichkeit fähig. Von Liebe wird auch überhaupt nur im Zusammenhang mit der Natur, dem Tal gesprochen. Außerdem spricht der Mann im ganzen Gedicht, mit Ausnahme lediglich der ersten Zeile, von sich selbst und seinen Empfindungen. Die Anwesenheit der Frau dient ihm eigentlich nur dazu, eine seelische

---

[3] Es sei hier kurz auf den oft festgestellten Einfluß der Philosophie Ernst Machs auf Hofmannsthals Denken hingewiesen.

Selbstbespiegelung auszulösen: bereits in der zweiten Zeile ist "ich" das Subjekt und bleibt es bis zum Schluß.

Ein solches Verhalten, bei dem die reine Ich-Bezogenheit sich als Liebe maskiert, ist in Hofmannsthals Werken nicht selten. Man denke an Jaromir im *Unbestechlichen*, der über seine Liebeleien schlechte Romane schreibt; oder an Oktavian im *Rosenkavalier*, der nach der Liebesnacht mit der Marschallin fast nur von seinen eigenen Gefühlen spricht (singt), die er in einer — auch musikalisch — raffinierten *Tristan*-Parodie wortreich zur Schau stellt: "[...] ein Schwindeln, ein Ziehen, ein Sehnen, ein Drängen [...], das Zudirwollen, das Dichumklammern [...] Ich bin dein Bub — aber wenn mir dann Hören und Sehen vergeht — wo ist dann dein Bub?" (L I, 288) Erst am Schluß der Oper ist aus dem Buben ein Mann geworden, der die geliebte Sophie (um derentwillen er die angeblich geliebte Marschallin sofort aufgibt) in ihrer ganzen rührenden Menschlichkeit und Verletzbarkeit wahrnimmt und damit seinen knabenhaften Egoismus überwindet — um dann freilich gleich ins andere Extrem der völligen Selbstaufgabe bis zum Auslöschen der eigenen Persönlichkeit zu verfallen: "Spür nur dich, spür nur dich allein" (L I, 435), ein Zustand, welcher, wenn er andauert, weniger mit Liebe zu tun hat als mit einer krankhaften Gefangenschaft in einem emotionellen Zwangsverhalten, welches, wenn es aufhört, nur Leere und Gleichgültigkeit zurückläßt. Ob Oktavian und Sophie zu einer echten zwischenmenschlichen Beziehung finden werden, bleibt in diesem Schluß voll zartester Ironie offen.

Auch der Sprechende in "Dein Antlitz..." gibt sich am Schluß dem Anblick der Frau (nicht der Frau selber, sondern ihrem Anblick, davon im Folgenden mehr) genauso "völlig" hin wie früher der Natur. Mit ihm verhält es sich anscheinend wie mit Goethes Werther: nicht der Gegenstand löst das Gefühl aus, sondern der Reichtum an Gefühl, den er bereits in sich trägt, sucht einen Gegenstand, zuerst in der Natur, dann in einer Frau. In seiner extremen Unbestimmtheit läßt das Gedicht sogar die periphere Möglichkeit zu, daß der Sprechende — wie Werther — sein Gefühl zum zweiten Mal einem unerreichbaren Gegenstand zugewandt hat: einer Frau, die ihm in ihrer träumerischen Entrücktheit genauso fremd bleiben wird wie die Natur in ihrer kühlen Unnahbarkeit.

Kaum hat der Sprechende die Frau angeblickt, so steigen mächtige Erinnerungen an die Vergangenheit auf. Nicht nur bringt die seelische Betroffenheit keine Annäherung an die Frau, sie läßt ihn diese schnell vergessen, wodurch sein im "zuviel" geäußertes Werturteil über die übermäßige Liebe zur Natur schon im voraus aufgehoben oder zumindest entkräftet wird. So übermäßig sie auch gewesen sein mag, diese Liebe ist immer noch unverkennbar vorhanden. Daß die "zuviel" geliebte Natur dem Sprechenden offenbar keine Erfüllung gewährt hat, verhindert nicht, daß er den neu aktivierten Gefühlsreichtum ihr sofort wieder zuwendet. Er tut dies nicht einmal aus freien Stücken: die Formulierung "Wie stieg das auf!" verrät die gleiche passive, hilflose Haltung wie das stumme Beben. Die Erinnerungen drängen unabweisbar auf ihn ein, wobei das dynamische "aufsteigen" in einem auffälligen Gegensatz zum untätigen "schwieg," "sah dich an," "Beben" steht. Die Erinnerungen an die Vergangenheit sind offensichlich ungleich stärker als die gegenwärtige Ergriffenheit. Demgemäß stellt sich auch erst mit der Hinwendung zur Vergangenheit das reflektierende Bewußtsein des Sprechenden ein: ihm fällt zunächst nicht die Natur selber, sondern der Vergleich zwischen seinem jetzigen und seinem damaligen Zustand ein: "daß ich mich einmal schon / In frühern Nächten völlig hingegeben" (auch im *Rosenkavalier* fragen Oktavian und Sophie sich beide bei ihrer ersten Begegnung: "[...] wo war ich schon einmal und war so selig?" (L I, 345) Der Sprechende wird also von Erinnerungen bestürmt, aber nicht überwältigt. Er reflektiert die Erinnerung, setzt sie zur Gegenwart in Beziehung; es handelt sich für ihn nicht mehr wie damals um eine völlige spontane Hingabe. Eine gewisse Distanz zur ehemals "zuviel geliebten" Natur scheint gewonnen. Dennoch erweisen sich die Erinnerungen als stärker, als der Sprechende selbst zu denken scheint, denn obwohl es ihm zunächst um den Vergleich zwischen Vergangenheit und Gegenwart geht, und damit, wenn auch mittelbar, um die Erhellung der von der Frau ausgelösten oder aktivierten Gefühle, verliert er die Frau sofort völlig aus dem Blick und versenkt sich in seine Erinnerungen in einer Art und Weise, die der Leser in Anbetracht der gegebenen Situation durchaus auch als "zuviel" empfindet.

Der Sprechende erkennt freilich, daß er das Tal "zuviel" geliebt hat. Das ist eine wichtige Erkenntnis, auch wenn sie ohne Nachdruck, eher beiläufig erwähnt wird und sein Verhalten nicht beeinflußt. Warum die Liebe zur Natur übermäßig war, wird nicht ausdrücklich gesagt: vielleicht weil sie von der "immer fremden" Natur nicht erwidert werden konnte und darum wie jede besitzergreifende Liebe rasch der Enttäuschung weicht, wenn ihr der Besitz versagt wird; vielleicht auch weil eine so große, oder besser gesagt eine *solche* Liebe in ihrer Ausschließlichkeit keine Liebe zu Menschen zuläßt. Es würde sich dann freilich nicht um "zuviel" Liebe handeln, als wäre die Liebesfähigkeit eines Menschen ein festes Quantum, während doch in Wirklichkeit die Liebe zum Schönen die Liebesfähigkeit überhaupt steigert. Wenn man diesen Gedanken verfolgt, kommt man zu dem Ergebnis, daß es sich beim Sprechenden nicht um eine echte Liebe zur Natur handelt, denn er scheint nur zwei Extreme zu kennen: die unbedingte sehnsüchtige Hingabe und die absolute Fremdheit. Wie zur Frau, so muß er auch zur Natur die richtige fruchtbare Beziehung erst erlernen, denn auf solche völlige Hingabe kann zwangsläufig nur Fremdheit und Gleichgültigkeit folgen. Das äußerste Maß an solcher Gleichgültigkeit kommt in der Gestalt des "Jünglings in der Landschaft" zum Ausdruck:

> Ihm fiel nicht ein, den Reichtum seiner Seele,
> Die frühern Wege und Erinnerung
> Verschlung'ner Finger und getauschter Seelen
> Für mehr als nichtigen Besitz zu achten. (SW 1, 65)

Auf der Bewußtseinsebene des Sprechenden — der Dichter Hofmannsthal befindet sich auf einer ganz anderen Bewußtseinsebene und darf mit dem Sprechenden auf keinen Fall gleichgesetzt werden — wird ein Werturteil ausgesprochen, dem sein eigenes Verhalten nicht entspricht. Er glaubt offenbar, einen wichtigen seelischen Reifeprozeß durchgemacht zu haben: die frühere unfruchtbare Naturverehrung hat er, so meint er, der persönlichen Liebesbeziehung zugunsten aufgegeben. In Wirklichkeit aber hat er die Verehrung der Schönheit zwar als unfruchtbar erkannt, aber darum doch keineswegs überwunden: gerade der *Vergleich* zwischen den beiden Emotionen — ein Vergleich, der als genaue Parallele durchgeführt wird — gibt dem Gedicht seine Struktur. Nicht das Gefühl hat sich geändert, nur sein momentaner Gegenstand. Widerlegt wird das vorgebliche Werturteil des Sprechenden auch dadurch, daß der Ort, an dem die beiden sich befinden und an dem die vermeintliche Begegnung stattfindet, überhaupt nicht beschrieben wird; es ist, als ob dieser Ort für den Sprechenden nicht existiert. Die in der Vergangenheit sehnsüchtig geliebte Natur dagegen ist visuell stark präsent: Nacht, Mond, Tal, Hänge, Bäume, Wolken, silberweißes Wasser. Auf der Gegenwartsebene befinden wir uns jedoch in einem leeren Raum.

Die aufs knappste reduzierten Bilder der "magern Bäume" die "auf leeren Hängen auseinander" stehen, sollen gewiß die Dürftigkeit, Bezugslosigkeit und abweisende Fremdheit der Natur, die dem Sprechenden in der Erinnerung nur noch einen "kalt staunenden Besuch" (Goethe, *Faust I*) gewährt, chiffrenhaft zum Ausdruck bringen. In ihrer Einfachheit und Farblosigkeit (nur das vom Mond beschienene Wasser setzt einen Lichtpunkt in der sonst dunklen Szene) kontrastieren diese Bilder stark mit den farbigen Landschaften, die Hofmannsthal oft gerne heraufbeschwört. Freilich sprechen diese kühlen, gedämpften Bilder gerade den heutigen Leser stärker an als die üppigeren Bilder anderer Hofmannsthal-Gedichte. Die Natur erscheint hier zwar nicht, wie die beiden Personen am Anfang, erstarrt, denn alles ist Bewegung, Vergänglichkeit, der "unaufhaltsame Sturz des Daseins" ("Gespräch über Gedichte"), aber doch kahl und entzaubert. Es wird auch vom Sprechenden kein Versuch gemacht, sich durch Vergleiche und Metaphern in diese Natur hineinzuversetzen. Ihre Leere und Fremdheit wird vielmehr gelassen, sogar — wie das "zuviel geliebt" — fast beiläufig konstatiert. Diese nebelumhüllte Landschaft verlockt den Sprechenden aber auch nicht, wie es z. B. im "Erlebnis" der Fall ist, das Leben zu verlassen

> Und still versank ich in dem webenden
> Durchsicht'gen Meere und verließ das Leben.   (SW 1, 31)

und sich in ein buntes Reich der Phantasie zu flüchten, wobei die reale Natur nur als beliebiger Anstoß funktioniert, die *Fin-de-siècle*-Stimmung auszulösen. Auch veranlaßt diese Landschaft, die fast so öde und trostlos wirkt wie die Landschaft in der "Ballade des äußeren Lebens," den Sprechenden nicht wie dort zu einer tiefsinnigen philosophischen Aussage über das Leben. Die Natur wird auch nicht als bedrohlich empfunden, wie es bei Hofmannsthal so oft geschieht. In "Vor Tag" z.B. heißt es vom Wasser:

> [...] Nun rennt das Wasser
> Als wollte es der Nacht, der fortgeschlichnen, nach
> Ins Dunkel stürzen, unteilnehmend, wild
> Und kalten Hauches hin [...].   (SW 1, 106)

Da wird die Fremdheit und Bedrohlichkeit der Natur als schaurigbewegendes Schauspiel genossen. Im "Reiselied" dagegen zeitigt die zermalmende Wucht des Naturgeschehens ("Wasser stürzt, uns zu verschlingen, [...] (SW 1, 84)) die Flucht ins arkadische Idyll einer zeitlosen Kunstlandschaft. In "Dein Antlitz..." jedoch ruft die Natur keine so starke Reaktion hervor. Das melodisch-elegische Metrum und die betont "poetische" Sprache erzeugen gleich einer getragenen Cellomelodie (Zeilensprung, Verlangsamung des Verses durch ungewöhnliche Wortstellung, Alliteration und Assonanz) eine von Wehmut angehauchte, aber im Grunde friedlich-versöhnliche Stimmung. Weder Einfühlung noch Flucht noch reflektierende Deutung, sondern gelassen-resignierende Konstatierung ist also die Reaktion des Sprechenden auf die Einsicht in die Fremdheit der Natur. Damit deutet sich auch an, daß er diese Einsicht zwar schon mit dem Verstand, aber noch nicht mit dem Gefühl voll empfangen hat.

An die "Ballade des äußeren Lebens" erinnert das mehrmals wiederholte "und" im mittleren Teil unseres Gedichtes. In der "Ballade des äußeren Lebens" stellt diese Wiederholung ein bedeutsames Formprinzip dar, welches die Beziehungslosigkeit der disparaten Naturelemente, aus denen erst der ästhetische Sinn ein zusammengesetztes Bild erzeugt, zum Ausdruck bringt. In "Dein Antlitz. . ." fällt diese Wiederholung des "und" in der dritten Strophe am stärksten auf ("und" am Anfang der 1. und 2. Zeile), wo auch flüchtige Anklänge an die Terzinenform der "Ballade des äußeren Lebens" festzustellen sind. Das Reimschema des Gedichtes entspricht mit äußerster Feinheit und Genauigkeit seiner thematischen Entfaltung: die erste Strophe hat a b c b, wobei der konventionelle Kreuzreim (a b a b) bereits in der dritten Zeile verlassen wird, wie die Erinnerungen an die Natur den Gedanken an die Frau verdrängen. Die zweite und dritte Strophe samt der eigentlich — dem Sinnzusammenhang nach — zur dritten Strophe gehörigen ersten Zeile der vierten Strophe (siehe unten) zeigen folgendes Schema: d e f g / f h i / g. In der genauen Mitte des Gedichtes macht sich also ein fragmentarischer Ansatz zur Terzinenform bemerkbar, die sich aber gleichsam nicht durchzusetzen vermag. Die in der deutschsprachigen Literatur sonst seltene Terzinenform — Hofmannsthal entnahm sie wohl der italienischen Literatur, die er gut kannte und sehr liebte —[4] benutzt er am liebsten, um das Bewußtsein des Menschen um die Einheit der Natur auszudrücken. Nämlich dadurch, daß die Terzine die Strophen fortlaufend aneinander bindet, eignet sich diese Form vorzüglich zur Darstellung der Verwobenheit und Einheit aller Dinge im ästhetisch-mystischen Bewußtsein, z. B. in den "Terzinen über Vergänglichkeit," dem "Traum von großer Magie" und vor allem in der "Ballade des äußeren Lebens," wo die Terzinenform als primäres Werkzeug der dichterischen Phantasie funktioniert, indem sie die äußerlich fragmentarische, ungeordnete und beängstigende Wirklichkeit in Fülle, Einheit und Schönheit verwandelt.

In "Dein Antlitz. . ." spiegeln die Anklänge an die Form der Terzine den vergeblichen Versuch des Sprechenden wider, die auf ihn einstürmenden Erinnerungen in diese ästhetisch beherrschte Ordnung zu bannen und damit das Bewußtsein der Natureinheit zu wahren. Der ästhetische Sinn ist aber nicht mehr imstande, aus der Natur jenes Bewußtsein geordneter Schönheit zu schöpfen. Eine für den jungen Hofmannsthal grundlegende Empfindungsweise versagt damit vor unseren Augen. Eine andere Empfindungsweise ist erforderlich. Dementsprechend

---

[4] Siehe Sondrups Artikel "Terzinen" in diesem Band.

wird in den letzten vier Zeilen der Versuch, die Erinnerungen an die Natur in die Terzinenform zu bringen, aufgegeben, und die scheinbare Gewißheit der erreichten Fähigkeit zur persönlichen Begegnung drückt sich im konventionellen Kreuzreim (j k j k) aus, wobei gerade das Konventionelle eine zarte Nuance beisteuert, indem es das ironische Bewußtsein des Sprechenden verrät, daß die frühere Empfindungsweise zwar höchst ungewöhnlich und die jetzige dagegen sehr gewöhnlich, aber darum nicht minder überlegen sei. Dieses konventionelle Reimschema der letzten Strophe wird allerdings dadurch leicht verschleiert, daß die Zeile "Wie stieg das auf! denn allen diesen Dingen," die eigentlich zur dritten Strophe gehört, zur ersten Zeile der fünfzeiligen vierten Strophe gemacht wird. Zum einen wird damit der Anklang an die Terzinenform in der dritten Strophe verstärkt, zum anderen wird damit angedeutet, daß diese "Dinge" trotz der Erkenntnis ihrer Unfruchtbarkeit sich nicht so leicht der Vergangenheit zuordnen lassen, wie der Sprechende wohl meint. Wie schon in der ersten Strophe drängt sich hier die Vergangenheit, die der Sprechende sich gern überwunden denken möchte, an die Gegenwart heran.

Somit wendet sich der Sprechende — endlich! — wieder der Frau zu in dem Glauben, sich dadurch zu einer reiferen, angemesseneren Empfindungsweise zu bekennen. Dieser Glaube trügt jedoch erheblich, denn die Empfindung, die er der Frau entgegenbringt, hat immer noch durchaus ästhetischen Charakter. Den Sprechenden kennzeichnet noch immer die Haltung eines passiv Schauenden, für den die Frau weniger ein Wesen aus Fleisch und Blut zu sein scheint als ein stumm zu verehrender Gegenstand. Das Gedicht endet wie es beginnt: mit schweigendem Anschauen. Seine ganze formale Organisation beruht auf der Kongruenz der von der Frau ausgelösten Gefühle mit denen, die früher der Natur galten. Das hingebungsvolle Anschauen der Haare und Augen der Frau unterscheidet sich kaum von der Hingabe an die "unfruchtbare" Schönheit der Natur. Die Einsicht in diese Unfruchtbarkeit ist thematisch von höchster Bedeutung; sie ist der ethische Kern des Gedichtes, und müßte daher, wenn es sich um eine echte verhaltensbestimmende Einsicht handeln würde, einen entsprechend profilierten Platz im Gedicht einnehmen. Sie steht jedoch keineswegs an einer markanten Stelle, sondern wird im Gegenteil zu einem Nebengedanken reduziert und durch Gedankenstriche aus dem Hauptsatz, der beredt von der sehnsüchtigen Hingabe spricht, ausgeklammert, d. h. sie wird noch stärker reduziert als das wenig nachdrückliche "zuviel" in der zweiten Strophe. Die entscheidende Einsicht ist im Laufe des Gedichtes nicht stärker sondern schwächer geworden.

Hier verwendet Hofmannsthal mit meisterhafter Präzision die einfachsten sprachlichen Mittel, um einen inneren Zustand von äußerster Komplexität zu artikulieren. Die ethische Einsicht, daß die unbedingte Naturliebe menschlich unfruchtbar sei, hat keine Wurzeln im authentischen Gefühl. Sie ist nicht etwas, was der Sprechende empfindet, sondern etwas, wovon er weiß, daß er es empfinden sollte, was er wohl auch gerne empfinden möchte und einmal auch empfinden wird. Noch bleibt aber sein tatsächliches Gefühl und Verhalten davon völlig unberührt. Das Bekenntnis zur Überlegenheit der persönlichen Beziehung erweist sich als ein Lippenbekenntnis, eine Illusion; nur der erste zögernde Schritt in dieser Richtung ist dem Sprechenden gelungen. Noch unmittelbar vor der endlichen Hinwendung zur Frau, gleich nach der flüchtig hingeworfenen Feststellung "— die unfruchtbar war —" und im stärksten Gegensatz dazu, kostet der Sprechende in der Erinnerung die volle berückende Innigkeit der Hingabe an die Natur noch einmal aus: "Hingab ich mich in großer Sehnsucht ganz," wobei der ungewöhnliche Satzbau zwei aufeinanderfolgende schwere Hebungen hervorbringt, die die Stärke der Hingabe rhythmisch unterstreichen. Dann distanziert sich der Sprechende von seinen Erinnerungen. Er tut dies jedoch nicht seinen eigenen Gefühlen für die Frau zugunsten — Gefühlen, von denen wir nur durch den Vergleich mit der Naturempfindung überhaupt etwas erfahren — sondern dem Glanz in ihren Augen. Dies deutet auf eine immer noch passive Haltung, für die das Geliebtwerden wichtiger erscheint als das Lieben. Er will den Glanz in den Augen der Frau besitzen, als Ersatz für die als fremd erkannte Natur; er will sich von ihr geliebt fühlen, sich von diesem Glanz bestrahlt wissen. Er gibt sich auch nicht *dem* Anschauen hin, wie dem Mond, dem Tal usw., sondern *für* das Anschauen, *für* den Glanz. Damit verrät sich wieder das passiv Empfangende seiner Haltung. Seine Hingabe bleibt gleichsam ein autonomer Zustand, der zwar eines Gegenstands bedarf, für den aber der Gegenstand wechseln kann, ohne daß der Zustand selber ein anderer wird. Dieser bleibt nach wie vor ein Zustand des Schauens ohne Berührung oder eigentliche Nähe. Das Gesicht der Frau ist auch nach wie vor ein poetisches "Antlitz," ein ästhetisch zusammengesetztes Bild: der Glanz ist nicht etwa *in deinen Augen*, sondern "zwischen deinen Lidern." Das verrät ein ästhetisch hochbewußtes Anschauen, ähnlich dem Anschauen eines Bildes: das Haar umrahmt das Gesicht, die Lider umrahmen den Glanz, genauso wie die Bäume die Nebelwolken umrahmen, die "dazwischen" gehen. Den Zauber, den die Natur verloren hat, sieht er nun im Antlitz der Frau. Die Liebe jedoch beginnt erst mit dem Ende solcher Verzauberung, wenn ein Antlitz zu einem einmaligen geliebten Gesicht wird.

Unser Gedicht hat, wie eingangs erwähnt, drei Zeitebenen: Gegenwart, Vergangenheit und Vorvergangenheit, die jedoch nicht scharf voneinander abgehoben sind. Die Ausgangssituation liegt auf der Zeitebene der Vergangenheit, die Erinnerungen an die Natur gehören der Vorvergangenheit an, jedoch wird außer dem einmaligen elliptischen "hingegeben" (Plusquamperfekt) auch von den Naturerlebnissen im Imperfekt berichtet. Das Präsens dagegen fehlt gänzlich; nur mit dem "jetzt" in der vorletzten Zeile wird der Übergang zur Zeitebene der Gegenwart mit größter Zurückhaltung angedeutet. Dadurch bleibt diese Gegenwart sehr unbestimmt, sogar fast unwirklich. Der unerwartete Sprung in die Gegenwart löst auch die Erstarrung das Anfangs nicht, er läßt höchstens deren Lösung für eine Zukunft erhoffen, die noch gänzlich offen bleibt, zu der aber durch das "jetzt" eine Brücke gebaut wird. Der Traum auf dem Antlitz der Frau ist nun durch den Glanz in ihren Augen ersetzt, jenen Glanz, der mit der Kühle des silberweißen Wassers kontrastiert und das ganze Gedicht nachträglich mit Wärme überstrahlt. Jede weitere Entwicklung dieser schwierigen, aber dennoch hoffnungsvollen Situation bleibt aber im Ungewissen. Dem Leser, der nun von dieser Zeitebene der Gegenwart aus auf das Gedicht zurückblickt, erscheint es zu zwei dramatischen Tableaus stilisiert, die jedoch nicht an dessen Ende, sondern am Anfang und in der Mitte stehen. Inszeniert werden diese Tableaus durch den ästhetischen Sinn, um ihre Bedeutung in den vielfältigsten Verästelungen ins Bewußtsein zu heben. Das lyrische Ich empfindet nicht so sehr Liebe als das Bedürfnis, ein Gedicht über das komplexe Wesen und Werden der Liebe im Übergang aus einer schon abgelehnten, aber noch keineswegs überwundenen Daseinshaltung zu schreiben. Die Pünktchen, die zum Titel "Dein Antlitz..." gehören, bringen treffend zum Ausdruck, daß das Thema des Gedichtes nicht das Antlitz der angesprochenen Frau ist, sondern die darauf bezogenen Empfindungen und Aussagen des Sprechenden. Der Rohstoff, das unmittelbare Erlebnis, wird schon in Poesie verwandelt, bevor es überhaupt richtig erlebt worden ist; wir haben es nicht mit der "beruhigten Erinnerung an ein Gefühlserlebnis" (*emotion recollected in tranquillity*) zu tun, sondern eher mit einem Zwang zur ästhetischen Stilisierung, den Claudio in *Der Tor und der Tod* mit den Worten bezeichnet:

Stets schleppte ich den rätselhaften Fluch,
Nie ganz bewußt, nie völlig unbewußt,
Mit kleinem Leid und schaler Lust
Mein Leben zu erleben wie ein Buch [...].   (GLD 204)

Auch die Natur, an die sich der Sprechende erinnert, wird nicht unmittelbar erlebt, sondern ist bereits durch Auswahl und Anordnung ihrer chiffrenhaften Elemente zu einem symbolischen Bild gestaltet. Für dieses lyrische Ich wird das Erlebnis überhaupt erst im Bild, aus dem Abstand der stilisierenden Gestaltung, real.

Somit wäre der Schluß des Gedichtes ein Trugschluß, eine Selbsttäuschung seitens des Sprechenden, ein Bekenntnis zu einer vermeintlichen Liebe, die in Wirklichkeit die "Geliebte" zu einem ästhetischen Gegenstand herabwürdigt. Das würde aber nur zutreffen, wenn man sich diesen Zustand als dauerhaft denken würde, anstatt ihn als eine Etappe in einer fortlaufenden Entwicklung, als einen Übergang zu verstehen. Zu dieser zentralen Auffassung des Reifeprozesses als einer stetigen Entfaltung der Persönlichkeit mit allen möglichen Stadien und Übergängen schrieb Hofmannsthal:

> Falsch: [...] alle billigen Antithesen wie "Kunst" und "Leben," Ästhet und Gegenteil von Ästhet. Richtig, die Kunstwerke als fortlaufende Emanationen einer Persönlichkeit ansehen [...] richtig, jeden Übergang und insbesondere alle unterirdischen Übergänge für möglich zu halten (A 139).

Gerade für solche Übergänge interessiert sich auch Hans Karl im *Schwierigen*, den man sich durchaus in einer ähnlichen Situation wie der des Sprechenden in "Dein Antlitz..." denken kann und zu dessen Verhalten Helene gegenüber das Gedicht eine stilisierte Parallele liefert: "Mich interessiert nichts auf der Welt so sehr, als wie man von einer Sache zur anderen kommt" (siehe 1. Akt, 8. Szene, L II, 299). Es geht in unserem Gedicht um einen solchen "unterirdischen" Übergang: nicht um die einfache Hingabe an eine geliebte Frau, nicht um ein beherrschtes Verlangen, höchstens um eine verträumte, entrückte Vorwegnahme des kommenden Glücks in einer reinen "schauenden" Empfindung. Genauso wenig, wie man in dem heftig umstrittenen Schlußbild des Gedichtes "Die Beiden" ("[...] Und dunkler Wein am Boden rollte.") ein eindeutiges, endgültiges Versagen der Liebenden sehen darf, darf man im Schlußbild von "Dein Antlitz..." deren eindeutigen Sieg sehen. Dieses hingegebene Schauen stellt keine liebende Begegnung dar. Es schließt eine solche Begegnung aber auch nicht aus, solange es nur als eine Vorstufe dazu verstanden wird.

Bei aller Unzulänglichkeit und Vorläufigkeit ist der im Gedicht artikulierte Augenblick sogar in seiner Art ein vollendeter Augenblick, ein Augenblick, in dem die Ergriffenheit beim Anblick eines schönen Gesichts alles künftige Glück schon ahnen läßt. Die Frau hat den Zauber des schon Nahen aber noch Fernen, des schon Vertrauten obwohl noch Unbekannten. Die große Verwandlung durch die Liebe hat noch nicht stattgefunden, aber sie kann noch stattfinden. Es handelt sich demnach nicht um eine endgültige Verurteilung der ästhetischen Empfindungsweise,[5] sondern um die Artikulierung eines ambivalenten Zustandes, eines Übergangs vom Ästhetizismus zu dessen Überwindung. Was noch kommt ist das große Abenteuer der Liebe. Das Reifen eines introvertierten "ästhetischen" Menschen bis zu dem Punkt, wo er den Mut zu diesem Abenteuer findet, ist ein langsamer und überaus schwieriger Prozeß, der Hofmannsthal sein Leben lang beschäftigt hat.

Das Bewußtsein des Allomatischen — der stetigen Verwandlung des Menschen in den Begegnungen mit anderen Menschen, auch in vielen Liebesbegegnungen — mit dem Bekenntnis zum Bleibenden und Dauerhaften zu verbinden, war für Hofmannsthal Kern und Spannungsquelle seines gesamten Werkes: das simple, aber ungeheure Lebensproblem der Treue, wie er es im Zusammenhang mit *Elektra* nannte. Die Lösung der damit verbundenen Probleme war für ihn nur in der Ehe möglich, die ihm, dem Katholiken, ein Sakrament war, und ohne die er sich, wie er selber bekannte, das Leben nicht vorstellen konnte. Am ergreifendsten drückt Hans Karl im *Schwierigen* diese hohe Auffassung der Ehe aus:

Es gibt einen Zufall, der macht scheinbar alles mit uns, wie er will — aber mitten in dem Hierhin- und Dorthingeworfenwerden und der Stumpfheit und Todesangst, da spüren wir und wissen es auch, es gibt halt auch eine Notwendigkeit, die wählt uns von Augenblick zu Augenblick, die geht ganz leise, ganz dicht am Herzen vorbei und doch so schneidend scharf wie ein Schwert. Ohne die wäre da draußen kein Leben mehr gewesen, sondern nur ein tierisches Dahintaumeln. Und die gleiche Notwendigkeit gibts halt auch zwischen Männern und Frauen — wo die ist, da ist ein Zueinandermüssen und Verzeihung und Versöhnung und Beieinanderbleiben. Und da dürfen Kinder sein, und da ist eine Ehe und ein Heiligtum, trotz allem und allem — [...]. (*Der Schwierige*, 2. Akt, 10. Szene.)

Viele Geschicke weben neben dem meinen,
Durcheinander spielt sie alle das Dasein, (SW 1, 54)

heißt es im Gedicht "Manche freilich...." Ohne die feste Bindung der Ehe bleibt das Leben ein Spiel von zufälligen Begegnungen. Um eine solche zufällige Begegnung kann es sich auch in "Dein Antlitz..." handeln, wir

---

[5] Zur immer noch umstrittenen Frage von Hofmannsthals Ästhetizismus siehe besonders F. Wagner, "Hugo von Hofmannsthal und das Problem des europäischen Ästhetizismus," *Hugo von Hofmannsthal: Commemorative Essays*, hrsg. von W. E. Yuill und Patricia Howe (London: University of London, 1981), 76–85.

wissen es nicht. Aber wie dem auch sei, ohne die Ehe wird der Glanz in den Augen der Frau verloren gehen. Nur die Ehe macht es möglich, daß aus diesem zauberhaften Augenblick der ersten Ergriffenheit "Glanz am Morgen [...] noch abendliches Glück"[6] wird. Das war Hofmannsthals tiefste Überzeugung. Die dauerhafte Zweierbeziehung, die sakramentale Ehe, war für ihn eine Institution von absoluter Gültigkeit, die ihm jedoch nur im Rahmen einer ultra-konservativen, ja fast feudalen Gesellschaftsordnung möglich schien, die er sogar für einen wesentlichen Bestandteil dieser Ordnung hielt. Das ist eine Auffassung der Ehe, die weitgehend dazu beigetragen hat, daß diese Institution in unserer skeptischen Zeit, die mit soviel schmutzigem Badewasser leider auch soviele gesunde Kinder ausgeschüttet hat, einen grundsätzlich konservativen Charakter angenommen hat und darum zutiefst fragwürdig geworden ist. Hier werden sowohl die Bedeutung Hofmannsthals für unsere Zeit als auch die Grenzen dieser Bedeutung sichtbar.[7]

Unsere Untersuchung hat ergeben, daß das Gedicht "Dein Antlitz..." bei aller Unbestimmtheit der dargestellten Situation einen höchst komplexen seelischen Prozeß, der in der Entwicklung jeder ästhetisch veranlagten Persönlichkeit eine zentrale Rolle spielt, sehr präzise nachvollzieht. Mit dem üblichen vagen Hinweis auf das "Zauberhafte," das "Rätselhafte" und die "sinnliche Schönheit" von Hofmannsthals Sprachkunst wird man diesem meisterhaften Gedicht nur zu einem kleinen Teil gerecht. Der Gegenstand des Gedichtes, wie auch anderer früher Gedichte Hofmannsthals, ist ein bestimmter Augenblick in der Entwicklung eines Menschen von einer mystisch-ästhetischen Empfindungsweise zu einer sittlichen Reife, die die Fähigkeit zur Liebe und Bindung in der Beziehung zu einem anderen Menschen mit sich bringt. Unserem Gedicht kommt ein wichtiger Platz in jener Reihe von Gedichten zu, in denen Hofmannsthal mittels einer Sprachkunst von unübertrefflicher Schönheit und Genauigkeit die Etappen und Übergänge dieser Entwicklung artikuliert, jener Entwicklung Hofmannsthals selber, durch die er vom sechzehnjährigen Genie mit dem Weltbild eines *Fin-de-siècle*-Ästheten zum Mann heranreifte, der aus der Sackgasse des

---

[6] Georg Kaiser, *Die Bürger von Calais*.

[7] Vgl. dazu David E. Jenkinson, "Hofmannsthal's Social and Political Attitudes," *Hugo von Hofmannsthal: Commemorative Essays*, hrsg. von William E. Yuill und Patricia Howe (London: University of London, 1981), 63–75.

Ästhetizismus den Weg zur Reife, zur Gesellschaftlichkeit und zur Liebe fand.[8]

---

[8] Vgl. dazu David E. Jenkinson, "The Poetry of Transition. Some Aspects of the Interpretation of Hofmannsthal's Lyrics," *German Life and Letters*, XXVII, 4 (1974), 294–302.

Ruth Lorbe

Welt und ich*

Geh' hin, mein Lied zum Riesen Atlas, der
Den Bau der Welt mit Arm und Nacken stützt
Und sag': "Du magst in's Hesperidenland
Jetzt geh'n und Aepfel pflücken, wenn Dir's nützt.

Mein Herr will untertreten Deiner Last,
Wie Einer eine leichte Laute hält,
Die murmelnde, wie eine Schüssel Obst,
So trägt er auf den Armen diese Welt.
Das tiefe Meer mit Ungeheuern d'rin,
Die alles Lebens dumpfe Larven sind;
Die Bäume, deren Wurzel dunkel saugt
Und deren Krone voller Duft und Wind;
Und Mondlicht, das durch Laub zur Erde trieft,
Und Rasen, d'rauf der Schlaf die Menschen legt,

---

* Mein besonderer Dank für freundliche Unterstützung beim Zustandekommen dieser Arbeit gilt der inzwischen verstorbenen Frau Christiane Zimmer, New York, und Herrn Dr. Rudolf Hirsch, Frankfurt a. M., für die Erlaubnis zur Einsicht in die betreffenden Manuskripte der Gedichte Hofmannsthals im Freien Deutschen Hochstift in Frankfurt a. M., und Herrn Dr. Werner Volke vom Deutschen Literaturarchiv im Schiller-Nationalmuseum in Marbach am Neckar für die Zusendung hilfreichen Materials aus den Beständen des Literaturarchivs. Ferner danke ich dem Research Board und dem Department of Germanic Languages and Literatures der University of Illinois für die Gewährung eines Reisezuschusses nach Frankfurt a. M.

Gleich stummen Krügen, Jeder angefüllt   15
Mit einer ganzen Welt: ....
                    das Alles trägt
Mein Herr auf seinen Armen Dir zu Dienst
Und zittert nicht und hält es gerne gut,
So wie ein Silberbecken, angefüllt
Mit leise redender, lebend'ger Fluth."   20

Tritt hin, mein Lied, zum Atlas, sag' ihm dies,
Und wenn der Riese Atlas Dir nicht glaubt,
Sprich: "Wie ertrüg er sie im Arme nicht,
Mein Herr, da er sie lächelnd trägt im Haupt?"[1]

DAS GEDICHT BESCHREIBT EIN BESTIMMTES VERHÄLTNIS des Künstlers zur Welt. Zwar trägt es den Titel "Welt und ich," aber für Hofmannsthal — das geht sowohl aus seinem Werk als aus vielen seiner Aufzeichnungen hervor — besteht kaum eine Trennung zwischen seinem persönlichen und seinem Künstler-Ich. Das gilt in besonderem Maße für das Frühwerk, dem das Gedicht zuzurechnen ist, und über das Hofmannsthal viel später, 1927, in einem "imaginären Brief" an Carl Burckhardt äußert, daß er staune, wie man habe "den Bekenntnischarakter, das furchtbar Autobiographische daran übersehen können" (A 240). Worauf Hofmannsthal hier anspielt und was ihn weit über das Frühwerk hinaus beschäftigt hat, ist seine unablässige, oft verzweifelte innere Auseinandersetzung mit der Welt, dem Leben. "Wie entwickelt sich Lebens- und Weltgefühl?" fragt bereits der Neunzehnjährige (A 101), dem mit zunehmendem Bewußtwerden des realen äußeren Lebens die einstige, unbewußt empfundene Identität zwischen Ich und Welt entschwindet. Er sieht sich einem komplizierten Prozeß ausgesetzt, der ihn mit den für das künstlerische Ich möglichen, jedoch miteinander in Widerstreit liegenden Verhaltensweisen der Welt gegenüber konfrontiert, die sich etwa folgendermaßen charakterisieren lassen:

traumhafte, impressionistische Welterfahrung:
an der Wirklichkeit sich orientierende Welterfahrung

Betonung des ästhetischen Lebensgefühls:
von ethischen Werten her gelenktes Weltgefühl

grenzenloses, rauschhaftes Erleben der Welt:
Erleben der Welt als Bindung, als Verantwortung gegenüber den
    Mitmenschen.

---

[1] SW 1, 42; siehe Fußnote 1 von "Zum Geleit" in diesem Band.

Später, in "Ad me ipsum," hat Hofmannsthal rückblickend die Begriffe "Präexistenz" und "Existenz" (für letztere auch "Leben," "das Soziale") zur Bezeichnung der beiden konträren Zustände des Ich dem Weltgeschehen gegenüber gewählt (A 213 ff). Das Verhältnis "Welt und ich" wird für Hofmannsthal — und er steht darin nicht allein, es trifft auch für andere Dichter der Zeit zu — zu einer entscheidenden Frage seiner eigenen Existenz als Künstler und gehört zu den schwer lösbaren Problemen, um die seine dichterischen und essayistischen Arbeiten in immer neuen Variationen kreisen. Deshalb nimmt es nicht wunder, daß gerade sein Frühwerk von jugendlichen Künstlergestalten oder Liebhabern der Kunst erfüllt ist, die den Sinn der Welt und ihre eigene Rolle darin zu ergründen suchen; viele Beispiele dafür finden sich in den lyrischen Dramen und der frühen Prosa, etwa Andrea, auch Fantasio und Fortunio, in *Gestern* (1891), die Malerschüler in *Der Tod des Tizian* (1892), Claudio, der Edelmann, in *Der Tor und der Tod* (1893), der Dichter in *Das kleine Welttheater* (1897) und der Kaufmannssohn in "Das Märchen der 672. Nacht" (1895), der sich mit erlesenen Kunstgegenständen umgibt. Das heißt jedoch nicht, daß andere, nach außen hin nicht im Gewand des Künstlers auftretende Gestalten, die das Frühwerk Hofmannsthals bevölkern, nicht ebenfalls als sichtbare, vom Dichter geschaffene Träger seiner eigenen Lebensproblematik zu verstehen sind; einer Problematik, die sich in den aufgezeigten variierten Versuchen menschlichen Verhaltens der Welt gegenüber äußert. Man denke an den Wachtmeister Lerch in "Reitergeschichte" (1898), an Elis Fröbom, den jungen Bergmann, in *Das Bergwerk zu Falun* (1899), an den Magier und den Erben in den Gedichten "Ein Traum von großer Magie" (1895) und "Lebenslied" (1896).[2] Allerdings spiegelt sich in den Gedichten, die fast alle der Frühzeit angehören, noch vorwiegend die ursprüngliche harmonische Einheit zwischen Ich und Welt, seltener die bewußte Konfrontation.

Gültige, befriedigende, selbständig gefundene Antworten auf die problematische Beziehung des Ich zur Welt, zum Leben, sind Hofmannsthal erst im späteren Werk gelungen. Aber in vielen Äußerungen — gleich, ob in poetischer Form, ob als Notiz oder Aperçu — hält er von früh an Ansätze oder Versuche zu einer Lösung fest, die sich allerdings nicht selten zu widersprechen scheinen. Es ist auch keineswegs so, daß es sich im Falle der Hofmannsthalschen Beziehung zur Welt, so wie sie im Werk sichtbar wird, um die künstlerisch gestaltete Spiegelung eines gradlinig verlaufenden inneren Reifeprozesses handelt, wobei sich die einzelnen

---

[2] Da die vorliegende Untersuchung dem Frühwerk Hofmannsthals gilt, wurden absichtlich nur Beispiele aus der Zeit vor 1900 gewählt.

Stufen klar voneinander abgrenzen lassen und jede einzelne jeweils auf der vorausgehenden aufbaut. Hofmannsthal selbst warnt davor, das einzelne

> Kunstwerk als definitiv anzusehen, immer zu sagen: Er hat das aufgegeben, er wendet sich jenem zu, er sieht nur das, er meint also das und das; — falsch das Definitive; — falsch alle billigen Antithesen wie "Kunst" und "Leben," Ästhet und Gegenteil von Ästhet. Richtig, die Kunstwerke als fortlaufende Emanationen einer Persönlichkeit ansehen, als *"heures"*, Beleuchtungen, die eine Seele auf die Welt wirft [. . .]; richtig, jeden Übergang und insbesondere alle unterirdischen Übergänge für möglich zu halten; — richtig, das Bestreben nach individuellem Stil zu begreifen als die einzige Möglichkeit, sich ewig zu fühlen; — richtig: die Produktion als eine dunkle Angelegenheit zwischen dem Einzelnen und dem verworrenen Dasein anzusehen; — richtig: alle Künstler als Bringer von Harmonie zu sehen [. . .] (A 139).[3]

Wenn man trotzdem mit einiger Berechtigung von einer graduellen Entwicklung in der Anschauungsweise des Dichters sprechen kann, die sich bereits in der Frühzeit, in den Werken des sogenannten lyrischen Jahrzehnts, also zwischen 1890 und 1900, abzuzeichnen beginnt,[4] so bedeutet das nicht, daß der oben beschriebene dichotome Prozeß etwa seinen Abschluß oder eine einseitige Lösung gefunden habe. Es soll damit lediglich festgestellt werden, daß sich schon in den Werken dieser Periode der Akzent allmählich zugunsten einer gefestigteren Haltung des Ich dem Leben gegenüber verschiebt, eine Tatsache, die beweist, daß der Dichter bewußter als zuvor auf die reale Welt und die lebendigen Menschen, die sich darauf bewegen, reagiert oder reagieren will, ohne daß jedoch das impressionistische, traumhafte Element aus dem Werk verschwindet.

Weder vom Frühwerk, noch vom Gesamtwerk Hofmannsthals her gesehen bietet das Gedicht "Welt und ich" also ein originelles Thema. Wenn wir uns jetzt auf das Gedicht konzentrieren, so geschieht es in der Absicht zu zeigen, *wo* das Gedicht, abgesehen von seinem genauen Entstehungsdatum, innerhalb von Hofmannsthals Schaffen seinen Platz hat, *wie* der Dichter, im Vergleich zu anderen Werken, speziell in diesem Gedicht die Welt und das Verhältnis Ich und Welt gestaltet hat, welche Position dabei das Ich einnimmt, und wie diese zu erklären und zu beurteilen ist.

---

[3] Hofmannsthal hat diese Aufzeichnung am 24. Oktober 1904 in Venedig niedergeschrieben. Aber schon 1895 verweist ein Tagebucheintrag auf eine ähnliche Grundhaltung des Künstlers dem Leben gegenüber: *"il faut glisser ne pas appuyer la vie"* (A 120).

[4] Vgl. dazu William H. Rey, "Die Drohung der Zeit" in *Hugo von Hofmannsthal*, hrsg. von Sibylle Bauer (Darmstadt: Wissenschaftliche Buchgesellschaft, 1968), 165–206.

Das Gedicht trägt das Datum vom 16. Dezember 1893.[5] Verglichen mit anderen Gedichten, die etwa zur gleichen Zeit oder kurz davor entstanden sind, zeichnet sich "Welt und ich" durch seinen streng durchkomponierten Aufbau und seine vor allem im Anfangs- und Schlußteil vorherrschende selbstbewußte und hochgemute Art der Aussage aus. Besonders deutlich wird das, wenn man es, um ein extremes Gegenbeispiel zu wählen, neben dem Gedicht "Vorfrühling" aus dem Jahr 1892 betrachtet. Während in "Vorfrühling" die Dinge der Welt in willkürlicher, spielerischer Aufzählung vorübergleiten, scheinen sie in "Welt und ich" von fester Hand umfaßt. Während in "Vorfrühling" der Frühlingswind, der hier gleichsam als Agent des Dichters fungiert, mühelos alle Grenzen des Raumes überwinden und scheinbar absichtslos alles "berühren" kann, ohne der Dinge tatsächlich habhaft werden zu wollen, vergleichbar dem Verhalten Claudios in *Der Tor und der Tod*, dem der Freund vorwirft, daß er Menschen wie Spielzeug in die Luft werfe, "schnellbefreundet, fertig schnell mit jedem [...], ohne Scheu an allem tastend" (GLD 217); während in "Vorfrühling" reine Elemente der Form, z. B. Reim, Rhythmus, Alliteration und Assonanz eine klangliche Verbindung räumlich und zeitlich einander ferner Dinge ermöglichen, dem Dichter also als Instrumente dienen, im Gedicht auf poetische Weise *das* einzufangen, was im wirklichen Leben unaufhaltsam und, außer im Traum oder im Spiel, unvereinbar ist, so tritt in "Welt und ich," allerdings verdeckt, ein Ich auf, das Befehle erteilt, das einen festen Plan zu großer Tat entwirft und das sich mit starken und mächtigen Gestalten, mythologischen Weltenträgern, identifiziert. Wirken in "Vorfrühling" vor allem Stimmung und Zauber der Sprache, so beherrscht den Hintergrund von "Welt und ich" die gewaltige Episode aus der griechischen Mythologie, in der der Held Herakles zur Gewinnung der Äpfel der Hesperiden die Hilfe des Atlas, des riesenhaften Trägers der Welt,

---

[5] Nachlaß Hugo von Hofmannsthal, Depositum Erben, Freies Deutsches Hochstift, Frankfurt a. M., E II 157. Anfang Februar 1894 sandte der damals zwanzigjährige Hofmannsthal das Gedicht an Otto Julius Bierbaum, den damaligen Redakteur der *Freien Bühne* in Berlin. Aber Bierbaum lehnte den Druck des Gedichtes ab (vgl. dazu "Hugo von Hofmannsthal — Richard Dehmel, Briefwechsel 1893–1919", mit einem Nachwort herausgegeben von Martin Stern in *Hofmannsthal-Blätter*, 21/22 (1979), 15 und 77, Anmerkung 23). Am 25. Dezember 1894 wird das Gedicht in der Weihnachtsbeilage der *Wiener Allgemeinen Zeitung* veröffentlicht. 1918 nimmt Hofmannsthal es auf in den Band *Rodauner Nachträge*, Teil 1 (Zürich: Amalthea-Verlag), 4, und 1934 in die *Nachlese der Gedichte* (Berlin: S. Fischer), 11. 1946 erscheint es in *Gedichte und lyrische Dramen*, 84, innerhalb der von Herbert Steiner herausgegebenen *Gesammelten Werke in Einzelausgaben*. Vgl. dazu Horst Weber, *Hugo von Hofmannsthal, Bibliographie* (Berlin, New York: Walter de Gruyter, 1972), 145.

benötigt und deshalb anbietet, die Welt solange auf seinen Schultern zu tragen, bis der Riese ihm die Äpfel gepflückt hat.

Der Unterschied in Erscheinung und Wirkung des dichterischen Ich in den beiden Gedichten ist offensichtlich. Die Veränderung, die sich dabei in "Welt und ich" im Vergleich zu dem früheren Gedicht abzeichnet, kann als Ausdruck eines Versuchs Hofmannsthals angesehen werden, im Rahmen einer Sinnerfassung des eigenen Ich in der Welt auch die Funktion des dichterischen Ich genauer zu definieren. Das Gedicht ist Ende 1893 entstanden, und gerade seit den Jahren 1892/93 — in Spuren auch schon früher, z. B. in *Gestern* — macht sich bei dem jungen Dichter die bereits genannte kritische, verantwortungsbewußtere Einstellung hinsichtlich der Rolle des eigenen Ich bemerkbar. Noch 1891 konnte der Dichter in einem Brief an Arthur Schnitzler schreiben:

> Sie fragten nach meinen Arbeiten. Sie gedachten gemeinsamer Pläne. Um mich und in mir waren neue Dinge, Gleiten, Plätschern, Rieseln, Auflösung, vages Verschwimmen. Ich kann nicht arbeiten. Heute so wenig als damals. Noch weniger vielleicht. Ich gleite, ich treibe. Kein Gedanke crystallisiert sich und es wird kein Vers [...]. Aber mir ist wohl. [...] Ich fühle mich wachsen [...].[6]

Das Gleiten, Rieseln und Treiben klingt hier wie eine Vordeutung auf die Eigenschaften des Frühlingswinds in dem Gedicht "Vorfrühling," das, als typischer Ausdruck der damaligen inneren Verfassung Hofmannsthals, das dichterische Ich schemenhaft, spielerisch, haltlos, ohne eigene Identität erscheinen läßt. Man wird an die Bezeichnung "Ewigspielender" erinnert, mit der der Freund in *Der Tor und der Tod* Claudio charakterisiert (GLD 216). Auch Züge der später, von Hofmannsthal *bewußt* so entworfenen, der Casanova-Gestalt nachgebildeten Figur des Florindo (aus *Cristinas Heimreise*) werden hier sichtbar. *Des* Florindo nämlich, der, vom Drang nach uneingeschränkter Freiheit und persönlichem Lebensgenuß beseelt, liebenswert-spielerisch, unbelastet von verpflichtender Verantwortung, ohne Rücksicht anderen Menschen gegenüber, von Genuß zu Genuß taumelt, bis er schließlich seinem auf diese Weise mit der Zeit schal und sinnlos gewordenen Leben — eigentlich ist es ein Scheindasein — nicht mehr entfliehen, es nicht mehr ändern kann. *Wirkliches* Leben im Sinne Hofmannsthals kennt er nicht. Zugleich nimmt die Briefstelle an Schnitzler in einer Art Antizipation Gedanken aus dem zehn Jahre später entstandenen fingierten Brief des Lord Chandos vorweg, wo der Dichter-Autor einen ähnlichen traumhaft unwirklichen

---

[6] *Hugo von Hofmannsthal, Arthur Schnitzler: Briefwechsel*, hrsg. von Therese Nickl und Heinrich Schnitzler (Frankfurt a. M.: S. Fischer, 1964), 10.

Zustand beschreibt, von dem er aber weiß, daß er ihm als dauernder Besitz entglitten ist. Der betreffende Abschnitt im Chandosbrief lautet:

> Mir erschien damals [*vor* dem Zusammenstoß des Autors mit der realen Welt] in einer Art von andauernder Trunkenheit das ganze Dasein als eine große Einheit: geistige und körperliche Welt schien mir keinen Gegensatz zu bilden [...]. Das eine war wie das andere; keines gab dem andern weder an traumhafter überirdischer Natur, noch an leiblicher Gewalt nach, [...] überall war ich mitten drinnen, wurde nie ein Scheinhaftes gewahr (P II, 10–11).

Trotz der in den Brief an Schnitzler eingeschobenen Bemerkung "mir ist wohl" und trotz der, wenn auch aus dem Rückblick erwachsenen rühmenden Darstellung des verlorenen paradies-ähnlichen Befindens der dauernden Einheit des Ich mit den Dingen der Welt im Chandosbrief, häufen sich von 1892 an die Anzeichen, daß Hofmannsthal seine dichterische Existenz in zunehmendem Maße mit veränderten Augen sieht. Er erkennt, daß das morbide Schwanken des Ich, das ihn wie einen schlechten Komödianten über die Lebensbühne "ohne Kraft und Wert" hat gehen lassen (GLD 219), für ihn als Mensch wie auch als Künstler in eine Sackgasse führen würde. "Ich- und Welterkenntnis [sind] miteinander verwoben"[7] das enthüllt sich ihm besonders deutlich in den Vorlesungen zur Ästhetik und Poetik von Professor Berger, die er seit seiner Immatrikulation an der Wiener Universität, also seit 1892, besuchte.[8] Über die Wirkung, die Bergers Vorträge auf ihn ausübten, berichtet Hofmannsthal am 19. Januar 1893 in einem Brief an die Schriftstellerin und Übersetzerin Marie Herzfeld:

> Das einzige, was mich darauf [auf Literarisches] zurückführt, sind die Vorträge Bergers, die mir, vielleicht durch ein zufälliges Zusammentreffen gewisser innerer Entwicklungsstadien, ungemein viel und tiefgehendes bieten, sosehr ich sie manchmal wie direct für mich gesagt und mich als den idealen "Schüler" oder "Zeitgenossen" [...] empfinde. Der Mangel eines Centrums, einer Weltanschauung, die trägt und formt, [...] wird hier speciell gefaßt als die Wurzel der Unfähigkeit, im Drama großen, tragischen Stil zu finden, eine Anschauung, die mich höchst lebendig und bedeutend ergreift.[9]

---

[7] Margit Resch, *Das Symbol als Prozeß bei Hugo von Hofmannsthal* (Königstein/Ts.: Forum Academicum in der Verlagsgruppe Athenäum, Hain, Scriptor, Hanstein, 1980), 70.

[8] Vgl. dazu *Hugo von Hofmannsthal, Briefe an Marie Herzfeld*, hrsg. von Horst Weber (Heidelberg: Lothar Stiehm, 1967), 76, Anmerkung 70.

[9] ebd., 35 f.

Der "Mangel eines Centrums, einer Weltanschauung" durfte also für den Dichter Hofmannsthal nicht Dauerzustand werden, und bereits im selben Brief kündet Hofmannsthal an, daß er sich, um von der ständigen Selbstbespiegelung und der damit verbundenen kritiklosen Selbstgefälligkeit loszukommen, "in tieferen und leichteren Verkehr mit sehr vielerlei [...] Menschen eingesponnen [habe], eine von der Absicht geleitete und wohlthuende Reaction gegen das allzuviele Alleinsein."[10] Es ist bezeichnend, daß Hofmannsthal sechs Monate später aus den in Fusch verbrachten Ferien der gleichen Adressatin mitteilt, daß er "alles Feinen, Subtilen, Zerfaserten, Impressionistischen, [...] Psychologischen recht müde [sei] und warte, daß [ihm] die naiven Freuden des Lebens wie Tannenzapfen derb und duftend von den Bäumen herunterfallen. Leider Gottes [sei] der Baum des Lebens ungeheuer *headstrong* und [lasse] sich nicht schütteln."[11] Damit sucht Hofmannsthal nicht nur seinem persönlichen Hang zur "Flucht aus dem Leben" (P I, 149) zu entgehen, sondern er widersetzt sich auch dem Geist und der Stimmung seiner Zeit, so wie sie ihm vor allem im Wien des ausgehenden Jahrhunderts begegnen und sich in der Kunst im Vorherrschen ästhetischer Elemente bemerkbar machen. In den essayistischen Arbeiten jener Jahre formuliert Hofmannsthal scharfsichtig seine eigenen Gedanken zu dieser Situation. Das geschieht z. B. in seiner kritischen Studie über "Die Menschen in Ibsens Dramen" aus dem Jahr 1893 (P I, 87–98). In überlegener Art, die seine genaue Kenntnis von Ibsens Werk verrät, verfügt Hofmannsthal hier über die Charaktere und Handlungen in den einzelnen Stücken. Es verwundert keineswegs, daß er in allen Dramen Ibsens "eine durchgehende Figur mit dem Seelenleben des Dichters" (P I, 87) wahrnimmt, die, das wird aus dem Essay deutlich, sich mit den gleichen Problemen konfrontiert sieht wie Hofmannsthal selbst. Einzelne Passagen der Studie lesen sich wie Hofmannsthals ins Essayistische umgewandelte Autobiographie:

> Diese resignierten Egoisten [...] sind für meine Empfindung nur Stadien ein und desselben inneren Erlebnisses, und diese verschiedenen Menschen sind nichts als der eine Ibsensche Mensch in verschiedenen Epochen der Entwicklung. Alle Ibsenschen Menschen repräsentieren nichts anderes als eine Leiter von Seelenzuständen [...]. Und das Grundproblem ist, glaube ich, immer das eine, wesentlich undramatische: Wie verhält sich der Ibsensche Mensch, der künstlerische Egoist, der sensitive Dilettant mit überreichem Selbstbeobachtungsvermögen, mit wenig Willen und einem großen

---

[10] ebd., 35.

[11] ebd., 37.

Heimweh nach Schönheit und Naivetät [sic!], wie verhält sich dieser Mensch im Leben? [...]
Ich glaube, die Antwort ist sehr einfach: eigentlich hat er zwischen den Menschen keinen rechten Platz und kann mit dem Leben nichts anfangen [...] (P I, 95–96 ff.).

Ähnlich klar und einsichtig äußert Hofmannsthal seine Bedenken gegenüber dem in ästhetischem Genuß befangenen dichterischen Ich in der Studie über "Gabriele d'Annunzio," die ebenfalls 1893, also auch im gleichen Jahr wie "Welt und ich," entstanden ist. In dem lapidaren Satz "wir schauen unserem Leben zu" (P I, 148) kritisiert er darin ganz offen das passive Verhalten der Menschen seiner Epoche, die er in den Werken des italienischen Dichters abgespiegelt findet. Zwar bezieht er sich selbst als typischen Zeitgenossen in die Objekte seiner Kritik mit ein, etwa wenn er in Hinblick auf die willenlosen, psychopatischen, vom Schönheitstrieb beseelten Figuren mit den "überfeinen Nerven" (P I, 147) in d'Annunzios Prosa betont, daß "die Neigungen der Romanfiguren immer bis zu einem gewissen Grad die Neigungen der Künstler reflektieren" und daß man — und hier weist Hofmannsthal unmißverständlich mit dem Finger auf die Dichter seiner Zeit, denen er sich zurechnet — "den Begriff des Schwebens über dem Leben als Regisseur und Zuschauer des großen Schauspiels verlockender als den des Darinstehens als mithandelnde Gestalt" fand (P I, 152). Die Feststellung, die auf Hofmannsthals Vertrautheit mit der zeitgenössischen Kunst und der darin sich reflektierenden zeitgenössischen Lebenseinstellung beruht, drückt aber in ihrer eindeutigen Formulierung im Keim den Versuch des Dichters aus, sich trotz seiner inneren Verbundenheit mit der ausschließlich dem Ästhetischen verschriebenen Lebenshaltung von dieser zu distanzieren. Und wenn er im darauffolgenden Satz behauptet, daß man allem Anschein nach "auf einem Umweg zur bürgerlichen Moral [zurückkomme], nicht weil sie moralisch, aber weil sie gesünder" sei (P I, 152), so zieht er damit schon einen Ausweg aus dem Dilemma in Betracht. Eine ähnliche Szene findet sich am Ende des d'Annunzio-Aufsatzes. Einerseits lobt Hofmannsthal hier in uneingeschränkter Bewunderung den Zauber, der von d'Annunzios Sprache ausgehe und "unsere Seele" unterwerfe. Aber gerade die Erkenntnis einer solchen Wirkung löst Hofmannsthals Wendung in ein kritisches Urteil dieser Tatsache gegenüber aus; denn er folgert, daß durch eine dermaßen zauberhafte poetische Sprache "unsere Schönheits- und Glücksgedanken [...] fort aus dem Alltag" (P I, 158) — und gemeint sind damit die Welt, das fordernde Leben — gelockt würden. Entsprechend seinem eigenen Wunsch nach persönlicher innerer Festigung gibt Hofmannsthal deshalb im Schlußsatz des Essays der Erwartung auf "den großen Dichter" Ausdruck (P I, 158), der die Menschen wieder in die ihnen geziemende Alltagswelt zurückführen würde und der von Hofmannsthal mit Menenius Agrippa, dem sagenhaften Vermittler zwischen den Plebejern und Patriziern im alten Rom, identifiziert wird. Man ist versucht, den Dichter in "Welt und ich," der bereit ist, die Welt auf seinen Schultern zu tragen, sich also für sie einzusetzen, ihr zu dienen, als dichterische Gestaltung dieses Wunschbildes aufzufassen. Wieweit es sich allerdings in "Welt und ich" tatsächlich um eine Hinwendung zur "Alltagswelt" handelt, soll weiter unten gezeigt werden.

Das Thema von der Notwendigkeit des Aufgebens der spielerischen, dem persönlichen Lebensgenuß gewidmeten Haltung zugunsten einer aktiven Teilnahme an der lebendigen Welt rundum, woraus allein dem Ich echte Selbstgewinnung erwachsen kann, eine Einsicht, deren Verdichtung sich in "Welt und ich" anzudeuten *scheint*, bildet auch den Inhalt der zwei kleinen dramatischen Werke Hofmannsthals aus dem gleichen Jahr, 1893. Es handelt sich um *Idylle* und *Der Tor und der Tod*. So sucht Hofmannsthal in *Idylle*

> das ihm [...] so entscheidend wichtige Verhältnis von Treue und Untreue, Erfahrung des Tags und haltlos sich auflösender Traumwelt, Lebensverknüpfung und phantastischer Antizipation, präexistenter Unverbindlichkeit und Verpflichtung fordernder Existenz darzustellen.[12]

Der Schmied in dem Stück meistert das Leben ohne Mühe. Er verkörpert durch seine Tätigkeit von vornherein das feste, zuverlässige, dem aktuellen Dasein zugewandte und dem menschlichen Leben und seinen Anforderungen verpflichtete Element, während die Frau, die "als Kind in der Kunst ihres Vaters, des Töpfers, die Macht [...] eines 'anderen Lebens'"[13] ahnend empfangen hatte, das erfüllt war von dionysischem Lebensgenuß, ihr Verlangen, aus der wirklichen Welt heraus wieder in jenes "andere Leben" einzutauchen, mit dem Leben bezahlt. Ihrem triebhaft-träumerischen, von keiner Verantwortung, nicht einmal dem eigenen Kind gegenüber beschwerten Wesen konnte die diesseitige Welt nicht zur Heimat werden; sie blieb darin eine Fremde. In der Darstellung des in den beiden Gestalten ausgedrückten Kontrasts zwischen zwei voneinander grundverschiedenen Lebensformen ist ein Gedanke in poetische Handlung transponiert, den Hofmannsthal zwei Jahre später — andeutungsweise auf *Der Tor und der Tod* bezogen — in seinen Auf-

---

[12] Walter Jens, *Hofmannsthal und die Griechen* (Tübingen: Max Niemeyer, 1955), 8.

[13] Karl G. Esselborn, *Hofmannsthal und der antike Mythos* (München: Wilhelm Fink, 1969), 86.

zeichnungen festgehalten hat und der genau den damaligen in sich gespaltenen inneren Zustand des Dichters wiedergibt:

> Ich sehe zwei Epochen, wie durch offene Säulengänge in einen Garten und jenseits wieder in einen ganz fremden: eine Epoche wo ich Angst habe, durch das Leben dem großen kosmischen Ahnen entrissen zu werden, die zweite wo mir davor grauen wird, für kosmisches Schweben das dunkle heiße Leben zu verlassen. Ängstlich fragt auch Dante: "wann wird das sein, daß ich, von allem Irdischen entbunden, *ganz allein* die lichte stumme Stiege gehe." Persephoneia, *Der Tor und der Tod* (A 121).

Wenn in Claudio, dem Protagonisten in *Der Tor und der Tod*, beim Blick aus der Abgeschlossenheit seines mit kostbaren alten Gegenständen ausgeschmückten Studierzimmers hinaus auf die im Abendsonnenschein schimmernde Welt Sehnsucht nach dem "dunklen, heißen" Leben dort aufsteigt, so entspricht auch das Hofmannsthals persönlichem Bewußtwerden des eigenen Daseins, dem der zentrale Sinn, der Mittelpunkt fehlt. Das Leben draußen, so wie es sich im menschlichen Miteinander, im Verkehr der einzelnen untereinander, in einfachen, unkomplizierten Worten, in Lachen und Weinen, in körperlicher Arbeit, auf die "die gute Mattigkeit der Glieder" folgt (GLD 200), abspielt, erscheint Claudio als der Inbegriff eines Glücks, das er versäumt hat. Allerdings, so sagt er:

> [...] hab ich eine innre Welt gekannt:
> Mit unlebendger Luft die schattenhafte Welt,
> Daraus die tiefste Angst uns rätselhaft befällt
> Als Reif und Rost für unsre jungen Seelen
> Und Larven, die dem Frohen sich verhehlen.
> Der Seele gottverfluchte Hundegrotte,
> Am tiefsten Leben tödlicher Verdacht,
> Des Fühlens Abgrund, Ausgehn allen Lichts,
> Aufwachen in der grenzenlosen Nacht
> Und Anblick des medusengleichen Nichts![14]

Aus diesen Worten spricht die grauenvolle Erfahrung des Ästheten Claudio, der, in völliger Introversion, den Blick nur auf die eigene Welt, das eigene Innere gerichtet und nur mit sich selbst beschäftigt, fern vom bunten Geschehen der Welt draußen, zu seinen Lebzeiten den Fluch eines solchen phantastischen Scheindaseins, dem alle menschliche Wärme fehlt, zu spüren bekam. Der Dichter liefert in dieser Beschreibung ein Bild von der Kehrseite des im Chandosbrief gepriesenen glückhaften Zustandes

---

[14] Diese Verse sind *nur* im *Erst*druck von *Der Tor und der Tod* in Klammern enthalten. Vgl. dazu GLD 534.

der grenzenlosen inneren Einheit von Ich und Welt, eines Zustands, wie er, als unbeschwertes Dasein, im Gedicht "Vorfrühling" in lyrischer Form begegnet. Aber weder von der traumhaft-schwebenden, "glorreichen," noch von der oben von Claudio geschilderten düsteren Seite dieses Zustandes führt ein Weg in die wirkliche Welt, in die "Existenz." Das erkennt schließlich Claudio, wenn er angesichts des Todes ausruft, daß er, der Tor, "den Kern" des wahren Lebens nie erfaßt habe (GLD 212). Erst am Ende seines jugendlichen Lebens, im Bewußtsein der versäumten Gelegenheiten, begreift Claudio, wie er durch Verknüpfung mit dem Geschick anderer, also durch Bindung, Verantwortung und Treue, seinem Leben einen Inhalt und dem Ich einen Sinn hätte geben können. Wenn Hofmannsthal zwei Jahre später, im Juli 1895, sagt, daß "das Ungeheure des Lebens [...] nur durch Zutätigkeit erträglich zu machen [sei]; immer nur betrachtet, [lähme] es" (A 126), so charakterisiert er damit den Kern der verspäteten Erkenntnis Claudios. Für Claudio ist die Erkenntnis so überwältigend, daß sie, obwohl sie in seiner Todesstunde erfolgt, diese für ihn in den Augenblick wahren Lebens verwandelt.[15]

Alle angeführten Beispiele reflektieren Hofmannsthals Ringen um Entdeckung und Gestaltung einer dem dichterischen Ich adäquaten, würdigen Lebensform, um seinen Ort und seine Rolle in der Welt. Die Polemik, das haben die Beispiele gezeigt, konzentriert sich für den Dichter dabei vor allem auf die Frage, in welchem Ausmaß rein ästhetisch-künstlerischen, auf egoistischen Lebensgenuß gerichteten und ethischen, von der Beziehung zur Außenwelt bestimmten Werten Bedeutung zukommt. Einzelne Stadien oder Stationen werden in den angeführten Werken sichtbar. Obwohl Hofmannsthals Neigung, sich eher der impressionistischen Traum- und Phantasiewelt hinzugeben, den Grundton angibt, ist gerade für das Jahr 1893, also das Entstehungsjahr von "Welt und ich," des Dichters Überzeugung von der Notwendigkeit eines fest im Leben verwurzelten und dem Leben zugewandten Ich bereits deutlich wahrzunehmen. So liefert das weite Ausholen in die etwa gleichzeitig mit dem Gedicht "Welt und ich" entstandenen Werke des Dichters den Hintergrund, aus dem heraus das Gedicht erwachsen ist und dessen Kenntnis den Zugang zu dem Gedicht erleichtert.

In welchem Maße spiegelt sich nun in dem Gedicht "Welt und ich" die von Hofmannsthal zu jener Zeit immer wieder diskutierte Einsicht? An-

---

[15] Vgl. dazu Karl G. Esselborn, a. a. O., 85. Der Verfasser folgt hier einem Gedanken O. F. Bollnows hinsichtlich des Lebensbegriffs des jungen Hofmannsthal, wenn er sagt, daß für diesen, der Auffassung der Zeit entsprechend, Leben und Tod als Komplementärerscheinungen galten. In äußerster Steigerung könne der Tod dabei im Leben aufgehen.

ders formuliert: Wieweit ist es Hofmannsthal in dem Gedicht gelungen, die von ihm für das dichterische Ich als erforderlich erkannte engere Bindung an die Welt poetisch überzeugend zu gestalten?

Oben wurde bereits die selbstbewußte Art hervorgehoben, in der in dem Gedicht das Ich, obwohl es unsichtbar bleibt, seine Aussagen trifft. Das Gedicht beginnt mit einer Aufforderung, "Geh hin, mein Lied," die sich — variiert — in der ersten und letzten Strophe wiederholt. Das Lied, das Gedicht, hier als Diener des Dichters auftretend, erhält den Auftrag, den Riesen Atlas von den Fähigkeiten seines Herrn, der sich dem Riesen an Stärke nicht nur ebenbürtig, sondern überlegen fühlt und bereit ist, dessen Amt zu übernehmen, anhand vieler Beweisbeispiele zu überzeugen. Für den Dichter, so heißt es, wiege die Welt nicht mehr als "eine leichte Laute," als "eine Schüssel Obst"; "wie ein Silberbecken" wolle er sie "gerne gut" halten und dabei nicht zittern. Die "Last" der Welt ist für den Dichter also aufgehoben: während der Riese Atlas die Welt mit "Arm und Nacken stützt" — und aus dem Bild spricht deutlich die zu solcher Tat notwendige physische Kraft — , wird sie vom Dichter "lächelnd [...] im Haupt" getragen. Von woher fließt dem Dichter die Kraft zu, die schwere Tat in spielerische Leichtigkeit zu verwandeln, von woher der Mut, sich nicht nur mit dem mächtigen Riesen Atlas, sondern auch mit Herakles, dem größten Helden der antiken Welt, den Hofmannsthal später, 1897, in dem Gedicht "Ein Prolog" (zu *Die Frau im Fenster*) ausdrücklich zu den "Überwindern" zählt (GLD 123), zu messen, sich mit ihnen auf gleiche Ebene zu stellen? Im Dezember 1893, also gleichzeitig mit der Entstehung des Gedichtes, schreibt Hofmannsthal in sein Tagebuch: "Zwei heilige Arbeiten: das Auflösen und das Bilden von Begriffen; letzteres heißt einen Zauber üben, Gott näherwerden. — Dienst des Orpheus" (A 104). Die Arbeit des Dichters, der Umgang mit den Worten und Begriffen, das Formen und Gestalten durch Sprache, die Schöpfung also der eigenen, dichterischen Welt erscheint hier unter dem Aspekt einer göttlichen Schöpfung. Die vom Dichter ins Leben gerufene Welt, *sein geistiges* Produkt, ist *sein* Besitz. Er *ist* der große Magier, der über seine Geschöpfe in gottähnlicher Allmacht verfügen kann. So vergleicht er seine Aufgabe, seinen "Dienst" mit dem des göttlichen Dichter-Sängers Orpheus, der durch seinen Gesang die Bäume und die Tiere des Waldes, Vögel und Fische bezaubern kann und dem er sich innerlich verwandt fühlt.[16] Hier liegt die Quelle der Kraft, die es dem Dichter erlaubt, in

---

[16] Vgl. dazu Nachlaß Hugo von Hofmannsthal, Depositum Erben, Freies Deutsches Hochstift, Frankfurt a. M., E II 67: Auf der mit keiner Datumsangabe versehenen Handschrift zu dem Gedicht "Ich lösch das Licht" aus dem Jahr 1893 steht unten, auf dem

symbolischer Geste dem Herakles gleich, seine Dienste dem riesigen Weltenträger anzubieten. Wenn Hofmannsthal zur selben Zeit schreibt: "Innerer Vorgang: Sich für einen Buddha, allmächtigen Träumer, Weltträger, Kosmophoros halten" (A 104), so beweist das, wie sehr er sich gerade zur Zeit des Gedichtes "Welt und ich" mit dem Gedanken der eigenen künstlerischen Größe beschäftigt hat. Eine ähnlich stolze, aus der Gewißheit seines dichterischen Könnens gespeiste Haltung drückt Hofmannsthal auch Dehmel gegenüber aus, dem er, "Wien, Weihnachten 1893 überschrieben" — also kurz nach der Entstehung von "Welt und ich" — ein auf einem vorausgegangenen Entwurf basierendes Gedicht in Briefform sendet, das die königliche Erhabenheit des Dichters und dessen Nähe zu Gott auf eine an Goethes "Prometheus" und "Mahomets Gesang" erinnernde Weise beschreibt. Die betreffende Stelle darin lautet:

So wuchs ich auf
Dem Mond entgegen, riesengross
Vergessend meiner Füsse
Und der dunkeln Erde unter mir
Wie der Genius der Zeit,
Der Gebieter der Dinge.
Steinäugig, gewappnet
Kolossalisch hinschreitend
Über die Reiche:
Wenn seine Sohlen im Flussbett wandeln,
Reichen der Pinien vom Kreidefelsen
Des steilen Ufers emporgereckte
Schwarze Wipfel nicht auf,
Lange nicht,
An die mattsilberne Fratze der Gorgo,
Die ihm die Stirne des Knies umbindet; —
Nur in den Schienen der schreitenden Beine
Spiegeln beim Blitzschein
Der schwarzen Pinien sturmschaukelnde Wipfel —
— So schrei ich manchmal,
Kanäle, Gärten, Einöde, Hügel
Zwischen den Schritten,
Hin über die Welt,
Meine Welt,
Darin nichts fremdes ist
In solchen Stunden:

---

umgekehrt begonnenen Blatt: "Schatten die vom Blut des Orpheus [hier folgt ein schwer leserliches Wort] getrunken haben, reden eine ganz andere tiefere Sprache."

All Gegenwart, all Sinn, all wie im Traum![17]

So sieht sich der Dichter als göttliche oder gottähnliche Gestalt. Das beweist auch eine fragmentarische Aufzeichnung auf dem Manuskript zur letzten Strophe des schon im vorhergehenden Jahr niedergeschriebenen Gedichts "Psyche," die Hofmannsthal am 9. Dezember, nur eine Woche vor der Entstehung von "Welt und ich," auf einem eigenen Blatt festgehalten hat. Diese letzten Verse von "Psyche" befassen sich mit der enttäuschten Reaktion der Seele, der Psyche des Dichters also, auf dessen Unfähigkeit, wahres Leben zu erkennen:

Da sah mich Psyche meine Seele an
Mit bösem Blick und hartem Mund und sprach:
"Dann muss ich sterben, wenn Du so nichts weisst
Von allen Dingen, die das Leben will." (SW 1, 33)

Darunter steht auf dem Manuskript in Hofmannsthals Handschrift, durch kurze Querstriche sowohl voneinander als auch von den Versen des Gedichtes abgetrennt, aber offensichtlich als spontane Niederschrift eines Gedankens zu verstehen, der eventuell eine mögliche befriedigendere Weiterführung der im Gedicht gestalteten Situation andeuten könnte:

Atlas
―――――――――

Sich empfinden als Koloss der Zeit[18]

Wenn sich hier auch die Interpretation dieser kleinen Stelle auf eine Vermutung beschränkt, so ist eines doch klar: die Identifikation des Dichters mit einem weit über das menschliche Maß hinausragenden Wesen. Aus dem Gefühl der Gottnähe, dem Bewußtsein schöpferischer Kraft resultiert wohl auch der herablassende Ton, der im Gedicht in den an den Riesen Atlas gerichteten Worten mitschwingt:

[...] Du magst in's Hesperidenland
Jetzt geh'n und Äpfel pflücken, wenn Dir's nützt.

Wie ist nun aber die Welt beschaffen, die der Dichter lächelnd, mühelos im Haupte trägt und wie eine leichte Last im Arme halten will,

---

[17] "Hugo von Hofmannsthal — Richard Dehmel, Briefwechsel 1893–1919", mit einem Nachwort herausgegeben von Martin Stern, a. a. O., 7 ff (vgl. dazu auch GLD 511 ff) und 76, Anmerkung 10 f.

[18] Nachlaß Hugo von Hofmannsthal, Depositum Erben, Freies Deutsches Hochstift, Frankfurt a. M.; E II, 113.4.

somit also bereit ist, mit ihr wie mit etwas Lebendigem in Kontakt zu kommen? Auffallend ist die Anhäufung von geheimnisvollen, unsichtbar in der Tiefe sich abspielenden Vorgängen, aus denen heraus sich Leben erst entwickeln wird, und die der "frohe," unbefangene, in der Realität des wahren Lebens verwurzelte Mensch nicht wahrnimmt:[19]

> Das tiefe Meer mit Ungeheuern d'rin,
> Die alles Lebens dumpfe Larven sind;
> Die Bäume, deren Wurzel dunkel saugt [. . .].

Auffallend ist auch, daß sich das Geschehen in der vom Dichter geschaffenen Welt unabhängig vom menschlichen Dasein in völliger, ungestörter Harmonie abspielt, z. B. in "Duft und Wind," die die Kronen der Bäume füllen, oder im "Mondlicht, das durch Laub zur Erde trieft." Handelnde, wache Lebewesen treten in der hier beschriebenen Welt nicht auf. Menschen werden genannt, aber nur als willenlose Objekte des Schlafes, der über sie verfügt. Sie werden verglichen mit "stummen Krügen," von denen jeder angefüllt ist "mit einer ganzen Welt," deren Wesen und Eigenart jedoch im Dunkel verborgen bleiben. Die Welt, ein "Silberbecken," ist zwar voll "leise redender, lebend'ger Fluth," eine Formulierung, die als Umschreibung des pulsierenden Lebens der Welt zu verstehen ist; aber dieses wird nicht direkt erfaßt, sondern gewinnt erst auf dem Umweg über den ästhetisierenden Vergleich Gestalt. So erscheint die Welt als eine Welt ohne Probleme, ohne scharfe Kontraste, ohne Disharmonie. Im Gedicht existieren die Dinge der Welt, durch die Konjunktion "und" aneinandergereiht, friedlich nebeneinander oder gleiten, durch immer neue, gesteigerte Vergleiche oft nicht mehr als eindeutige Phänomene definierbar, ineinander über. Im Gegensatz zu den durch fingierte Gespräche auf natürliche Weise lebendig wirkenden Anfangs- und Schlußteilen des Gedichtes erweckt die im Mittelteil abgeschilderte Welt eher einen lebensfernen, beinahe un-wirklichen Eindruck. Wir haben es hier wohl weniger mit einem Gebilde zu tun, das "zum Bersten angefüllt mit Leben" ist,[20] als mit dem in sprachlicher Perfektion gestalteten Bild einer schwerelosen, durch stilistische Mittel wie Alliteration, Assonanz, Enjambement und wiegende Jamben in der Schwebe gehaltenen Welt, einem reinen *Kunst*gebilde, wie es nur "im Haupt," und hier repräsentiert im Werk des begnadeten Dichters als "antizipierter Weltbesitz" (A 224) existieren kann. "Welt und ich"

---

[19] Vgl. die Worte Claudios: "Und Larven, die dem Frohen sich verhehlen."

[20] Richard Exner, *Hugo von Hofmannsthals "Lebenslied"* (Heidelberg: Carl Winter Universitätsverlag, 1964), 118.

unterscheidet sich zwar, das wurde oben gezeigt, von dem früheren Gedicht "Vorfrühling" durch gefestigte Form, scheinbar sichere Haltung und eine im ganzen Gedicht wirkende Struktur. Aber das hier entworfene Bild der Welt ist nicht die Beschreibung eines außerhalb des dichterischen Ich sich ereignenden wirklichen Geschehens, dessen Grenzen durch Geburt und Tod markiert sind und das von daher erst seinen eigentlichen Sinn erfährt, sondern es spiegelt die Daseinsform der ungestörten, unproblematischen "großen Einheit," von der im Chandosbrief später rückblickend die Rede ist. Im Gedicht "Welt und ich" ist die innige, traumhaft unrealistische Verbundenheit zwischen den Kontrahenten Ich und Weltall noch erhalten. Daß es sich nicht um ein Aufzeigen von Erlebnissen handelt, die aus dem Zusammenstoß mit dem realen Draußen resultieren, sondern vielmehr um ein Aneinanderfügen bestimmter, im Innern des Dichters vorgeprägter Bilder zu einem abgerundeten Ganzen, beweist auch die Tatsache, daß Hofmannsthal sich dieser Bilder in gleicher oder abgewandelter Form in anderen seiner Werke bedient. Einige Beispiele seien dazu genannt: "Indess die Wipfel athmend sich bewegen, / Und Duft herunterfällt [...]"[21]; "Wie duftendes Tanzen von lachenden Frauen; / Mit monddurchsickerten nächtig webenden [...]"[22]; "Und Larven, die dem Frohen sich verhehlen" (s. Anm. 19), "Er lächelt, wenn die Falten / Des Lebens flüstern: Tod!", "Lass lächelnd ihn verschwinden [...] Er lächelt der Gefährten...."[23]

So gleicht die hier gezeigte, nur in der Phantasie des Künstlers vorhandene Welt derjenigen, die Hofmannsthal in den Werken Ibsens und d'Annunzios kritisiert, der sich Claudio, der Tor, hingab. Eine Welt also, die als ästhetische Kreation des Dichters wenig mit den Vorgängen des wirklichen Lebens gemeinsam hat. Daß sich Hofmannsthal zu jener Zeit, Ende 1893, der Lebensferne seiner Welt bewußt gewesen sein muß, ist nicht nur aus den bereits genannten Beispielen zu ersehen, sondern geht überdies besonders deutlich aus dem letzten Teil der oben zitierten Ibsen-Studie hervor. Diese bietet sich vor allem gut zum Vergleich an, da Hofmannsthal auch hier den Dichter als eine gottähnliche, weit über den Durchschnittsmenschen hinausragende Gestalt charakterisiert. Hofmannsthal bezieht sich auf Ibsens im Jahr 1893 ins Deutsche übertragene Stück *Baumeister Solneß*, das als "symbolische Darstellung von Ibsens innerer Entwicklung, von seinem Künstlerverhältnis zu Gott, zu den

---

[21] "Terzinen," (1894), SW 1, 75.

[22] "Psyche," (1892), SW 1, 32 f.

[23] "Lebenslied," (1896), SW 1, 63. Vgl. dazu besonders Richard Exner, a. a. O., 117 ff.

anderen und zu sich selbst aufgefaßt" werde (P I, 96). "Der Künstlermensch," so sagt Hofmannsthal, "der große Baumeister, steht in der Mitte zwischen den beiden Königen aus den 'Kronprätendenten'."[24] "Denn die Könige bei Ibsen sind auch Baumeister und die Baumeister Könige; oder alle beide Dichter, königliche Baumeister der Seelen [...]. Er hat das Ingenium, den eingeborenen Beruf, das Baumeistertum von Gottes Gnaden, das Recht und die Pflicht, sich durchzusetzen" (P I, 96). Aber kann er dem "fordernden Leben" standhalten? Im Hinblick auf *Baumeister Solneß* enthüllt Hofmannsthal in seiner Antwort auf diese Frage die Fragilität von Ibsens "königlichem Baumeister," der getrieben von der "Sehnsucht nach Kraft und Leichtigkeit des Lebens," ins Reich des "Wunderbaren" vorstößt,

> [...] wo einem schwindlig wird. [...] wo eine fremde Macht einen packt und forträgt. Auch er hat in der Seele diesen Zug nach dem Stehen auf hohen Türmen, wo es im Wind und in der dämmernden Einsamkeit unheimlich schön ist, wo man mit Gott redet und von wo man herabstürzen und tot sein kann. Aber er ist nicht schwindelfrei: er hat Angst vor sich selbst, Angst vor dem Glück, Angst vor dem Leben, dem ganzen rätselhaften Leben (P I, 97).

Dem großartigen Bau fehlt der feste Boden und der Baumeister stürzt sich am Ende des Stückes zu Tode. Trotz seines kühnen Unternehmens ist er der Begegnung mit dem Leben nicht gewachsen.

Das vorliegende Gedicht bezieht seine Substanz also nicht aus dem Zusammenstoß des Dichters mit der äußeren Wirklichkeit, sondern aus einer in der dichterischen Vorstellung beheimateten, reflektierten ästhetischen Welt. Trotz Hofmannsthals Einsicht einer notwendigen Verknüpfung des dichterischen Werkes mit der Realität, die er als Theorie zur Zeit von "Welt und ich" in seinem essayistischen Werk wiederholt darlegt, ist die Verwirklichung dieser Erkenntnis in dem Gedicht nicht vollzogen.

Von hier aus gesehen erscheint auch die selbstsichere Haltung des Dichters in dem Gedicht in einem fragwürdigen Licht. Die durch Identifikation mit dem göttlichen Sänger und mit mythologischen Heldenfiguren gewonnene Überlegenheit erweist sich als nur begrenzt gültig. Sie ist zwar durchaus wirkungsvoll innerhalb der ästhetischen, nicht vom tatsächlichen Leben berührten Welt, so wie sie sich im Gedicht "Welt und ich" präsentiert. Darüber hinaus verliert sie jedoch an Überzeugungskraft. Gemessen an der realen Welt entpuppt sich nämlich Hofmannsthals Tendenz, sich mit großen Gestalten, oft solchen aus der

---

[24] Henrik Ibsen, *Die Kronprätendenten*, 1863, deutsch 1872.

Vergangenheit, zu vergleichen,[25] eher als ein Eingeständnis eigener Unsicherheit. Denn durch das Hineinschlüpfen in die Rolle eines Stärkeren aus vergangenen Zeiten kann allerdings der Stimmungsgehalt einer anderen Periode ins Gedicht transponiert werden; es kann aber auch dazu dienen, eigene Schwächen zu überspielen, gerade wenn es darum geht, die Welt tatsächlich in den Griff zu bekommen. Und genau das ist in "Welt und ich" der Fall. Auch die Ibsen-Studie verrät die Vorliebe des jungen Hofmannsthal für diese Technik, wenn er Dichter und Baumeister in die Rolle von "königlichen Baumeistern [...] von Gottes Gnaden" versetzt. Der Ibsensche Baumeister fällt jedoch herab von seiner luftigen Höhe. Die Identifikation mit einem über das menschliche Maß hinausragenden Wesen hat seine Stellung im aktiven Leben nicht befestigen können. In "Welt und ich" schafft zwar die Gleichsetzung des dichterischen Ich mit den Helden der griechischen Mythologie eine Atmosphäre, aus der Sicherheit und Mut strömen, das dichterische Ich selbst jedoch, zwischen den Rollen "Orpheus," "Lied," "Riese Atlas" und "Herakles" fluktuierend, bleibt unsichtbar. Es *scheint* stark, während es sich im Grunde durch sein gleichzeitiges Eintauchen in verschiedene Rollen eher einer Auflösung seines Wesens als einer Festigung seiner Position in der Welt nähert.[26] Das zeigt sich sogar in der sprachlichen Formulierung; denn "mein Herr" in der letzten Zeile des Gedichtes kann sich sowohl auf den "Herrn" des Liedes, also den Dichter, als auch auf den Angeredeten, also den Riesen Atlas, beziehen. "Einfluß des Verkehrs mit Schauspielern: Stimmung machen, durch Regie einen Charakter *herausbringen*," schreibt Hofmannsthal im November 1893 in sein Tagebuch (A 103). In "Welt und ich" ist das in vollendeter Weise gelungen: die Eigenschaften der göttlichen Gestalten, nämlich geniale dichterische Schöpfungskraft und traumwandlerische Sicherheit *sind* das eigentliche Wesen dieses Gedichtes. Hofmannsthal hat jedoch dem Eintrag noch eine Bemerkung angefügt: "Angewandt auf das reale Leben" (A 103). In dem Gedicht ist davon nichts zu spüren. Das dichterische Ich befindet sich zwar in vollkommener Übereinstimmung mit der im Gedicht geschaffenen Welt, und insofern trifft der Titel "Welt *und* ich" genau zu, aber da wir es mit einer vom wirklichen Geschehen abgetrennten Welt des

---

[25] Vgl. dazu Manfred Hoppe, *Literatentum, Magie und Mystik im Frühwerk Hugo von Hofmannsthals* (Berlin: Walter de Gruyter und Co., 1968), 13. Hoppe spricht hier von Hofmannsthals "Zwang zur Identifikation", einem "Gefühl, das einen Zug seines Wesens begleitete, den er ebensooft als Gnade wie als Fluch empfunden" habe und der bereits in der Kindheit des Dichters feststellbar ist.

[26] Vgl. dazu Manfred Hoppe, a. a. O., 80 f.

Geistes zu tun haben, beziehen sich die Rollen, die das Ich darin spielt, nicht auf das reale Leben. So sind auch die vielen direkten Reden, die dem Gedicht besonders im Anfangs- und Schlußteil große natürliche Lebendigkeit verleihen, nicht als Gespräche zu verstehen, die zwischen den verschiedenen, im Gedicht genannten Figuren geführt werden — das würde Heraustreten aus dem eigenen Inneren und Hinwendung zu einem Außen, zur Welt bedeuten —, sondern als Scheindialoge, um künstlerisch sehr geschickt verkleidete Monologe, die das dichterische Ich sich selber hält.

Daß Hofmannsthal selbst von dem Gedicht nicht befriedigt war — er hat es in keine der frühen Gedichtausgaben (1903, 1907, 1911) aufgenommen —, enthüllt eine Bemerkung des Dichters in einem Brief an Richard Dehmel. Dehmel, der die Gedichte gesehen hatte, die Hofmannsthal mit der Bitte um Publikation an Otto Julius Bierbaum geschickt hatte und unter denen sich auch "Geh hin, mein Lied, zum Riesen Atlas" befand, schreibt am 25. Februar 1894 freundschaftlich-ironisch an Hofmannsthal, daß er das "Brunnenlied" — gemeint ist "Weltgeheimnis" — "wunder=wunderbar" finde, aber daß das Gedicht vom "Herrn Atlas" ihm gar nicht gefallen habe, da es nicht Hofmannsthals "ganzer Höhe" entspreche und ihn, Dehmel, "mit seiner nichts als witzigen Schlußpointe zu sehr an gewisse 'typische Repräsentanten'" erinnere. Er spielt damit auf das Judentum an, auf Hofmannsthals "jüdischen Blutstropfen," der sehr viel wert sei für Hofmannsthals "klugen Geist. Aber," so rät Dehmel, "nicht *zu* geistreich, Lieber! nicht *blos* [sic] geistreich!"[27] Merkwürdigerweise stimmt Hofmannsthal dieser Bemerkung Dehmels zu. Er schreibt zurück, daß Dehmels Brief ihm "vielerlei Freude gemacht" habe, und fährt fort: "Was Sie 'antisemitisches' gegen Witzelei, Pointe etc. äußern [sic] ist mir im tiefsten sympatisch; ein solches Gedicht wie ποιητὴς κοσμοφόρος ist auch eine seltsame Anomalie innerhalb meiner Production."[28] Daß Hofmannsthals Werk sich weder durch witzige Einschübe noch durch Pointenhascherei auszeichnet, wird dem Dichter niemand bestreiten. Wenn er aber von einer "seltsamen Anomalie" spricht, so scheint er damit auszudrücken, daß er ja, wie aus den oben angeführten Beispielen ersichtlich wurde, gerade zu jener Zeit, von

---

[27] "Hugo von Hofmannsthal — Richard Dehmel, Briefwechsel 1893–1919", mit einem Nachwort herausgegeben von Martin Stern, a. a. O., 18.

[28] ebd., 18 ff. Vgl. dazu auch 78, Anmerkung 32.

Zweifeln gequält,[29] unter Anstrengung bemüht war, sich aus der abgeschlossenen Sicherheit der rein ästhetischen Welt der Phantasie zu lösen und sich auch in seinem Werk dem wirklichen Leben zu nähern. Wie sehr er dabei innerlich litt und zerrissen war, hat er im zweiten Teil des schon zitierten Tagebucheintrags vom Dezember 1893 festgehalten, wo er davon spricht, daß er, in einem inneren Vorgang, sich für einen "allmächtigen Träumer, Weltträger, Kosmophoros" halte. Da heißt es nämlich weiter: "Da steigt leise Angst um das Leben einer geliebten Person auf und bringt das außen Waltende, das Überindividuelle zur Geltung. Freilich kommt die Erwägung: Auch was sich da ängstet, ist nur mein Hirn. — Aber immerhin bleiben ahnungsvolle Zweifel" (A 104). Weder das scheinbar selbstsichere Auftreten des "Herrn," der in "Welt und ich" die Befehle erteilt, noch die poetisch so gekonnt gestalteten Bilder, mit denen das Vorhaben des Dichters und die von ihm gesehene Welt beschrieben werden, verraten auf den ersten Blick etwas von den im Tagebuch verzeichneten Ängsten und Zweifeln des Autors. Die kühne Parallele, die Hofmannsthal in den beiden letzten Zeilen des Gedichtes zwischen einem rein imaginär poetischen Weltbesitz — dem Tragen der Welt "im Haupt" — und der dichterischen Bewältigung einer *selbständigen, außerhalb* der persönlichen Phantasie des Dichters existierenden Welt — bildhaft ausgedrückt durch die Fähigkeit, die Welt "im Arme" zu tragen — zieht, täuscht ein Stadium dichterischer Entwicklung vor, die er zu jener Zeit noch nicht erreicht hatte. Die Kenntnis seiner wahren damaligen Situation mag Hofmannsthal deshalb zu der Bemerkung von der "seltsamen Anomalie," mit der er Dehmels Vorwurf bestätigt, veranlaßt haben. Zugleich offenbart die Tatsache, daß Hofmannsthal bei seinem Streben nach einem festen Standpunkt und einer echten, *realistischen* Beziehung zur Außenwelt sich ausgerechnet in die bei genauem Zusehen doch nicht überzeugende Rolle eines göttlichen Helden, eines *über*irdischen Weltträgers hineinsteigert, von wieviel Unentschiedenheit und innerer Verworrenheit seine jugendlichen Lösungsversuche noch erfüllt waren.

In *einem* Werk allerdings, das Hofmannsthal etwa zur Zeit der Entstehung von "Welt und ich" abschloß, deutet er eine Möglichkeit an, auf anderem Weg als durch Identifikation mit mächtigen Figuren in den Bereich des "Überindividuellen" vorzustoßen. Gemeint ist die frei nach Euripides gestaltete *Alkestis,* die ebenfalls in der antiken Götter- und

---

[29] Vgl. dazu auch Rudolf Borchardts Beschreibung der Angst und innerlichen Marter, denen sich der junge Hofmannsthal bei der Konfrontation mit der "jugendlichen Frage nach dem Ich und der Welt" ausgesetzt fühlte. In: William H. Rey, a. a. O., 169.

Heldenwelt spielt und in der auch Herakles in einer entscheidenden, am Ende an Orpheus erinnernden Rolle auftritt. Bereits in *Der Tor und der Tod* ereignete sich für Claudio das wichtigste Erlebnis im Augenblick des Todes. Am 4. Januar 1894, also nur wenige Monate nach dem Abschluß dieses Werkes und kaum drei Wochen nach der Niederschrift von "Welt und ich," fragt Hofmannsthal in seinem Tagebuch in direktem Bezug auf *Der Tor und der Tod*: "Worin liegt eigentlich die Heilung?" und antwortet selbst:

> Daß der Tod das erste wahrhaftige Ding ist, das ihm [Claudio] begegnet, das erste Ding, dessen tiefe Wahrhaftigkeit er zu fassen imstande ist. Ein Ende aller Lügen, Relativitäten und Gaukelspiele. Davon strahlt dann auf alles andere Verklärung aus (A 106).

Wie eine logische Fortsetzung dieser bedeutungsvollen, aufschlußreichen Feststellung folgt, ohne Datumsangabe, der nächste Eintrag: "Grundstimmung der 'Alkestis': das unsäglich Wundervolle des Lebens" (A 106). Denn wie in der *Der Tor und der Tod* sind auch in *Alkestis* Todes- und Lebenserfahrung aufs engste miteinander verwoben. Nur geht Hofmannsthal in *Alkestis* einen Schritt weiter: der Tod tritt nicht nur wie in *Der Tor und der Tod* in allegorischer Gestalt als der unheimliche, unerwartete Gast auf, sondern wird, indem Alkestis sich ihm freiwillig opfert, um dadurch den geliebten Mann zu retten, darüber hinaus zum *Symbol* des Lebens. So taucht hier, in Form des freiwilligen Verzichts auf das Leben, zum ersten Mal der Gedanke des *Opfers* auf, die Hingabe des eigenen Lebens aus Achtung, Verantwortung und Liebe für ein anderes Wesen. Auch Admet, der König, bringt ein Opfer, indem er in Selbstüberwindung den Schmerz um die tote Gattin verbirgt, um den Gast Herakles der Sitte gemäß empfangen zu können. Und Herakles, der "zum göttlichen Mittler" wird, macht sich auf den schweren, aber — und hier übertrifft er Orpheus — *erfolgreichen* "Weg in die Unterwelt," um Alkestis ins Leben zurückzuholen, "weil er die Größe von Admets Opfer durch ein gleiches Gastgeschenk aufwiegen will." So "zeigt sich die seltsame Beziehung zwischen den drei das Drama tragenden Figuren — alle sind Opfernde [...] und jeder weiß vom anderen, daß in der Welt, [...] wie sie sie, jeder für sich, ausüben, vieles anders wäre."[30]

Die Möglichkeit, durch Verwandlung, d.h. durch Selbstaufgabe für den anderen Menschen im Hinauswachsen über das eigene Ich wahres Leben auf einer höheren Ebene zu finden, so wie sie sich in *Alkestis* ankündigt, weist voraus auf spätere, vorwiegend dramatische Werke

---

[30] Walter Jens, a. a. O., 41.

Hofmannsthals, z. B. auf den *Rosenkavalier*, auf *Ariadne auf Naxos* und *Die Frau ohne Schatten*, wo dieser Vorgang in vollendeter Form Gestalt gewinnt.

Der Unterschied zwischen der auf dem Umweg über das Opfer gewonnenen vertieften Lebensform, wie Hofmannsthal sie erstmals in *Alkestis* aufgreift und der durch Identifikation mit göttlichen Gestalten erreichten, sich durch Schönheit, schwebende Leichtigkeit und *scheinbare* Sicherheit auszeichnenden Daseinsform, wie sie in "Welt und ich" begegnet, ist offensichlich. Obwohl die beiden Werke gleichzeitig entstanden sind, beschreiben sie gegensätzliche Arten der Welt- und Lebensgewinnung: Der Welterfahrung als ethisches Erlebnis in *Alkestis* steht die Welterfahrung als ästhetisches Erlebnis in "Welt und ich" gegenüber. Dazu muß aber ergänzend gesagt werden, daß Hofmannsthal auf die Reinschrift des Gedichtes, die er Anfang 1894 an Otto Julius Bierbaum sandte, ein griechisches Motto gesetzt hat, dessen freie Übersetzung lautet: Ich schwöre bei allen Göttern, daß ich lieber ein guter Mensch sein möchte als die Macht eines Königs besitzen.[31] Von hier aus gesehen könnten die beiden kleinen, unauffälligen Stellen im Gedicht, wo es heißt, daß der Dichter die Welt dem Riesen "zu Dienst" trägt und sie "gerne gut" hält, zumindest als Spuren der dichterischen Annäherung an das wirkliche Leben gedeutet werden.

---

[31] Der griechische Text lautet:

Ὄμνυμι πάντας δεοὺς μὴ ἂν
ἑλέσδαι τὴν βασιλέως ἀρχὴν
ἀντὶ τοῦ καλὸς εἶναι.

Die Handschrift befindet sich im Deutschen Literaturarchiv / Schiller-Nationalmuseum, Marbach am Neckar.

Karl Pestalozzi

Großmutter und Enkel

"Ferne ist Dein Sinn, Dein Fuß
Nur in meiner Thür!"
Woher weißt Du's gleich beim Gruß?
"Kind, weil ich es spür."

Was? "Wie *Sie* aus süßer Ruh   5
Süß Durch Dich erschrickt." —
Sonderbar, wie *Sie* hast Du
Vor Dich hingenickt.

"Einst..." Nein: jetzt im Augenblick!
Mich beglückt der Schein —   10
"Kind, was haucht Dein Wort und Blick
Jetzt in mich hinein?

Meine Mädchenzeit voll Glanz
Mit verstohlnem Hauch
Löset mir die Seele ganz!"   15
Ja, ich spür es auch:

Und ich bin bei Dir und bin
Wie auf fremdem Stern:
Ihr und Dir mit trunknem Sinn
Schwankend nah und fern!   20

"Als ich dem Großvater Dein
Mich für's Leben gab,
Trat ich so verwirrt nicht ein
Wie nun in mein Grab."

"Grab? Was redest Du von dem?   25
Das ist weit von Dir!
Sitzest plaudernd und bequem
Mit dem Enkel hier,

Deine Augen frisch und reg,
Deine Wangen hell —   30
"Flog nicht übern kleinen Weg
Etwas schwarz und schnell?"

Etwas ist, das wie im Traum
Mich Verliebten hält...
"Kind in diesem kleinen Raum   35
Athmet jetzt die Welt:

Fühlst Du, was jetzt mich umblitzt
Und mein stockend Herz?
— Wenn Du bei dem Mädchen sitz'st,
Unter Kuß und Scherz   40

Fühl es fort und denk an mich,
Aber ohne Graun'n:
Denk, wie ich im Sterben glich
Jungen, jungen Frau'n."[1]

IN DIESER FASSUNG WURDE HOFMANNSTHALS "GROßMUTTER UND ENKEL" in Frakturschrift 1899 in der Münchner illustrierten Wochenschrift *Jugend* erstmals gedruckt. Das Heft vom 26. August, in dem es steht, war als "Huldigungs-Nummer zum 150. Geburtstag Goethes" gestaltet. Die Textbeiträge in Poesie und Prosa, sogar die der Humorspalte, bezogen sich alle auf Goethe. Die Jugendstilillustrationen dazu waren mit Goethe-Zeichnungen und Goethe-Faksimilia ergänzt. Auf dem Titelblatt reitet der junge Goethe nach Sesenheim. Hofmannsthals Gedicht steht an

---

[1] *Jugend, Münchner illustrierte Wochenschrift für Kunst und Leben*, 4. Jg., Nr. 35 (1899), 563. Aus der *Kritischen Ausgabe* läßt sich zwar der Wortlaut, nicht aber die Zeichensetzung des Erstdrucks rekonstruieren. Vgl. SW 1, 375–378; siehe Fußnote 1 von "Zum Geleit" in diesem Band.

unauffälliger Stelle hinter einem längeren Aufsatz von H. St. Chamberlain über *Werther*.

Es gibt einen Anhaltspunkt dafür, daß "Großmutter und Enkel" eigens für diese Goethe-Nummer entstanden ist. Sie war vom Verlag in den vorausgehenden Heften der Zeitschrift mehrmals angekündigt worden unter Nennung der Beiträger. In der ersten Ankündigung, Nr. 30 vom 22. Juli mit Redaktionsschluß am 6. Juli, fehlt Hofmannsthals Name noch, in der nächsten vom 5. August ist er dabei.[2] Da Hofmannsthals Reinschrift auf den 6. Juli datiert ist, ist anzunehmen, daß das Gedicht inzwischen auf der Redaktion eingetroffen war. Möglicherweise hatte diese den Dichter um einen Beitrag gebeten, da er schon früher in der *Jugend* veröffentlicht hatte und bekannt war, daß er, anders als viele Autoren seiner Generation, zu Goethe ein positives Verhältnis hatte, was ihm kurz darauf auch den ehrenvollen Auftrag eintrug, einen Prolog für die nachträgliche Goethe-Feier des Wiener Burgtheaters zu verfassen. Unter den literarischen Beiträgern zur Goethe-Huldigungsnummer der *Jugend* war er mit seinen fünfundzwanzig Jahren bei weitem der jüngste.

Es ist reizvoll, sich auszudenken, wie ein zeitgenössischer Leser der *Jugend* Hofmannsthals Gedicht aufnahm. Aufgrund des Gesamtkonzepts der Nummer und nach der Lektüre der vorausgehenden Beiträge erwartete er wohl auch vom Gedicht "Großmutter und Enkel" einen Bezug zu Goethe. Die im Titel genannte Figurenkonstellation erinnerte ihn zwar eher an romantische Märchenwelt, aber es konnte ihm auffallen, daß das Gedicht in Metrum, Reimordnung und Strophenschema Goethes "An den Mond" aufgriff, weil die Zeile "Löset mir die Seele ganz" unverkennbar ein Zitat daraus ist, auch die Wendung "Kuß und Scherz." Der Reim "Hauch"/"auch" und das Verbum "spüren" kommen in "Wandrers Nachtlied" vor. Auch für ein Dialoggedicht dieser Art, in dem die Sprecher nicht eingeführt werden, gibt es bei Goethe Vorbilder, etwa "Trost in Tränen." Das Thema des Gedichtes ließ sich ebenfalls von Goethe her verstehen etwa mit dessen Formeln "Im Gegenwärtigen Vergangenes" oder "Vergangenheit und Gegenwart in eins."[3] Der Bemerkung des Majors in "Der Mann von 50 Jahren," "daß oft der Großvater im Enkel wieder hervortrete,"[4] kam Hofmannsthals Gedicht recht

---

[2] Die übrigen Beiträger waren: Friedrich Spielhagen, Otto Ernst, Houston Stewart Chamberlain, Georg Hirth, Otto Erich Hartleben, Gustav Falke, Paul Lindau, Ferdinand Avenarius, Max Bernstein, Fritz von Ostini.

[3] "Im Gegenwärtigen Vergangenes," *Goethes Werke*, hrsg. von Erich Trunz, Bd. 2, 10. Aufl. (Hamburg: Beck, 1981), 15.

[4] *Goethes Werke*, a. a. O., Bd. 8, 179.

nahe. Immerhin, manches daran war sichtlich modern, etwa die Tendenz zur Aufbrechung der Zeilen und Strophen, ungewohnte Reime ("dem"/"bequem;" "umblitzt"/"sitzt"), die an naturalistische Dramen erinnernde Fülle der Satzzeichen. Hier bekannte sich jemand zur Goethe-Nachfolge, ohne seine Modernität zu verleugnen. Das war, so konnte unser Leser denken, eine indirektere, versteckere Goethe-Huldigung als in den anderen Beiträgen.

Hofmannsthals Gedicht spielte dabei offensichtlich auch auf das Programm an, das die Zeitschrift mit ihrem Titel *Jugend* verkündete. "Unsere Zeit ist nicht alt, nicht müde! Wir leben nicht unter den letzten Atemzügen einer ersterbenden Epoche, wir stehen am Morgen einer kerngesunden Zeit, es ist eine Lust zu leben!" hatte es in der Vorrede zum 3. Jahrgang geheißen.[5] Das Gedicht von der Großmutter, die sich in der Begegnung mit dem Enkel verjüngt, ließ sich als Personifizierung dieses Programms lesen, erst recht, wenn sie zum Schluß ausruft: "Denk, wie ich im Sterben glich / Jungen, jungen Frau'n." Jugend, das schien auch die Botschaft des Gedichtes zu sein, ist keine Frage des Lebensalters, sondern bedeutet ursprüngliche Frische, Lebenskraft, wo und wann immer sie sich äußert. Dieser Gedanke tauchte auch in anderen Beiträgen der Goethe-Nummer auf. Otto Lindau begann seine Ausführungen über "Goethes gesellige Lieder" mit der Feststellung, daß Goethe "heut noch viel jünger dasteht als vor hundert Jahren."[6] Der Herausgeber Georg Hirth trat dem Verdacht Lombrosos "Er (Goethe) — pathologisch?" u.a. mit dem Hinweis auf Goethes "unerhört prächtige Epigenesis" und "kolossale Entropie" entgegen. "Wer länger als acht Jahrzehnte in solcher Geistesfrische denkt und fühlt und schafft [...] und noch in seinen Johannistrieben die Jüngsten überholt und übertrumpft, der ist kein kranker Mann" (ebd. 559). Hofmannsthals Gedicht stellte Goethes unverminderte Anregungskraft unter Beweis und hatte die Verjüngungskraft des Alters zu seinem Thema.

Zugegeben, unser rezeptionstheoretisches Gedankenexperiment unterstellt dem zeitgenössischen Leser ein relativ plattes Verständnis dieses Hofmannsthal-Gedichtes, wenn wir ihn darin nur die durch die Goethe-Huldigungsnummer der *Jugend* geweckten Erwartungen bestätigt finden lassen. Doch das Gedicht selbst hatte dem kaum etwas entgegenzusetzen, auch dadurch nicht, daß "Hugo von Hofmannsthal" darunterstand. Die Vorstellung, die unser Leser allenfalls mit diesem Namen verband, die er

---

[5] Zitiert nach Fritz Schlawe, *Literarische Zeitschriften 1885–1910* (Stuttgart: Metzler, 1961), 51.

[6] *Jugend* 35 (1899), 565.

sich an Gedichten und lyrischen Dramen gebildet hatte, welche früher in der *Jugend*[7] und anderen Zeitschriften erschienen waren, wurde hier enttäuscht. Nichts mehr vom schmelzenden Ton, der ihn bezaubert hatte. Konnte das wirklich derselbe Dichter sein? Die spätere Forschung, die dieses Gedicht fast ganz mit Stillschweigen überging, läßt den Schluß zu, schon einen zeitgenössischen Hofmannsthal-Verehrer habe es ratlos machen können. Tatsächlich erschließt sich dieses zunächst so unhofmannsthalsche Gedicht nicht so sehr als einzelnes Gebilde als aus dem Kontext, demjenigen seiner Entstehung und, auf andere Weise, der späteren Gedichtsammlung.

Anders als ein zeitgenössischer Leser, der nur den Gedichttext vor sich hatte, sieht ein heutiger Interpret dank einer langen und intensiven Editions- und Forschungstätigkeit hinter die Kulissen. Er kann versuchen, aus dem entstehungsgeschichtlichen Kontext Hofmannsthals Intention zu rekonstruieren und das Gedicht von da aus zu verstehen.

Die Reinschrift von "Großmutter und Enkel" trägt das Datum 6. Juli [18]99. Hofmannsthal befand sich damals in Marienbad. Die Briefe, die er von dort an verschiedene Empfänger schrieb, enthalten fast alle den Hinweis, er arbeite intensiv an einem neuen Stück.[8] Es handelte sich um *Das Bergwerk zu Falun*. Die Vermutung, "Großmutter und Enkel" sei ein Nebenprodukt der Arbeit am Drama, kann sich auf mehrere Beobachtungen stützen.

Die Figurenkonstellation Großmutter und Enkel begegnet auch im Drama. Beiden Großmüttern ist gemeinsam, daß sie aufgrund der vielen Erinnerungen, die sie in sich tragen, das Gegenwärtige als Wiederholung verstehen und ihnen das Leben insgesamt als Wiederkehr des Gleichen erscheint. Und beiden verleiht die Nähe zum Tod Weisheit und Autorität. Im *Bergwerk* wird die Altersabgeklärtheit noch mit dem Motiv der Blindheit unterstrichen. Der Enkel im Drama wandert zu Beginn aus, Gesprächspartner der Großmutter ist hauptsächlich ihre Enkelin Anna. Indem im Gedicht ein Enkel ihre Stelle bekommt, erweitert sich die Entgegensetzung von Jugend und Alter um diejenige von Mann und Frau.

---

[7] 1889 war in Nr. 6 der *Jugend* Hofmannsthals *Der Tor und der Tod* als Zweitdruck erschienen.

[8] Z.B. am 7.7.; 15.7.; 20.7. an Arthur Schnitzler; am 17.7. an Hermann Bahr; am 22.7. an Wladimir Schmujlow.

Gegenüber dem Drama sind die Figuren im Gedicht typischer, weniger individualisiert.

Die Verwandtschaft der Gedichtfiguren mit denjenigen des Dramas reicht bis in ihren Wortschatz hinein. Das gilt vor allem für die zentralen, im Gedicht wiederholt vorkommenden Vokabeln "spüren," "Hauch," "ein Etwas." Alle drei beziehen sich auf die Wahrnehmung eines Bereichs, der sich rationalem Begreifen entzieht. In Drama und Gedicht gravitieren Handlung und Gespräch zu diesem Bereich, oder, vorsichtiger gesagt, auf ein "anderes" als die gängige Wirklichkeit.

Lothar Wittmann[9] hat überzeugend herausgearbeitet, daß es im *Bergwerk zu Falun* zwei Sprachebenen gibt, die er "Das 'magische' 'Reich der Worte' und 'natürliche' Sprachlichkeit" nennt, bzw. mit Formulierungen aus dem Drama selbst, "Zauberwort" und "Gespräch der Menschen." Das "Zauberwort" herrscht, grob gesagt, im Bereich der Bergkönigin und in ihren Ausstrahlungen, das "Gespräch der Menschen" gilt in der Welt, von der Elis ausgeht, und im Haus Dahlsjö. Es ist unverkennbar, daß "Großmutter und Enkel" als "Gespräch der Menschen" gestaltet ist.

Als dessen hervorstechendstes Charakteristikum führt Wittmann die Einsilbigkeit an (ebd. 43). Im Gedicht sind von insgesamt 210 Wörtern 163 einsilbig, 40 zweisilbig, 7 dreisilbig. Diese Zahlen sprechen für sich. Diese Verhältnisse fallen deshalb deutlich ins Ohr, weil das trochäische Versmaß, allgemein und bisher bei Hofmannsthal, zweisilbige Wörter begünstigt. Die Einsilbigkeit kommt oft durch Elision von Endungs-e zustande (weil ich es spür, ohne Grau'n), was die Sprache dem Umgangston annähert. — Ein weiteres Charakteristikum des "Gesprächs der Menschen" ist nach Wittmann die Nähe zum Verstummen (ebd.), das durch Satzzeichen markiert wird. Von der Menge von auslaufenden Punkten, Gedankenstrichen, Apostrophen, die dem Druckbild des Gedichtes einen naturalistischen Anstrich gibt, war schon die Rede. — Als drittes nennt Wittmann kurze dialogische Formen (ebd.), Wechsel von knappen Fragen und Antworten, Wortaufnahmen. Das Gedicht ist ganz so gestaltet. Die beiden Gesprächspartner beziehen sich eng auf das, was der andere zuvor gesagt hat. Das Hin und Her zwischen ihnen setzt sich über die Einheit der Zeilen und Strophen hinweg. Wo ein Sprecher eine oder, wie die Großmutter am Schluß, zwei Strophen für sich hat, bleibt er durch Anreden auf das Du bezogen. Die Anredepronomina sind wie in

---

[9] Lothar Wittmann, *Sprachthematik und dramatische Form im Werke Hofmannsthals*, Studien zur Poetik und Geschichte der Literatur 2 (Stuttgart, Berlin, Köln, Mainz: Kohlhammer, 1966), 28 ff.

einem Brief groß geschrieben. — Der Reim ist der Dialoggestalt untergeordnet. Er dient dazu, das Verhältnis der Sprechenden zu unterstreichen, wer jeweils führt und wer reagiert. Alle diese Charakteristika zusammen geben dem Gedicht seine sprachliche Kargheit und Sprödigkeit, die es so auffallend von Hofmannsthals früheren Gedichten unterscheiden. Auch darauf läßt sich Hofmannsthals Äußerung an seinen Vater aus einem Brief, der einen Monat nach der Reinschrift datiert ist, beziehen: "Ich lege zwei Abschriften von neueren Gedichten bei. Sie haben einen andern Ton als frühere Sachen von mir, was vielleicht mit dem Stoff meines neuen Stückes zusammenhängt."[10]

Die Verwandtschaft des Gedichtes mit dem *Bergwerk zu Falun* endet an dem zentralen Punkt, daß darin das magische Reich der Worte und ein Bereich, der dem der Bergkönigin analog wäre, nicht vorkommen. Es herrscht ausschließlich "das Gespräch der Menschen" und ihre Welt. Eine genauere Betrachtung ergibt jedoch, daß jenes "andere" nicht einfach fehlt, sondern im "Gespräch der Menschen" und durch dieses hindurch evoziert wird.

Das Gedicht ist ein Wechselgespräch. Obwohl Namen und *inquit*-Formeln fehlen, ist immer leicht zu erkennen, wer redet. Die Figuren ergeben sich, umgekehrt als im Drama, aus dem Dialog. Zu Beginn wird spätestens mit der Anrede "Kind" klar, daß die Großmutter es ist, die das Gespräch eröffnet. Nicht ohne leisen Vorwurf konstatiert sie, daß der Enkel, der zu Besuch kommt, mit seinen Gedanken nicht ganz da ist. Sie errät auch gleich den Grund: er ist verliebt. Deshalb ist er nur dem Leib nach bei ihr, dem Sinn nach aber bei seiner Geliebten. Der Enkel bekennt sich in der fünften Strophe zu dieser Gleichzeitigkeit von hier und dort. Sie macht ihn schwankend, nah und fern zugleich; der Stern-Vergleich weitet das Schwanken ins Kosmische aus. Die alltägliche Raumerfahrung, daß man nicht gleichzeitig an zwei verschiedenen Orten, hier und anderswo, sein kann, verwirrt sich ihm und damit das Bewußtsein seiner selbst. Man kann von räumlicher Selbstentfremdung sprechen. Deren Ausgangspunkt war das "Spüren" der Großmutter, eben jenes nicht rationale Wahrnehmen, das sich auf den Enkel überträgt. "Ja, ich spür es auch."

Die Großmutter unterliegt ihrerseits einem Prozeß der Verunsicherung, der vom Enkel ausgeht. Er löst ihn dadurch aus, daß ihn eine knappe Geste der Großmutter an die ferne Geliebte erinnert. Die Ferne greift darin für einen Moment auf die Nähe über und verwandelt sie. Die

---

[10] SW 1, 381. Der Herausgeber bezieht diese Äußerung auf "Im Grünen zu singen" und "Die Liebste sprach [. . .]."

Verunsicherung der Großmutter, die daraus erwächst, betrifft das Verhältnis von jetzt und einst. Der alten Frau beginnt der Zeitabstand, der sie von ihren Mädchenjahren trennt, zu verschwimmen. Sie verwandelt sich gewissermaßen in das Mädchen des Enkels, während dieser, wie die folgende Assoziation zeigt, für sie an die Stelle seines Großvaters tritt. Die Generationsfolge ist für einen Augenblick aufgehoben in der Zeitlosigkeit der Liebe zwischen Mann und Frau. Man kann bei der Großmutter von einer zeitlichen Selbstentfremdung sprechen.

Verunsicherung der räumlichen Unterscheidung von nah und fern beim Enkel, Verunsicherung der zeitlichen Unterscheidung von einst und jetzt bei der Großmutter, Schwanken des Ich-Bewußtseins bei beiden — das läßt sich unschwer auf Schopenhauers Philosophie beziehen. Es sind Erschütterungen des *principii individuationis* im Sinne der berühmten Stelle aus *Die Welt als Wille und Vorstellung*, aus der Nietzsche in der *Geburt der Tragödie* zitiert:

> Denn, wie auf dem tobenden Meere, das, nach allen Seiten unbegrenzt, heulend Wasserberge erhebt und senkt, auf einem Kahn ein Schiffer sitzt, dem schwachen Fahrzeug vertrauend; so sitzt, mitten in einer Welt von Quaalen, ruhig der einzelne Mensch, gestützt und vertrauend auf das *principium individuationis*, oder die Weise, wie das Individuum die Dinge erkennt, als Erscheinung. Die unbegränzte Welt, voll Leben überall, in unendlicher Vergangenheit, in unendlicher Zukunft, ist ihm fremd; ja ist ihm ein Mährchen: seine verschwindende Person, seine ausdehnungslose Gegenwart, sein augenblickliches Behagen, dies allein hat Wirklichkeit für ihn: und dies zu erhalten thut er Alles, solange nicht eine bessere Erkenntniß ihm die Augen öffnet. Bis dahin lebt bloß in der innersten Tiefe seines Bewußtseyns die ganz dunkle Ahndung, daß ihm jenes Alles doch wohl eigentlich so fremd nicht ist, sondern einen Zusammenhang mit ihm hat, vor welchem das *principium individuationis* ihn nicht schützen kann. Aus dieser Ahndung stammt jenes so unvertilgbare und allen Menschen (ja vielleicht selbst den klügeren Thieren) gemeinsame *Grausen*, das sie plötzlich ergreift, wenn sie, durch irgend einen Zufall, irre werden am *principio individuationis*, indem der Satz vom Grunde, in irgendeiner seiner Gestaltungen, eine Ausnahme zu erleiden scheint: z.B. wenn es scheint, daß irgend eine Veränderung ohne Ursache vor sich gienge, oder ein Gestorbener wieder da wäre, oder sonst irgendwie das Vergangene oder das Zukünftige gegenwärtig, oder das Ferne nah wäre. Das ungeheure Entsetzen über so etwas gründet sich darauf, daß sie plötzlich irre werden an den Erkenntnisformen der Erscheinung, welche allein ihr eigenes Individuum von der übrigen Welt gesondert halten. Diese

Sonderung aber eben liegt nur in der Erscheinung und nicht im Dinge an sich: eben darauf beruht die ewige Gerechtigkeit.[11]

Das liest sich wie ein Kommentar zu unserem Gedicht. Großmutter und Enkel erschüttern sich wechselseitig in ihrem *principio individuationis*, eines weckt im andern die Ahnung dessen, was jenseits davon liegt. Die Reziprozität des Vorgangs deutet darauf, daß es sich dabei nicht etwa nur um einen psychologischen Vorgang der Projektion und Täuschung handelt. Der zweite Teil des Gedichtes untersteht sichtlich dem Bestreben, die im ersten dargestellten Ich-Erschütterungen in einen objektiven Rahmen zu stellen. Die Großmutter schiebt ihre Verwirrung nicht mehr dem Enkel zu, sondern der altersbedingten Nähe zum Tod. Der Enkel hat dafür, wie überhaupt für Zeitliches, kein Verständnis. Er erkennt in der Liebe den Ursprung seiner Verwirrung, die Großmutter bestätigt diese Grenzverwischung seines Ich mit fast zu philosophischen Worten:

Kind, in diesem kleinen Raum
Athmet jetzt die Welt.

"Die Welt als Wille," möchte man die Zeile ergänzen. In ihren beiden Schlußstrophen deutet sie, wieder situationsgerechter, an, daß Todesnähe und Liebe in ihrer Wirkung eng zusammengehören. Wie sie in der Nähe des Grabes an die Liebe denkt, so soll er in den Augenblicken der Liebe ans Sterben denken. Liebe und Sterben bedeuten beide, schopenhauerisch gesehen, Erschütterungen des *principii individuationis*. So kann sich der Tod auch in *Der Tor und der Tod* rühmen, "aus des Dionysos, der Venus Sippe" (GLD 209) zu sein, womit er übrigens zugleich seine Deszendenz aus Nietzsches Frühwerk in Erinnerung ruft.

Wie der Tod dem Toren "das ererbte Graun" (ebd.) vor dem Sterben ausredet, so die Großmutter dem Enkel. Damit ist der Punkt bezeichnet, an dem das Gedicht sich von Schopenhauer zu Nietzsche wendet. Schopenhauer spricht an der zitierten Stelle davon, daß den in seinem *principio individuationis* erschütterten Menschen ein "Grausen" ergreift, wie er überhaupt vom Weltwillen nur mit Abscheu spricht. Von solchem Grausen ist das Gedicht nicht nur frei, vom Bereich, der sich den beiden auftut, geht sogar eine Art Beglückung aus.[12] Vor allem aber ermöglicht er

---

[11] Arthur Schopenhauer, *Die Welt als Wille und Vorstellung*, Bd. 1, 3. Aufl. (Leipzig: Brockhaus, 1859), 416–417. Das Zitat daraus bei Nietzsche, "Die Geburt der Tragödie aus dem Geiste der Musik," *Werke*, hrsg. von Karl Schlechta, Bd. 1 (München: Hanser, 1954), 23–24.

[12] Nietzsches Korrektur von Schopenhauer folgt auf die oben zitierte Stelle; vgl. Anm. 11).

einen echteren und tieferen Kontakt zwischen Großmutter und Enkel, als er zu Beginn ihres Gesprächs bestand. In der Ahnung dessen, was jenseits ihres Ich liegt, finden sie über den Generationsunterschied hinweg zusammen. Dieser Bereich kann keinen Namen mehr haben, weil er nichts einzelnes ist, sondern das ganze. Höchstens das indefinite "etwas" wird ihm halbwegs gerecht. So läuft denn das Gedicht darauf hinaus, den Dialog zwischen Großmutter und Enkel zum Ort zu machen, an dem ahnbar wird, worin beide jenseits der Unterschiede der Person, des Alters, des Geschlechts eins sind. Mehr als ahnbar kann es innerhalb des "Gesprächs der Menschen" nicht werden.

Ahnbar wird damit im Gedicht, was im *Bergwerk* durch die Bergkönigin repräsentiert wird, und wohin es Elis durch Torbern mit magischer Gewalt hinüberzieht. Anders gesagt: Hinter der Großmutter und dem Enkel werden die Umrisse der Bergkönigin und Torberns sichtbar. Auch die Bergkönigin steht jenseits und über der linearen Zeit; sie sagt von sich:

> Sieh; euch da droben flutet ohne Halt
> Die Zeit vorüber, doch mir ists gegeben,
> In ihren lautlosen kristallnen Strom
> Hinabzutauchen, ihrem Lauf entgegen
> Und ihren heiligen Quellen zuzugleiten!
> [...]
> Begreifst du nicht: das uralt heilige Gestern,
> Ruf ich es auf, umgibts mich und wird Heut:
> Und Dunkelndes und Funkelndes vergeht,
> Und Langstversunknes blüht und glüht herein. (GLD 356)

Für Torbern gilt dasselbe hinsichtlich des Raumes:

> Die ganze Welt, die sie mit dumpfem Sinn
> Aufbaun, brach mir in Stücke. Ob ein Mensch,
> Ich ward ein Geist und redete mit Geistern.
> Von ewiger Luft umwittert, ward ich schnell
> Dem dumpf umgebend Menschlichen entfremdet:
> Mir galt nicht nah, nicht fern: ich sah nur Leben. (GLD 358)

Während aber Bergkönigin und Torbern als mythische Figuren über das magische Wort verfügen, bleiben Großmutter und Enkel in das "Gespräch der Menschen" gebunden. Dieses muß auch die Funktion des Zauberwortes übernehmen. Daraus erklären sich im Gedicht die punktuellen Lyrisierungen, beim Enkel in der 5. Strophe mit dem Stern-Motiv, bei der Großmutter in den beiden Schlußstrophen.

Die bisherigen Überlegungen sind den Beziehungen des Gedichtes zum *Bergwerk zu Falun* nachgegangen. Den darin erkennbaren schopenhauerschen Weltaufriß hat es mit Hofmannsthals gesamtem Frühwerk gemein, das ja in vielfältiger Weise Erschütterungen des *principii individuationis* gestaltet. Diese werden oftmals durch die Leitformel "ohne Grauen"[13] von Schopenhauer abgesetzt, im Einklang mit dem jungen Nietzsche und der Lebensphilosophie der Jahrhundertwende. Was sich in der Ich-Erschütterung auftut, ist nicht die furchtbare "Welt als Wille," sondern "das Leben."

Unberücksichtigt blieb bisher der so ostentative Bezug des Gedichtes zu Goethe. Daß das Gedicht wahrscheinlich für die Goethe-Nummer der *Jugend* entstand, reicht als Erklärung nicht aus; denn Hofmannsthal war wohl nur zu diesem Beitrag bereit gewesen, weil er sich Goethe besonders verbunden fühlte. Dieses besondere Verhältnis zu Goethe zu artikulieren, bot ihm der Prolog zur Goethe-Feier des Burgtheaters öffentlichen Anlaß. Er wollte damit nicht nur ein Stück festlicher Rhetorik liefern, wie aus der folgenden Briefstelle hervorgeht:

> Ich hab in Vahrn für eine nachträgliche Goethe-Feier des Burgtheaters einen Prolog gemacht. [...]. Ich bin doch auch noch jung und hab so oft ein furchtbares Gefühl der Einsamkeit, ich glaube das muß die ganze Generation manchmal spüren und in diesen Augenblicken ist einem ein Buch von Goethe ein ganz unerschöpfliches Glück, etwas unaussprechlich tröstendes. Wenn man so etwas auszudrücken versucht, möchte man so gern, daß es jemand unter den vielen so verstünde, wie man sich unter vier Augen manchmal versteht. Aber meistens bleibt es bei Declamation, Theaterstimmung, Unsinn.[14]

Zwischen dem Goethe-Prolog und "Großmutter und Enkel" liegen nur gut zwei Monate. Das berechtigt zum Versuch, die Goethe-Anklänge des Gedichtes von der Goethe-Auffassung des Prologs aus zu deuten.

Thema des Goethe-Prologs ist der Gedanke, daß Goethe nicht nur seine Werke geschaffen, sondern sein Geist die Welt erbaut habe, in der sich Hofmannsthal und seine Zeitgenossen bewegten; sie seien deshalb auch seine "Gebilde." In eine heutige Terminologie übersetzt, heißt das: Goethe hat den "Diskurs"[15] geschaffen, der noch um 1900 herrschend war. Von ihm stammen die Muster, nach denen die Menschen Wirklichkeit wahrnehmen, fühlen, denken, handeln, miteinander

---

[13] Z.B. "Terzinen II": "So leicht und feierlich und ohne Grauen" (SW 1, 49). *Bergwerk zu Falun*, Elis: "Dies Grauen [...] Bergkönigin: Wirfs von dir" (GLD 360).

[14] Am 30. Sept. 1899 an Franziska Schlesinger, SW 1, 395.

[15] "Diskurs" im Sinne der Diskursanalyse cf. Michel Foucault, *L'ordre du discours* (Paris: Gallimard, 1971).

umgehen. In Goethes Geist gehören sie zusammen, ist ihre Isolation — Hofmannsthal spricht von "Einsamkeit" — aufgehoben. Wer sich Goethe zuwendet, kommt der Gegenwart auf den Grund, zu dem allen Gemeinsamen. Damit ist ins Positive gewendet, was Hofmannsthals frühes Gedicht "Gedankenspuk" (GLD 476) mit heftigen Worten beklagte; daß "die Toten dreier Jahrtausende," vor allem durch die Literatur, den Genius der Gegenwart überwucherten. In Goethe wird der dichterischen Überlieferung tragende und verbindende Bedeutung zugesprochen.

Manche Formulierungen des Goethe-Prologs greifen auf frühere Gedichte Hofmannsthals zurück und deuten sie um. Wenn es heißt

> Denn wer sitzt hier im atemlosen Saal,
> Der abzutun vermag von seiner Seele
> Des Geistes heimlich bildende Gewalt? (GLD 119)

so erinnert das an "Manche freilich...":

> Ganz vergessener Völker Müdigkeiten
> Kann ich nicht abtun von meinen Lidern,
> Noch weghalten von der erschrockenen Seele
> Stummes Niederfallen ferner Sterne. (SW 1, 54)

Doch nicht mehr Kosmos und Geschichte entgrenzen die Individualität des Ich, sondern Goethes aus seinen Werken wirkender Geist. Diese Ablösung wird auch an einer anderen Stelle faßbar: Wenn der "Prolog" mit den Worten schließt:

> Und dieses regt sich uns im tiefsten Kerne,
> Wir glühen, tausendäugig, tausendhändig,
> Und die Geschöpfe von dem schönsten Sterne,
> Sie werden uns, an ihnen wir lebendig! (GLD 121)

so bezieht er nun auf Goethe, was "Ein Traum von großer Magie" im Anschluß an Schopenhauer allgemeiner sagt:

> Cherub und hoher Herr ist unser Geist,
> Wohnt nicht in uns, und in die obern Sterne
> Setzt er den Stuhl und läßt uns viel verwaist:
>
> Doch Er ist Feuer uns im tiefsten Kerne
> — So ahnte mir, da ich den Traum da fand —
> Und redet mit den Feuern jener Ferne
>
> Und lebt in mir, wie ich in meiner Hand. (SW 1, 53)

Diese Umformulierungen deuten auf einen Vorgang in Hofmannsthals Denken von größter Tragweite. Der junge Hofmannsthal hatte zwar aus dem Weltentwurf Schopenhauers und Nietzsches heraus gedichtet[16] im Sinne der oben zitierten Stelle aus *Die Welt als Wille und Vorstellung*. Aber sein zentraler Begriff des "Lebens," der im Unterschied zu Schopenhauers "Willen" positiv konnotiert war, verwies auf einen tatsächlich vorhandenen und in einzelnen Augenblicken erlebbaren Bereich.

Der Goethe-Prolog setzt ausdrücklich Goethe an die Stelle, die bisher — weitgehend unausgesprochen — Schopenhauer und Nietzsche innehatten. Damit werden einerseits diese beiden Philosophen Goethe untergeordnet und ihr Weltkonzept zum Goetheschen Erbe erklärt, was historisch seine Berechtigung hat. Vor allem aber wird, was bisher als Realität erschien, in seiner literatur- und geistesgeschichtlichen Herkunft erkannt und anerkannt. Wenn Hofmannsthal bisher Individuum und "Leben" einander entgegensetzte, hatte er sich in von Goethe gebahnten Wegen bewegt, man denke etwa an das lange Goethe zugeschriebene Fragment "Die Natur,"[17] war er, mit den Worten des Prologs, "Goethes Gebilde." Diese Wirkung Goethes war nicht abhängig von seiner Entscheidung oder Wahl, sie teilte sich allen denen, die an der deutschen Kultur nach Goethe teilhatten, unbewußt mit, Goethe war ihr Unterbewußtsein. Kurz: Hatten für den jungen Hofmannsthal Sprache und Literatur analog der Welt als Vorstellung dem wirklichen Leben im Wege gestanden, wurde nun mit dem Goethe-Prolog dieses Konzept selbst als Geist Goethes, mithin als Dichtung erwiesen. Hier kündigt sich an, was viel später die Münchner Rede "Das Schrifttum als geistiger Raum der Nation" ausführlich darlegte.

Von da aus läßt sich die Bedeutung der Anklänge des Gedichtes "Großmutter und Enkel" an Goethes "An den Mond" verstehen. Goethes berühmtes Gedicht spricht auch von Auflösung und Verunklärung des Tagbewußtseins. Die Wirklichkeit verliert im Nebelglanz des Mondes ihre festen Umrisse, die zeitlichen und die räumlichen; Erinnerung tut sich auf, wo sich Vergangenes und Gegenwärtiges durchdringen. Die Schlußstrophen benennen, was sich da auftut, als das "was von Menschen nicht gewußt / oder nicht bedacht," lokalisieren es im "Labyrinth der Brust" und preisen selig, wer mit einem Freund zusammen diese nächtlichen

---

[16] Vgl. H. Jürgen Meyer-Wendt, *Der frühe Hofmannsthal und die Gedankenwelt Nietzsches* (Heidelberg: Quelle & Meyer, 1973) und die Rezension des Verfassers in *Nietzsche-Studien*, Bd. 6 (1977), 329–333.

[17] Hofmannsthals Hinweis darauf in den Notizen zu einem Vortrag über Goethes *Natürliche Tochter*. Rudolf Hirsch, "Drei Vorträge im Jahre 1902," *Hofmannsthal-Blätter* 26 (1982), 11. Diese Notizen sind für Hofmannsthals Goethe-Verständnis dieser Zeit insgesamt sehr aufschlußreich.

Regungen erlebt. Goethes Gedicht ist Hofmannsthals "Großmutter und Enkel" nicht einfach nur motivverwandt, sondern — vom Goethe-Prolog her gesehen — dessen Paradigma, das Muster, das "Großmutter und Enkel" überhaupt ermöglicht. Die beiden Figuren stehen im Nachvollzug Goethes, sind Goethes Gebilde, ohne es zu wissen. Das Gedicht als ganzes weist den Leser über die Köpfe der Figuren hinweg auf diesen Zusammenhang hin. Es reflektiert in seinen Anspielungen den Geist Goethes als letzte Gemeinsamkeit der beiden.

Im Prolog heißt es, Goethe schaffe mit "Zauberhand," und von Goethes Namen: "Welch Zauberwort, von dem ein starker Schein / In dieses Daseins großes Dunkel fällt." Das erlaubt den Schluß, daß das "Zauberwort," das im *Bergwerk zu Falun* dem "Gespräch der Menschen" entgegengesetzt ist, deshalb in "Großmutter und Enkel" fehlen kann, weil es an die Goethe-Anspielungen übergegangen ist. Goethe erhält im Gedicht die Stelle, die im Drama die Bergkönigin innehat. Das heißt, daß jene Ablösung, die wir zwischen Hofmannsthals Frühwerk und dem Goethe-Prolog festgestellt haben, auch zwischen dem *Bergwerk zu Falun* und "Großmutter und Enkel" anzusetzen ist. Im Grunde genommen verbietet es sich, von Ablösung zu sprechen. Beide Konzepte stehen 1899 noch nebeneinander. Darin eben beruht der Übergangscharakter der Werke aus dieser Zeit.

Die Stellung von "Großmutter und Enkel" zu Hofmannsthals Frühwerk läßt sich demzufolge etwa folgendermaßen bestimmen: Das Gedicht hat an der Thematik des Frühwerks teil, indem es an beiden Figuren einen reziproken Vorgang der positiven Erschütterung des *principii individuationis* darstellt. Es führt jedoch die magische Sprache, die das Frühwerk dafür verwendet und der dieses seinen Zauber verdankt, nicht weiter, sondern gebraucht "das Gespräch der Menschen" als neues Medium. Ob man darin eine Folge der Sprachnot sehen darf, ist angesichts der Gleichzeitigkeit mit dem *Bergwerk zu Falun* zweifelhaft. An die Stelle der magischen Sprache treten die ausdrücklichen Goethe-Anklänge in Metrum, Reimordnung, Strophenbau, Wortschatz und Thematik. Sie verweisen jedoch nicht mehr wie die magische Sprache auf den im Hinblick auf das *principium individuationis* transzendenten Bereich, den Weltwillen resp. "das Leben," ihre Funktion ist transzendental. Sie evozieren Goethe als Bedingung der Möglichkeit dieses Weltkonzepts insgesamt und als Paradigma dieses Gedichtes im besonderen. Goethes Geist erscheint nun als das große Ganze, in dem alles einzelne zusammenhängt. Von den folgenden Werken steht vielleicht "Das Erlebnis des Marschalls von Bassompierre" unserem Gedicht am nächsten. Es ist Hofmannsthals späteres Programm, das sich hier ankündigt, die Anerkennung der geistigen und besonders der literarischen Tradition als gemeinschaftsstiftender Macht, mit dem späteren Ausdruck "als geistiger Raum." "Großmutter und Enkel" ist jedoch erst ein tastender Schritt in dieser Richtung einer neuen Möglichkeit zu dichten. Sie weist aus der Lyrik hinaus auf Drama und Oper.

Als Hofmannsthal 1903 für Stefan George eine Auswahl seiner Gedichte zur Veröffentlichung im Verlag der *Blätter für die Kunst* zusammenstellte, nahm er "Großmutter und Enkel" nicht auf.[18] Das ist ein weiteres Indiz dafür, daß ihm bewußt war, damit seinen früheren lyrischen Ton verlassen zu haben. 1907 gab er selber erstmals *Die gesammelten Gedichte* heraus; darin ist das Gedicht enthalten.

Am Wortlaut hatte Hofmannsthal drei geringfügige, dennoch einschneidende Änderungen vorgenommen.[19] Aus "Löset mir die Seele ganz" machte er "Öffnet mir die Seele ganz." Damit ist die offensichtlichste Anspielung auf Goethes "An den Mond" getilgt, der Goethe-Bezug trat dadurch insgesamt zurück. Man kann das Gedicht nun auch lesen, ohne ihn mitzuhören.[20] Umformuliert und dem anderen Sprecher zugewiesen wurden die Zeilen 35–36. Statt "Kind in diesem kleinen Raum / Athmet jetzt die Welt" heißt es jetzt "Wie der enge schwüle Raum / Seltsam mich umstellt." Die metaphysische Kernstelle, an der der schopenhauersche Hintergrund des Gedichtes fast allzu deutlich hervortritt, ist damit zurückgenommen. Nun markiert diese Stelle nur noch die zunehmende räumliche Desorientierung des Enkels. Doch auch diese ist reduziert durch die Veränderung von "mit trunknem Sinn" in "mit wachem Sinn." Das Bewußtsein des Enkels hält nun seiner Ich-Entgrenzung die Waage. Durch die drei Änderungen wurde das Gedicht nun ausgeglichener und, durch den Wegfall der Anspielungen, die darüber hinauswiesen, in sich geschlossener.

---

[18] Zu den ausgewählten Gedichten und und zur Diskussion darüber vgl. *Briefwechsel zwischen George und Hofmannsthal*, hrsg. von Robert Boehringer, 2. erg. Aufl. (München, Düsseldorf: Küpper, 1953), 189 f.

[19] Vgl. SW 1, 376–377.

[20] Robert Minder sagt vom Gedicht "Großmutter und Enkel," daß es "den Volksliedton Justinus Kerners und Ludwig Uhlands ("Urahne, Großmutter, Mutter und Kind / in dumpfer Stube beisammen sind" [Gustav Schwab]) mit den spiegelnden Übergängen der modernen Dichtung verbindet: Prousts 'Tod der Großmutter'." Minder nennt es auch "dieses mozartisch musizierte Duett." Die Goethe-Anklänge erwähnt er nicht. Robert Minder, *Dichter in der Gesellschaft* (Frankfurt: Insel, 1966), 231.

Eine Veränderung erfuhr das Gedicht aber auch dadurch, daß es nun erstmals in den Kontext von Hofmannsthals übrigen Gedichten zu stehen kam. Seither hat es seinen Platz in *Die gesammelten Gedichte*, in der Abteilung "Gestalten." Deren Aufbau weist ihm einen bestimmten Ort zu, der eine Verständnisanweisung impliziert.[21]

In der Sammlung von 1907 steht "Großmutter und Enkel" zwischen "Der Kaiser von China spricht" und "Gesellschaft." Als Anordnungsprinzip wird die Abfolge Monolog — Dialog — Gespräch zu mehreren erkennbar, mit den musikalischen Termini: Arie — Duett — Ensemble. Daran änderte sich auch nichts durch die Umstellungen und Einschiebungen, die Hofmannsthal für die späteren Auflagen vornahm. Die Abteilung "Gestalten" als ganze markiert damit den Übergang von der "reinen" Lyrik über die Rollenlyrik mit wachsender Figurenzahl zum Drama. Das legt nahe, Großmutter und Enkel als Dialogszene zu lesen, als Miniaturdrama mit zwei Personen.

Inhaltlich ist den in "Gestalten" vereinigten Gedichten das Thema der Lebensalter gemeinsam. Deshalb konnten darin später auch die "Verse auf ein kleines Kind" und vorübergehend auch "Ein Knabe" unterkommen, obwohl beide keine Rollengedichte sind. Man kann diese Abteilung der Gedichte in Zusammenhang bringen mit Hofmannsthals Plan, "eine 'Lebenspyramide,' sieben Gedichte, in denen sich die verschiedenen Altersstufen vom Kind bis zum Greis aussprechen" sollten, zu dichten.[22] Auch dieses Interesse an den Altersstufen verstand Hofmannsthal übrigens als Goethesches Erbe, so daß er später einen Vortrag "Über Goethe oder über die Lebensalter" (A 205) halten konnte. So regt der Kontext der Abteilung "Gestalten" dazu an, "Großmutter und Enkel" als dialogischen Beitrag zu einer Phänomenologie der Lebensalter respektive ihres Verhältnisses zueinander zu lesen. Dazu soll im folgenden ein Versuch gemacht werden.

Das Gedicht stellt ein beinah unheimliches psychisches Geschehen zwischen Großmutter und Enkel dar. Die Gesprächseröffnung durch die Großmutter hat etwas Inquisitorisches. Sie verlangt die ungeteilte, auch geistige Präsenz des Enkels und stellt ihn sogleich zur Rede, wie sie merkt, daß er seine Gedanken anderswo hat, eben bei der Geliebten. Für diese hat sie vorerst keine andere Bezeichnung als das despektierliche

---

[21] *Die gesammelten Gedichte* (Leipzig: Insel, 1907), 43–45. Die Abfolge der Gedichte in den verschiedenen Gedichtsammlungen finden sich übersichtlich zusammengestellt in SW 1, 451.

[22] Zitiert bei Rolf Tarot, *Hugo von Hofmannsthal. Daseinformen und dichterische Struktur* (Tübingen: Niemeyer, 1970), 5.

"sie," das eine geheime Rivalität verrät. Damit etablieren die ersten beiden Strophen ein Dreiecksverhältnis: der Enkel steht als Mann zwischen zwei Frauen, der Großmutter, die anwesend ist und ihre Autorität geltend macht, und dem Mädchen, das als abwesend darauf angewiesen ist, daß der Mann zu ihm hält.

Daß der Enkel unter dem Diktat der Großmutter steht, zeigt sich sprachlich daran, daß sie behauptet und er nachfragen muß, daß er ihre Wendung "wie sie" von ihr übernimmt, daß seine Zeilen auf ihre reimen. Er überträgt alsbald sein Erinnerungsbild an das Mädchen auf die Großmutter. Diese zunächst ambivalente Projektion, die auch zur Dominanz des Mädchens führen könnte, legt die Großmutter zu ihren Gunsten aus. Nachdem sie sich mit der Frage "einst" versichert hat, daß der Enkel ihre Gegenwart so sieht, paßt sie sich ihm an. Nun ist es an ihr, seine Reimworte und das Zeitadverb "jetzt" von ihm zu übernehmen. Unter seiner Projektion fühlt sie sich verjüngt, ja in ein erotisches Verhältnis zu ihm versetzt: Dem, was er in sie hinein "haucht," antwortet sie mit dem "Hauch" ihrer sich ganz öffnenden Seele. Indem sie sich im Alter dem Mädchen angleicht, wird sie zur erotischen Rivalin. Der Enkel anerkennt diese Rivalität. Er stellt beide Frauen auf dieselbe Stufe, wenn er sich beiden "schwankend nah und fern" fühlt. "Fern" nimmt das Eröffnungswort des Gedichtes auf und läßt ermessen, wieviel Terrain die Großmutter bei ihm schon erobern konnte. Und es ist erst Halbzeit.

Daß die Großmutter das Verhältnis zum Enkel nun erotisch versteht, verrät ihre Assoziation zu dem Verlöbnis mit dem Großvater. Das Volkslied "Als der Großvater die Großmutter nahm" klingt hier an. Den gegenwärtigen Augenblick erlebt sie als Wiederholung dieses früheren, als neuerliche Verlobung. Sie ist immerhin realistisch genug, ihr wahres Alter und die Nähe zum Tod nicht zu vergessen. Was der Enkel darauf erwidert, hört sich an als galanter Protest dagegen. Er preist die Jugendlichkeit der Großmutter, beruft sich auf ihr gemeinsames *tête à tête*. Augen und Wangen, seit jeher gerühmt als Träger weiblicher Reize, lobt er als "reg" und "hell." Nun erinnert die Großmutter nicht mehr nur an die Geliebte, sie wird selbst dazu. In seiner letzten Strophe wird die Situation mit der Großmutter zur traumhaften Liebessituation, die ihn gefangen hält. Sein Mädchen ist aus seiner Rede verschwunden. Als Verliebten bezeichnet er sich im Hinblick auf die Großmutter.

Die Großmutter ist nicht in demselben Maß der Gegenwart verfallen, sie bleibt Herrin der Situation. So verkennt sie auch nicht das Anzeichen, das sie an den Tod gemahnt. Doch darauf reagiert sie so, daß sie Anstalten trifft, den Enkel über ihren Tod hinaus an sich zu binden. Noch wenn sie tot ist, will sie die Rivalin bei ihm ausstechen. Der Enkel soll bei seinem

Mädchen an sie denken, aber nun auf besondere, fast barocke Weise. Hinter Kuß und Scherz soll er den Tod sehen, im jungen Mädchen die künftige alte Frau. Damit kehrt sich um, daß sie bisher den Enkel ihr Alter vergessen ließ und für ihn zum jungen Mädchen wurde. Die Großmutter unterstellt auch noch die Zukunft des Enkels ihren Imperativen "fühl" und "denk."

Das kleine Seelendrama, das sich in diesen elf Strophen abspielt, besteht somit darin, daß die Großmutter sich als Verführerin erweist, die Liebe des Enkels an sich reißt und damit seiner altersgemäßen Beziehung die Lebenskraft entzieht. So gesehen unterscheidet sich diese Großmutter von der gütigen alten Frau im *Bergwerk* ebenso wie von der ironisch überlegenen im *Weißen Fächer*. Als Machtgestalt rückt sie in die Nähe der Antiope aus *Oedipus und die Sphinx*, doch ist die mythische Übermacht in einer Situation wirksam, die ganz im stilisierten Alltagsgeplauder bleibt. Es ist ein Vorklang von Hofmannsthals Komödienton, was es vielleicht sogar gestattet, in der Marschallin im *Rosenkavalier* eine Gegenfigur zu dieser Großmutter zu sehen, insofern sie in der Rivalität mit der jüngeren zurücktritt und sich auf das ihrem Alter Gemäße besinnt.

Es kann dahingestellt bleiben, ob und wie weit biographische Erfahrungen in diese Zeichnung einer übermächtigen Großmutter eingegangen sind.[23]

Hier wurde der Versuch gemacht, das Gedicht "Großmutter und Enkel" auf drei verschiedene Arten zu lesen, erst im Kontext des Erstdrucks in der Goethe-Nummer der *Jugend*, dann im Rahmen der Situation Hofmannsthals, in der es entstand, schließlich von seinem Ort in der Gedichtsammlung her. Es verlockt dazu, auf solche Weise mit ihm zu experimentieren, weil es von sich aus weniger intensiv wirkt als Hofmannsthals große lyrische Gedichte, ja den Leser zunächst ratlos läßt. Es gehört gewissermaßen zum Humus, aus dem Hofmannsthals bleibende Dichtungen erwachsen sind.

---

[23] Vgl. den Hinweis des Herausgebers von SW 1, 375 und von A 153.

Rudolf Schier

Hofmannsthals "Siehst du die Stadt?" und Wordsworths "Composed upon Westminster Bridge, September 3, 1802"

Siehst du die Stadt, wie sie da drüben ruht,
Sich flüsternd schmieget in das Kleid der Nacht?
Es gießt der Mond der Silberseide Flut
Auf sie herab in zauberischer Pracht.

Der laue Nachtwind weht ihr Atmen her,   5
So geisterhaft, verlöschend leisen Klang:
Sie weint im Traum, sie atmet tief und schwer,
Sie lispelt, rätselvoll, verlockend bang...

Die dunkle Stadt, sie schläft im Herzen mein
Mit Glanz und Glut, mit qualvoll bunter Pracht: 10
Doch schmeichelnd schwebt um dich ihr Widerschein,
Gedämpft zum Flüstern, gleitend durch die Nacht.[1]

Earth has not anything to show more fair:

---

[1] GLD 471–472; siehe Fußnote 1 von "Zum Geleit" in diesem Band.

> Dull would he be of soul who could pass by
> A sight so touching in its majesty:
> This City now doth, like a garment, wear
> The beauty of the morning; silent, bare,
> Ships, towers, domes, theatres, and temples lie
> Open unto the fields, and to the sky;
> All bright and glittering in the smokeless air,
> Never did sun more beautifully steep
> In his first splendour, valley, rock, or hill;
> Ne'er saw I, never felt, a calm so deep!
> The river glideth at his own sweet will:
> Dear God! the very houses seem asleep;
> And all that mighty heart is lying still![2]

DIE GEGENÜBERSTELLUNG DIESER ZWEI GEDICHTE läßt aufhorchen. Aufhorchen in jedem Sinn des Wortes, gerade bei diesen zwei Gedichten, die die Stille umschreiben. Vor allem fragt man sich: Ist es möglich, daß wir in Hofmannsthals Gedicht das Sonett von Wordsworth mithören?[3] In der Tat gibt es eine Reihe von geradezu verblüffenden Echos: Beide Gedichte gehen aus von der optischen Beobachtung einer Stadt — "Siehst du" bei Hofmannsthal, "to show" und "a sight" bei Wordsworth — und leiten dann allmählich vom Optischen zum Akustischen über — "flüsternd" und "verlöschend leisen Klang" im ersten Gedicht und "silent" und "calm" im zweiten. In beiden Gedichten wird die Stadt zudem ähnlich, aus einer gewissen Entfernung betrachtet: Bei Hofmannsthal ruht sie "da drüben," und die "Klänge" in der zweiten Strophe, die "herüber wehen," sowie der "Widerschein" in der dritten Strophe deuten darauf hin, daß die Stadt am gegenüberliegenden Ufer eines Flusses liegt. Bei Wordsworth wird London dem Titel nach von der Westminster Bridge aus gesehen; wenn man auf dieser Brücke steht und nach Norden blickt, kann man infolge einer Wendung der Themse über den Fluß hinweg auf das eine halbe Meile flußabwärts gelegene Zentrum der Stadt sehen.

---

[2] William Wordsworth, *The Poetical Works*, hrsg. von E. de Selincourt und Helen Darbishire, Bd. 3 (Oxford: Clarendon Press, 1954), 38.

[3] Auch wenn in Hofmannsthals Bibliothek an englischsprachigen Lyrikern nur Keats, Browning und Whitman vorhanden waren, so weisen die Ergebnisse des nun folgenden Vergleichs doch darauf hin, daß der österreichische Dichter auch "Composed upon Westminster Bridge, September 3, 1802" gekannt hat. Vgl. Michael Hamburger, "Hofmannsthals Bibliothek: Ein Bericht," *Euphorion* 55, 1 (1961), 15–76.

Am hellhörigsten wird man freilich, wenn man die dominierenden Metaphern am Anfang der zwei Gedichte nebeneinander stellt. In beiden Fällen wird die Stadt mit einer menschlichen Gestalt verglichen, und zwar mit einer bekleideten Frau:

> Siehst du die Stadt, wie sie da drüben ruht,
> Sich flüsternd schmieget in das Kleid der Nacht?

> This City now doth, like a garment, wear
> The beauty of the morning; [...]

Diese zwei Bilder erhellen einander gegenseitig und auf vielfältige Weise. Bei Wordsworth trägt die Stadt ihre Schönheit wie ein Gewand, eine Darstellung, die allerdings ein gewisses Paradoxon in sich trägt, da alle Einzelheiten, die man bei einer Stadt als Bekleidung auffassen könnte — Wolken, Rauch, usw. —, gerade *nicht* vorhanden sind:

> [...] silent, bare,
> Ships, towers, domes, theatres, and temples lie
> Open unto the fields, and to the sky;
> [...] in the smokeless air.

Auch bei Hofmannsthal trägt die Stadt ein Gewand. Aufmerksam gemacht durch das ähnliche Bild bei Wordsworth erkennt man, daß es sich in der ersten Strophe ebenfalls um einen rauchfreien, wolkenlosen, offenen Himmel handeln muß, sonst wäre es nicht möglich, daß der Mond "der Silberseide Flut" auf die Stadt herabgießen könnte. Allerdings ergänzt bei Hofmannsthal das Wort "Silberseide" das Bild der Bekleidung, und es ist das Mondlicht selbst, das die Stadt wie mit einem Gewand umhüllt. Bei Wordsworth dagegen ist es die Sonne, die in ähnlicher Fülle auf die Stadt herabscheint; aber schon der Eindruck, den der Mond beim einen und die Sonne beim anderen Dichter hervorrufen, wird wieder fast gleich empfunden: Bei Hofmannsthal scheint der Mond "in zauberischer Pracht," bei Wordsworth scheint die Sonne "in his first splendour."

Gerade die Ähnlichkeiten in der Bildsprache, der Darstellung und der Wortwahl lassen jedoch auch die Unterschiede zwischen den beiden Gedichten hervortreten. Bei Wordsworth führt das Bild des Kleides sofort zu einer gewissen Spannung zwischen Wahrnehmung und Vorstellung: Das Auffallende an der Stadtlandschaft bei Wordsworth ist ja gerade die Klarheit und Helligkeit, die Abwesenheit jeglicher Rauch-, Wolken- oder Lichteffekte, die als einhüllendes Gewand gesehen werden könnten. Bei Hofmannsthal dagegen bleibt das Bild der Bekleidung sprachlich über die ganze erste Strophe hinweg erhalten: Nicht nur das Wort "Silberseide," sondern auch der Ausdruck "zauberischer Pracht" führen dieses Bild weiter; die Stadt ist in Nacht und Mondeslicht gekleidet. Im Vergleich zu Wordsworth ist die Metapher bei Hofmannsthal ruhiger, leichter nachzuempfinden — wenn man will, auch logischer, konventioneller, perfekter; auf den ersten Blick ist sie geradezu nach dem klassischen Muster einer Metapher, mit Übertragung, eigentlichem und uneigentlichem Ausdruck und *tertium comparationis* gebildet. Bald werden wir jedoch sehen, daß dieser Eindruck trügt, und daß Hofmannsthal gerade in diesem Gedicht die traditionelle Metaphernsprache radikal in Frage stellt.

Fast noch wichtiger als der Unterschied in der relativen Perfektion der Metaphern ist freilich die Tatsache, daß es bei Wordsworth die Schönheit des frühen Morgens ist, die die Stadt wie ein Gewand trägt, während es bei Hofmannsthal Nacht ist. Wir sind bereits auf die Ähnlichkeiten und Unterschiede bei der Funktion, die Sonne und Mond in den beiden Gedichten haben, aufmerksam geworden; auch bei der Wahl der Tageszeit gibt es, trotz des vermeintlichen Gegensatzes, wichtige Übereinstimmungen: Beide Dichter wählen einen Zeitpunkt, an dem die Stille, gerade im Gegensatz zum Lärm des Tages, umsomehr hervortritt. Sowohl am frühen Morgen als auch in der Nacht fällt die Stille in der Stadt viel eindringlicher auf, als dies zum Beispiel in einer unbewohnten Gegend der Fall wäre, und beide Gedichte präsentieren sich vor dem Hintergrund der Stille. In dieser Hinsicht liegt der Unterschied zwischen den beiden Gedichten wiederum darin, daß der Morgen sozusagen schon den Lärm des Tages antizipiert und vorausahnen läßt, während man die Ruhe der Nacht im Gegensatz zum Lärm des vergangenen Tages besonders spürt. Abermals fällt die größere Spannung auf, die bei Wordsworth durch die Erwartung des anbrechenden Tages vorherrscht, und die ja bereits in der Bildsprache zu beobachten war. Überhaupt ist Wordsworth eher der Dichter des Morgens und des Tages, Hofmannsthal dagegen eher jener des Abends und der Nacht, literarhistorisch entsprechend der Tatsache, daß der eine am Anfang und der andere am Ende der romantischen Bewegung steht. Bei Hofmannstahl erinnere man sich an das Ende der "Ballade des äußeren Lebens":

Und dennoch sagt der viel, der 'Abend' sagt,
Ein Wort, daraus Tiefsinn und Trauer rinnt [...] (SW 1, 44).

Abend beinhaltet eben das Wissen um den vergangenen Tag, im übertragenen sowohl als auch literarhistorischen Sinne. Das Gedicht von Hofmannsthal verinnerlicht gewissermaßen die vorangegangene Tradition der Romantik, die, wie wir sehen werden, ihrerseits wieder als

Höhepunkt der gesamten abendländischen Überlieferung selbst erfahren wird.[4]

Während bei Wordsworth im weiteren Verlauf des Gedichtes der Vergleich der Stadt mit einer Bekleideten nur mehr sehr indirekt anklingt, wird in der zweiten Strophe von "Siehst du die Stadt" das Bild der Schlafenden konsequent weitergeführt. Jedes einzelne Wort in dieser Strophe läßt sich auf die Stadt als schlafende Bekleidete beziehen. Und das Gedicht strahlt denn auch bis zu seiner Mitte, bis zu den Zeilen

Der laue Nachtwind weht ihr Atem her,
So geisterhaft, verlöschend leisen Klang,

die Ruhe des Schlafes aus. Allerdings schleicht sich schon hier, fast unbemerkt, mit dem Wort "geisterhaft," das noch zu der harmonischen, ruhigen Moll-Stimmung zu passen scheint, eine erste Unruhe ein. Im Zusammenhang mit den folgenden Zeilen erfährt dieses Wort dann einen bedrohlichen Unterton, fast so wie wenn im ersten Satz einer Symphonie neben dem friedlichen Hauptmotiv ein zweites, unruhiges anklingt, oder wenn die Tonart von d-Moll zu f-Dur wechselt. Die Beunruhigung wird im folgenden Satz, "Sie weint im Traum," intensiviert, und die darauf folgenden Zeilen, "[...] sie atmet tief und schwer, / Sie lispelt, rätselvoll, verlockend bang," rütteln auf und befremden. Was ist der Grund des Weinens, des tiefen Atmens, der Angst? Welche geheimen Abgründe gibt es hier?

Im Zusammenhang mit der Stadt läßt sich die Unruhe vielleicht noch verstehen: Das Böse und die Hektik, die man mit einer Stadt in Verbindung bringt, brodeln in der Nacht — hier bezeichnenderweise in der "Glut" der Nacht — unterdrückt, aber "qualvoll" weiter. Jedoch scheint die Stadt jetzt immer mehr in den Hintergrund zu treten. Das Bild der Schlafenden hat den Ausgangspunkt der Metapher, die Stadt, fast gänzlich usurpiert. Die Trennung von eigentlichem und uneigentlichem Ausdruck ist fast verschwunden. Mit Recht könnte man hier von einer verselbständigten Metapher sprechen: Sie wird mit solcher Konsequenz weitergeführt, daß sie eine eigenständige Identität anzunehmen scheint. Wenn man die zweite Strophe gesondert liest, wirkt sie ausschließlich wie eine Beschreibung einer unruhig schlafenden Frau, in deren Traum Verdrängtes aus dem Unbewußten emporsteigt.

---

[4] In "Ad me ipsum" schreibt Hofmannsthal: "Der Abend als Erfüllung: etwas millenarisches. [...] Den Hesperos lassen die Alten alles zusammenführen was die Eos trennt (Fr Sapph 95 Catull 59, 20 ff) [...]" (A 224).

Aber auch eines Betrachters geheime Wünsche mit durchaus erotischen Anklängen kommen hinzu, denn die Worte "rätselvoll" und "verlockend" drücken dessen Wahrnehmung und Empfindung aus: Er ist es, der die Schlafende als Rätsel und Verlockung erfährt. Zugleich mit der Schlafenden rücken an dieser Stelle also auch ein Beobachter und seine Reaktion in den Vordergrund. Und wiederum finden wir gleichzeitig sowohl eine Parallele als auch einen Gegensatz zu Wordsworth. Auch in "Composed upon Westminster Bridge" führt die Beschreibung der Stadt zu einer Aussage über den Gemütszustand des Betrachters; nur hat bei Wordsworth die Beobachtung der Stadt keine beunruhigende, sondern gerade die gegenteilige Wirkung: "Ne'er saw I, never felt, a calm so deep!"

Der unruhige, verlockende, halb-erotische Eindruck, der bei Hofmannsthal von dem Vergleich der Stadt mit einer Frauengestalt ausgeht, evoziert noch eine andere, weit vor Wordsworth zurückgehende Assoziation, die eine Verbindung zum Anfang der abendländischen Tradition selbst herstellt — die der großen Hure Babylon aus der Offenbarung des Johannes:

> 17.1 Da kam einer von den sieben Engeln, welche die sieben Schalen hatten, und sprach zu mir: komm, ich zeige dir das Strafgericht über die große Hure, die an den vielen Wassern sitzt.
>
> 17.4 Das Weib war mit Purpur und Scharlach bekleidet und mit Gold, Edelsteinen und Perlen geschmückt.

Bereits hier finden wir den Vergleich der Stadt mit einer bekleideten weiblichen Gestalt, auch hier handelt es sich um eine Stadt am Wasser, und es findet sich eine ganze Reihe von Wörtern und Begriffen, die auch bei Hofmannsthal vorkommen. Es können hier nicht alle weiteren Verse der betreffenden Stelle aus der Offenbarung des Johannes zitiert werden, und so sollen nur die auffallendsten Parallelen aufgezählt werden:

So erinnert das Wort "zauberisch" bei Hofmannsthal an "Deine Zauberei verführte alle Völker" in der Offenbarung des Johannes (18.23). Das zweimal im Gedicht vorkommende Wort "Pracht" erscheint zu wiederholten Malen im Zusammenhang mit der Hure Babylon, zum Beispiel: "Durch ihre Pracht [...] sind die Kaufleute der Erde reich geworden" (18.3); ebenso ist das Wort "qualvoll" der Zeile "Mit Glanz und Glut, mit qualvoll bunter Pracht" vorgegeben, wenn es heißt: "[...] laßt sie Qual und Jammer erfahren!" (18.7), und "Die Kaufleute [...] werden aus Schrecken über ihre Qual in der Ferne stehen [...]" (18.15). Das Wort "Glanz" aus der Wendung "Glanz und Glut" bei Hofmannsthal finden wir wieder in den Versen: "Und alles, was prächtig und glänzend war, ging dir verloren" (18.14), und das Wort "Glut" erinnert an "Weinen und Wehklagen werden über sie die Könige der Erde [...], wenn sie den Rauch ihres Brandes sehen" (18.9), sowie an "als sie den Rauch des Brandes sahen, schrien sie: Wer konnte sich mit der großen Stadt messen?" (18.18). In diesem letzten Vers hört man geradezu schon Titel und Anfang von Hofmannsthals Gedicht: "Siehst du die Stadt?"

Die Anspielungen auf den Untergang der großen Hure Babylon aus der Offenbarung des Johannes geben dem Gedicht von Hofmannsthal eine Dimension, die allein durch die Anklänge an Wordsworth nicht hätte erreicht werden können. Vor allem wirft das Wissen um den zu erwartenden Untergang der Stadt ein ganz neues Licht auf diese Verse, das dann in der letzten Strophe ominös zur Geltung kommt.

In der dritten Strophe von Hofmannsthals Gedicht kehren wir zur Stadt sowie zum anfangs angesprochenen Du zurück, und auch Ähnlichkeiten zu Wordsworth gibt es wieder mehrere: "Die dunkle Stadt, sie schläft im Herzen mein" erinnert an die letzte Zeile des Sonetts, "And all that mighty heart is lying still," und im Ausdruck "gleitend durch die Nacht" hört man die Zeile "The river glideth at his own sweet will" mit. Aber wie zuvor gibt es hier auch bedeutende Unterschiede zwischen den zwei Gedichten trotz der Ähnlichkeiten in der Wortwahl. Das Bild des Herzens in der letzten Zeile des Sonetts nimmt den Vergleich der Stadt mit einer Bekleideten wieder auf, geht aber auch darüber hinaus. Es wird nämlich angedeutet, daß einerseits die Häuser der Stadt, gleichsam ihr Äußeres, zu schlafen scheinen — "Dear God! the very houses seem asleep" —, daß andererseits jedoch ihr Herz, ihr Inneres bereits leblos ist — "And all that mighty heart is lying still." Bei Hofmannsthal finden wir in der letzten Strophe ebenfalls einen Gegensatz zwischen Innen und Außen; und während genau wie bei Wordsworth nach Außen der Schein einer Ruhe vorherrscht — "Doch schmeichelnd schwebt um dich ihr Widerschein, / Gedämpft zum Flüstern, [...]"— so zeigt sich, ganz im Gegensatz zu Wordsworth, im Herzen, im Innern, gerade keine Ruhe, sondern die bereits in der zweiten Strophe in Erscheinung tretende und in den ersten zwei Zeilen der letzten Strophe fortgeführte ängstliche, qualvolle Unruhe:

Die dunkle Stadt, sie schläft im Herzen mein
Mit Glanz und Glut, mit qualvoll bunter Pracht."

Während diese Unruhe einerseits natürlich von der unterdrückten Hektik der nächtlichen Stadt herrührt, so ist sie andererseits — nicht zuletzt aufgrund der Anklänge an die Hure Babylon — auch auf die schlafende Figur zu beziehen. Jenes Bild der unruhig Schlafenden wird eingerahmt von den zwei ersten und den zwei letzten Zeilen des Gedichtes, in denen jeweils ein lyrisches Gegenüber angesprochen wird. Dieser Rahmen wird schon durch das spiegelbildlich wiederholte Reimpaar Nacht/Pracht besonders gekennzeichnet. Das zu Anfang und zu Ende des Gedichtes angesprochene Du steht im Gegensatz zu der bedrohlichen, aber auch verlockenden Gestalt dazwischen, von der es gleichwohl ein gedämpftes Abbild ist. Einerseits bezeichnet der "Widerschein," der um das angesprochene Du schwebt, die Spiegelung der Lichter der Stadt, andererseits aber, vor allem nach der Zeile "sie schläft im Herzen mein," handelt es sich auch um eine Art geläuterter Projektion der inneren Beklemmung des lyrischen Ich, eine Bändigung einer kaum eingestandenen Verlockung. Die verhüllte Liebeserklärung im Gewand der Sprache von Wordsworth einerseits und der biblischen Apokalypse andererseits stellt das Verhältnis zum lyrischen Gegenüber in einen übergreifenden, endzeitlichen Zusammenhang, der die Tiefe und Wehmütigkeit des Gedichtes ausmacht. Erst unter Heranziehung von vorgegebenen Versen aus der Bibel und aus dem Sonett von Wordsworth wird es dem Sprecher möglich, persönliche Erlebnisse darzustellen und intime, halb verdrängte Gedanken auszusprechen.

Aber die Anklänge und Anspielungen haben noch eine weitere Funktion. In diesem Gedicht — wie auch in anderen von Hofmannsthal, so konventionell sie auf den ersten Blick auch wirken mögen — können wir den Versuch erkennen, anhand von Rückgriffen auf frühere Texte eine Sprache entstehen zu lassen, die sich wegen ihrer Bedeutungsmitgift weitgehend von der üblichen Metaphernsprache löst. Die traditionelle Metapher mit ihren eigentlichen und uneigentlichen Bereichen beruht auf der Annahme, daß eine grundlegende Analogie zwischen der objektiven Welt und der Welt des Geistes besteht, so daß jeder geistige Vorgang bildlich durch einen Vorgang in der Außenwelt dargestellt werden kann. Die im Gedicht vorhandene Zweiteilung zwischen lyrischem Gegenüber und im Herzen vorgestellter Gestalt, zwischen Außen und Innen, Objekt und Subjekt, entspricht einer Polarität, die auch der Metapher zugrunde liegt, in der Eindrücke aus der Außenwelt (die Betrachtung der Stadt) beim lyrischen Subjekt innere Vorgänge auslösen. Allerdings zeigt gerade dieses Gedicht, wie fragwürdig ein solches Schema ist: Es ergibt sich sofort die Möglichkeit, daß das vermeintlich objektive Bild der Außenwelt seinerseits von einer vorgegebenen Vorstellung bedingt wird. Die innere Unruhe, das schlechte Gewissen, die Erinnerung an vergangene erotische Beziehungen beim Anblick des angesprochenen Du beschwören den apokalyptischen Vergleich der Stadt mit einer Schlafenden herauf und dieser wiederum den mit der Hure Babylon im Anklang an das Alte Testament. Es handelt sich nicht mehr nur um einen Einfluß von Außen nach Innen, von Ursache und Wirkung, sondern auch umgekehrt um einen Einfluß von Innen nach Außen, und es ist nicht mehr möglich zu sagen, welches von beiden Priorität hat. Ausdruck dieses Sachverhalts ist die zuvor beschriebene verselbständigte Metapher, in der die Darstellung der Schlafenden sich vollständig von jener der Stadt gelöst hat.

In "Siehst du die Stadt" wird die nur in eine Richtung verlaufende Verbindung zwischen Ursache und Wirkung, Wahrnehmung und Vorstellung, eigentlicher und uneigentlicher Bedeutung in Frage gestellt, und damit die Metaphern- und Symbolsprache, die bis in die Nachromantik hinein uneingeschränkte Gültigkeit zu haben schien. In diesem Gedicht beziehen sich die Wörter nicht mehr, wie z.B. noch bei Wordsworth, direkt auf Gegenstände und Sachverhalte in der Außenwelt, sondern vor allem auf bereits bestehende Sprachbausteine, die aus dem Steinbruch der gesamten westlichen Tradition gelöst und neu zusammengestellt werden. Für Hofmannsthal ist das Symbol vollends "schal" geworden, und im "Gespräch über Gedichte" schlägt er denn auch vor, es durch den Begriff "Verwandlung" zu ersetzen.

"Siehst du die Stadt" kann als hervorragendes Beispiel für eine solche Verwandlung angesehen werden. Auf den ersten Blick scheinen die Worte, die ausschließlich Dinge und Sachverhalte der objektiven Welt bezeichnen, Symbole zu sein; bei genauerer Analyse entpuppen sie sich jedoch als ein Netz von Anspielungen und Anlehnungen, die kunstvoll verwandelt werden und gleichzeitig verwandeln: Mit schon vorhandenen Bausteinen wird eine neue Stadt aufgebaut, die nun in einem neuen, volleren Bedeutungsschein erglänzt.

Es ist sicher auch kein Zufall und zeugt von Hofmannsthals Größe, daß derselbe Topos sowohl in der deutschen als auch in der englischen Literatur weiterbesteht. "Siehst du die Stadt" knüpft nicht nur an die vorangegangene Tradition an, sondern läutet auch schon den unmittelbar folgenden Expressionismus ein. Bereits 1910 erschien die erste expressionistische Großstadtanthologie *Im steinernen Meer: Großstadtgedichte*.[5] Schon in den ersten Zeilen des Eingangsgedichtes von Julius Hart finden wir die gleichen Bausteine wieder; auch hier wird die Stadt mit der menschlichen Figur verglichen:

Berlin
Endlos ausbreitest du, dem grauen Ozean gleich,

---

[5] *Im steinernen Meer: Großstadtgedichte*, hrsg. von O. Hübner (Berlin: Schönberg Buchverlag der "Hilfe," 1910).

den Riesenleib; [...]⁶

Und in dem nur wenige Jahre später erschienenen Gedicht "The Love Song of J. Alfred Prufrock" von T. S. Eliot erkennen wir abermals dieselben Elemente:

> Let us go then, you and I,
> When the evening is spread out against the sky
> Like a patient etherised upon a table;
> Let us go, through certain half–deserted streets,
> The muttering retreats
> Of restless nights in one–night cheap hotels [...].⁷

Wiederum finden wir die gleichen Metaphern: die nächtliche Stadt, den Vergleich mit einer menschlichen Gestalt — hier, wie auch am Ende von "Siehst du die Stadt" im Widerschein der Lichter gegen den Himmel —, die Andeutung einer käuflichen Liebe und vor allem das Verhältnis des lyrischen Ich zu einem Du. Jedoch weder bei Julius Hart noch bei T. S. Eliot, so unkonventionell im Vergleich zu Hofmannsthal sie auch in Form, Versmaß, Reim usw. sein mögen, finden wir eine ähnliche, aus Sprachbausteinen der vorangegangenen literarischen Epoche zusammengestellte Metapher, die sich verselbständigt und einen neuen Eigenwert annimmt. So wie es noch bei Wordsworth hieß: "This City now doth, like a garment, wear [...]," so heißt es auch bei Julius Hart wieder "[...] ausbreitest du, dem grauen Ozean gleich, / den Riesenleib [...]" und bei T. S. Eliot "[...] the evening is spread out [...] / Like a patient." Die alten Vergleichsworte, die immer wiederkehren und die Lyrik über Epochen- und Sprachgrenzen hinweg zu verbinden scheinen, begründen aber gleichzeitig doch auch gesonderte Bereiche, und was Hofmannsthal "millenarisch" zusammengeführt hatte, ist abermals getrennt.

---

⁶ ebd., 38.

⁷ T. S. Eliot, *The Complete Poems and Plays, 1909–1950* (New York: Harcourt Brace, 1952), 3.

Werner Schwan

Zum Gedächtnis des Schauspielers Mitterwurzer

WER VON HOFMANNSTHALS SCHAUSPIELERGEDICHTEN reden will, muß sich der zentralen Bedeutung des Theatralischen und Schauspielerischen im Schaffen dieses Dichters bewußt sein. Das gilt sowohl für die ästhetischen wie für die kulturpolitischen Aspekte des Werkes. Hofmannsthal sieht bei dem genannten Thema besondere kulturgeographische und kulturhistorische Gegebenheiten und Unterschiede. Obwohl alles andere als ein Feind der deutschen Literatur, sieht er doch in allen Fragen das Theater betreffend bei den Deutschen, speziell der norddeutsch-protestantischen Tradition, erhebliche Defizite. Im "Buch der Freunde" notiert er: "Die Deutschen haben wenig Begabung für Schauspielkunst, aber viel Schauspielerei; wenig Sinn und Geschmack für Rhetorik, aber viel Übertreibung; wenig Anlage fürs Soziale, aber unendlich viele gesellschaftliche Hemmungen."[1] Das "Oesterreichische" dagegen definiert Hofmannsthal im "Ad me ipsum" als "natürliche Verbindung mit dem Theater" (RuA III, 626), und im Zusammenhang seiner zahlreichen Initiativen zugunsten der Salzburger Festspiele formuliert der Dichter: "Der Fest-

---

[1] Zitiert wird, wenn nicht anders angegeben, nach *Gesammelte Werke in zehn Einzelbänden*, hrsg. von Bernd Schoeller in Beratung mit Rudolf Hirsch (Frankfurt a.M.: Fischer, 1979). Die Sigle RuA bezieht sich auf die Bände *Reden und Aufsätze I–III*, hier RuA III, 278.

spielgedanke ist der eigentliche Kunstgedanke des bayrisch-oesterreichischen Stammes." Die Gründung eines Festspielhauses auf der Grenze zwischen Bayern und Österreich ist ihm ein "symbolischer Ausdruck tiefster Tendenzen, die ein halbes Jahrtausend alt sind, zugleich Kundgebungen lebendigen, unverkümmerten Kulturzusammenhanges [...]. Südlichdeutsches Gesamtleben tritt hier hervor." In ihm "ist ein großartiges Übereinanderschichten aller theatralischen Formen, die dem süddeutschen Boden entsprossen sind: vom Mysterium und der Moralität über das Puppenspiel und das jesuitische Schuldrama zur höfischen Oper mit Chören, Maschinen und Aufzügen" (RuA II, 255). Zwar weiß Hofmannsthal, daß gerade zu seiner Zeit auch in Berlin unter der Direktion seines Freundes Max Reinhardt vorzügliches Theater gespielt wird, dennoch bleiben ihm Geschmack und Publikum in Berlin und Wien streng geschieden:

> Für das Berlinische gilt sehr scharf Schillers Wort: Der Deutsche ist nur moralisch, nicht ästhetisch zu rühren; das unsrige ist gerade ästhetisch zu rühren, es ist durch die Phantasie, die dem Sinnlichen nahe bleibt, zu finden und zu bewegen. Das rein Verstandesmäßige widerstrebt ihm [...], sitzt es vor der Rampe, so ist es von der sinnlich-seelischen Synthese nicht abzubringen (RuA II, 241).

Die jahrhundertealte österreichische Theaterleidenschaft, dazu die glückliche soziale Mischung des Theaterpublikums in Wien (eine "zugleich bunte und distinguierte Zusammensentzung") hat, so meint Hofmannsthal, die Atmosphäre eines gebildeten Geschmacks entstehen lassen, in der sich "ein ausgesprochener Sinn für Qualität und Distinktion, vor allem gegenüber der schauspielerischen Leistung" (RuA II, 236) entwickeln konnte.

Der ausgebildete Sinn für alles Theatralische, die besondere Wertschätzung und Beachtung der schauspielerischen Leistung haben Hofmannsthal durch sein Leben begleitet; sie haben ihm Freundschaften und produktive Verbindungen mit Gleichdenkenden und ausübenden Künstlern in großer Zahl beschert, und sie haben Irritationen ausgelöst bei zeitgenössischen Literaten und Dichtern, die das Theater als das Wirkungsfeld eines ihnen nie zureichenden Publikumsgeschmacks verachteten. Stefan George z.B. hat die Theaterbesessenheit des von ihm so heftig umworbenen jungen Hofmannsthal streng mißbilligt; Friedrich Gundolf war der Meinung, "daß es zum größten Teil nur dieser Gegensatz" gewesen sei, der die "feindlichen Heerlager" geschieden habe.² Für Hofmannsthal aber bedeutete der persönliche Kontakt, der ständige geistige Austausch mit Schauspielern eminent viel. Die Kooperation mit Schauspielern inspirierte seinen schöpferischen Impetus derart, daß er viele seiner dramatischen Rollen im Blick auf einzelne Schauspieler konzipierte. Den Dialog mit dem ausübenden Künstler verstand der Dichter dabei durchaus als wechselseitiges Geben und Nehmen. Wie sehr er sich oftmals auch von Darstellern der von ihm erdachten Rollen beglückt fühlte, dokumentieren die Worte an Gertrud Eysoldt: "Wir wollen einander immer wieder Gestalten und nichts als Gestalten schenken; wie viel schöner ist das als Worte, und selbst Blicke und alles übrige."³ Besonders eng verbunden aber fühlte sich der Dichter dem überragenden Schauspieler seiner Zeit, Josef Kainz. Als dieser im Jahre 1910, kaum mehr als fünfzig Jahre alt, starb, traf dies Hofmannsthal als ein schwerer Schlag. Sein Freund, Graf Kessler, wußte, welche Dimensionen dieser Verlust für den Dichter hatte:

> Wie schmerzlich berührt mich diese Nachricht Deinetwegen! Wie viele Hoffnungen und Pläne, ja selbst Figuren, die Du geschaffen hättest, sind dadurch in Nichts vergangen. Gerade, wo ich weiß, wie sehr Deine Phantasie mit den einzelnen individuellen Schauspielern wie mit einem Material, aus dem sie bilden kann, arbeitet, kann ich ermessen, wie tief Dich der Verlust dieses großen, wahrhaft genialen Verkörperers nicht nur äußerlich, sondern ganz intim, in Deiner Schaffensfreude treffen muß.⁴

In der Hofmannsthal-Forschung ist die fortwährende und intensive Beschäftigung des Dichters mit Wesen und Funktion des Schauspielers bisher wenig beachtet worden.⁵ Ist die von Hofmannsthal notierte Unlust

---

² Zitiert nach Erika Brecht, "Das Theater: Hofmannsthals weltliche Mission," Helmut A. Fiechtner, *Hugo von Hofmannsthal. Die Gestalt des Dichters im Spiegel der Freunde* (Wien: Humboldt, 1949), 210.

³ Hugo von Hofmannsthal, *Briefe 1900–1909* (Wien: Bermann-Fischer, 1937), 196.

⁴ *Hugo von Hofmannsthal und Harry Graf Kessler: Briefwechsel*, hrsg. von Hilde Burger (Frankfurt a. M.: Insel, 1968), 303. Erhard Burschbeck berichtet, daß sich Hofmannsthals Pläne, seine Tragödie *Der Turm* am Burgtheater aufzuführen, zerschlugen, weil er sich als Darsteller für den König niemand anderen als Bassermann vorstellen konnte. (E. B., "Bahr und Hofmannsthal im Gespräch," Fiechtner (Anm. 2), 224).

⁵ Der zitierte Artikel von Erika Brecht (vgl. Anm. 2) bringt biographische Erinnerungen, ist aber kein wissenschaftlicher Beitrag. Enttäuschend ist die Dissertation von Rudolf Debiel mit dem ambitionierten Titel "Die Metaphysik des Schauspielerischen. Aufweis eines sprachlichen Bildfeldes innerhalb der Dichtwerke von F. Nietzsche, St. George, R. M. Rilke und H. v. Hofmannsthal" (Diss., Bonn, 1956). Über Hofmannsthal spricht der Verfasser nur im Blick auf die Welttheaterdichtungen. Nützliche Hinweise, aber keine genaueren Interpretationen geben die beiden Aufsätze von Hilde Cohn, "Hofmannsthals

der Deutschen an der Schauspielkunst dafür der Grund? Das mag eine Rolle spielen. Jedenfalls verdienen Hofmannsthals zahlreiche Aufsätze über das Wiener Burgtheater oder die Salzburger Festspiele ebenso wie die Beiträge über Eleonora Duse oder Max Reinhardt als zentrale Zeugnisse seiner ästhetischen Ansichten und kulturpolitischen Positionen eingeschätzt zu werden. Seine drei Schauspielergedichte aber, von denen eins hier näher untersucht werden soll, haben als herausragende Produktionen des Lyrikers Hofmannsthal zu gelten. Die Verse "Zum Gedächtnis des Schauspielers Mitterwurzer" (1898), "Auf den Tod des Schauspielers Hermann Müller" (1899) und "Josef Kainz zum Gedächtnis" (1910) gehören zu den besten und für Hofmannsthals Kunstwillen aussagekräftigsten Gedichten. Über den Charakter von Gelegenheitsgedichten ragen sie bedeutend hinaus. Sie erschöpfen sich auch keineswegs im möglichst exakten Aufweis der individuellen Eigenarten von Mitterwurzer, Müller oder Kainz. Sie nehmen vielmehr Einzelzüge zu Anhaltspunkten einer Phänomenologie des Schauspielers schlechthin, sie handeln vom Schauspieler als exemplarischem Menschen.

Nur für die Verse auf Kainz liegt bisher eine relevante Interpretation vor.[6] Rilke hat gerade die Mitterwurzer-Verse mit einem pointierten Lob bedacht — ein Votum, das, wie uns scheint, nicht von ungefähr kommt.[7] Wir wählen deshalb zur genaueren Betrachtung den Nekrolog auf Mitterwurzer, verweisen aber bei Gelegenheit auch auf die beiden anderen Gedichte. Damit rückt das zeitlich erste, vielleicht auch das am grundsätzlichsten sprechende der drei Schauspielergedichte in den Mittelpunkt.

Gedichte für Schauspieler," *Monatshefte* 46 (1954), 85–94, und Michael Hamburger "Art as Second Nature. The Figures of the Actor and the Dancer in the Works of H. v. Hofmannsthal," *Romantic Mythologies*, hrsg. von Ian Fletcher (London: Routledge & Paul, 1967), 225–240. Eine exakte Analyse bietet dagegen die Studie von Richard Exner, "Hofmannsthals 'Verse zum Gedächtnis des Schauspielers Joseph Kainz'," *Für Rudolph Hirsch: Zum siebzigsten Geburtstag* (Frankfurt a. M.: S. Fischer, 1976), 204–223. Der Sammelband *Hofmannsthal und das Theater. Die Vorträge des Hofmannsthal-Symposiums Wien 1979*, hrsg. von Wolfram Mauser (Wien: Fink, 1981), enthält keinen Beitrag über die Schauspielergedichte. Der Aufsatz von Heinz Kindermann, "Hofmannsthal und die Schauspielkunst," *Sitzungsbericht der Österreichischen Akademie der Wissenschaften*, phil.-hist. Klasse, Bd. 262 (Wien: Böhlau, 1969), ist im wesentlichen biographisch orientiert.

[6] Die in Anm. 5 genannte Studie von Richard Exner.

[7] Rilke schreibt am 4. Januar 1908 an Hofmannsthal: "Hier lesen wir viel in den Gedichten (immer wieder das herrliche Gedicht 'Zum Gedächtnis Mitterwurzers') und in den kleinen Dramen [. . .]," [Hugo von Hofmannsthal, Rainer Maria Rilke: Briefwechsel], hrsg. von R. Hirsch und I. Schnack (Frankfurt a. M.: Insel, 1978), 58.

Wir zitieren das recht umfangreiche Gedicht in vier Abschnitten und geben die interpretierenden Hinweise in der damit geschaffenen Gliederung.[8]

> Er losch auf einmal aus so wie ein Licht.
> Wir trugen alle wie von einem Blitz
> Den Widerschein als Blässe im Gesicht.
>
> Er fiel: da fielen alle Puppen hin,
> In deren Adern er sein Lebensblut   5
> Gegossen hatte, lautlos starben sie,
> Und wo er lag, da lag ein Haufen Leichen,
> Wüst hingestreckt: das Knie von einem Säufer
> In eines Königs Aug gedrückt, Don Philipp
> Mit Caliban als Alp um seinen Hals,   10
> Und jeder tot.
>
> Da wußten wir, wer uns gestorben war:
> Der Zauberer, der große, große Gaukler!
> Und aus den Häusern traten wir heraus
> Und fingen an zu reden, wer er war.   15
> Wer aber war er, und wer war er nicht?

Das in acht ungleichmäßige Strophen gegliederte, bis auf die sechs Schlußverse und die Verse 1 und 3 reimlose Gedicht wird metrisch bestimmt vom fünfhebigen Jambus. Es wird also, beziehungsvoll, getragen vom klassischen Versmaß des deutschen Dramas, dem Blankvers.

Die kurze erste Strophe setzt mit dem Personalpronomen "er" und dem von ihm regierten Verb ein, was nicht weiter bemerkenswert wäre, wenn nicht im Einsatz der zweiten, vierten und fünften Strophe die gleiche Verbindung von Personalpronomen und Satzverb zu finden wäre ("Er fiel," "er kroch," "er war"). Mit solchem viermal erscheinenden pointierten Strophenanfang erhält das Gedicht eine zwar unauffällige, aber doch spürbare rhythmische Gliederung, auf die zu achten sein wird. Markant wird jeweils das Subjekt, sein Handeln und Sein in den Vordergrund gerückt.

Der Eingangsvers faßt das Hinscheiden des Schauspielers in das Bild des verlöschenden Lichtes. Er deutet damit auf die Lichtmetaphorik, die später zur Glut- und Feuermetapher erweitert wird. Diese Metaphorik findet man in der europäischen poetischen Tradition ungezählte Male; sie

---

[8] Zitiert wird nach der *Kritischen Ausgabe*, siehe Fußnote 1 von "Zum Geleit" in diesem Band; SW 1, 82–83.

soll die Inspiration, oftmals auch die göttliche Weihe des Dichters bezeichnen, aber nicht die des Schauspielers.

Die Verse 2 und 3 veranschaulichen unmittelbar das Verwachsen- und Verwobensein des Schauspielers mit seiner Gemeinde. Das Verlöschen seines Lebenslichtes, im letzten Aufflackern leuchtend "wie ein Blitz," hinterläßt in seiner Umgebung tiefes Betroffensein, das sich als Blässe bekundet.[9] Das "wir trugen alle" läßt keine Distanzierung oder Aussonderung zu. Wer in der Nähe des Genius lebte,[10] war auch in seinem Bann und hat nun Anteil an einem tiefen Erschrecken über seinen Tod. Damit ist ein wichtiger Punkt berührt. Das Tun und Wirken des Schauspielers ist bei aller Profilierung und Genialität von Einzelnen bezogen auf Mitspieler und Adressaten. Mit engagierten Worten spricht Hofmannsthal vor allem in dem Aufsatz "Hundertfünfzig Jahre Burgtheater" von diesem Sachverhalt. Unbeschadet herausragender Individuen "ist Geselligkeit der beste Teil" dieser Institution:

> Wir sehen kaum je das Bild eines einzelnen Schauspielers vor uns, sondern immer mehrere. Ihr Miteinander ist das Beste und Wichtigste an ihnen. Jede ihrer Gebärden ist voll Bezug: Bezug auf die Mitspielenden, zugleich aber auch Bezug auf die Zusehenden, auf das Haus, das so viele Elemente umschließt, so gesondert, so verbunden — von der Allerhöchsten Person bis zum Laufburschen oder Ladenjungen auf der Galerie. Ihre Gebärde ist nicht genialisch-großartig, sondern vor allem verbindlich; sie verbindet Spieler und Spieler, den Einzelnen mit dem Ganzen. Zwischen diesen zwanzig vorzüglichen Schauspielern herrscht eine ungeschriebene Übereinkunft, die ohnegleichen ist (RuA III, 176).

Im Erschrecken der Nächststehenden über den Tod der großen Mittelpunktsfigur bekundet sich das Miteinander, das jäh unter brochen ist.[11]

---

[9] Gisela Henze hat in ihrer Arbeit über die Zeitschrift *Der Pan* analysiert, daß in Dichtungen des Jugendstils das Motiv der Blässe häufig als "Zeichen für starke Seelenhaftigkeit" mit der Tendenz zur "Entgrenzung" und "Auflösung" in der Natur eingesetzt wird: G.H., "*Der Pan*. Geschichte und Profil einer Zeitschrift der Jahrhundertwende" (Diss., Freiburg i. Br., 1974), 450. Man könnte auch im Mitterwurzer-Gedicht an diese Bedeutung denken, zumal Hofmannsthal das Motiv der Blässe sehr gezielt in diesem Sinne in den "Terzinen" verwendet.

[10] Hofmannsthal spricht auch in seinen Essays ohne weiteres vom "schauspielerischen Genius," vgl. RuA III, 176.

[11] Das Miteinander des Ensembles und die überragende Stellung eines Einzelnen vermochte nach H. Bahrs Urteil der damalige Intendant Burckhard zu vereinbaren, indem er es verstand, "alle Partner auf Mitterwurzer zu stimmen" (Hermann Bahr, *Kulturprofil der Jahrhundertwende. Essays. Zum 100. Geburtstag des Dichters*, hrsg. vom Land Oberösterreich und der Stadt Linz, eing. von H. Kindermann [Wien: H. Bauer, 1962], 262.)

Die zweite Strophe spricht das *tremendum* des Todes noch einmal und doch anders aus: Auf der Bühne hinterbleibt ein Chaos unbelebter Gestalten. Ein groteskes Bild läßt sie alle über- und durcheinanderfallen wie Marionetten, die nicht mehr an ihren Drähten gehalten werden. Die Gestalten von Säufer und König lassen sich auf jeder Jahrmarktsbühne denken; Don Philipp aber, der strenge und hoheitsvolle Herrscher aus Schillers *Don Carlos*, und Caliban, der mißgestaltete Halbmensch aus Shakespeares *Sturm*, sind literarische Rollen. Wieso aber, so mag man fragen, sterben sie mit dem Tode Mitterwurzers? Daß "jeder tot" ist, sagt die verkürzte und damit in den Betonungen beschwerte Schlußzeile dieser Strophe noch einmal ausdrücklich. Aber leben Philipp und Caliban nicht weiter als literarisch fixierte und jederzeit wieder erweckbare Gestalten? Für Hofmannsthals Auffassung nicht ohne weiteres. Mit einem großen Schauspieler stirbt für Hofmannsthal zumindest eine bedeutende Gestaltung der Rolle, die unwiederholbar ist und so niemals wiederkehren wird. Prägnant hat der Dichter in seinem Essay über Max Reinhardt über die mitschöpferische Funktion des Schauspielers bei der künstlerischen Realisierung des Dramas gesprochen:

> Der dramatische Text ist etwas Inkomplettes und zwar um so inkompletter, je größer der dramatische Dichter ist [...]. Nichts ist wunderbarer als, mit etwas gereiftem Blick, bei den größten Dramatikern der neueren Welt, bei Shakespeare und bei Calderón, zu erkennen, wie sehr alles, was sie gearbeitet haben, bei aller magischen Komplettheit doch den Charakter der Skizze beibehält, wie sehr sie es verstanden haben, frei zu lassen, das Letzte, ja auch das Vorletzte, *nicht zu geben* (RuA II, 312 f).

Hierin liege, so meint Hofmannsthal, die Differenz zwischen Drama und Roman. Enthalte das Drama *Macbeth* etwa zwanzigtausend Worte, so der Roman *David Copperfield* etwa eine Million. Dennoch sei die "Vision der Welt und des Geschickes," die Shakespeares Drama vermittle, nicht weniger reich und vollständig als die von Dickens' Roman. Niemand könnte behaupten, der *Hamlet* habe weniger Inhalt als der *Don Quixote*.

> Aber der Romanschreiber geht darauf aus, mit seinen Worten das Ganze zu geben [...]. Aber der Dramatiker hätte sein Spiel schon verloren, wenn es ihm nicht gelänge, die Zuschauer ebenso wie die Schauspieler zu seinem mittätigen Werkzeug zu machen" (RuA II, 313f).

In seinem ersten Aufsatz über Eleonora Duse, bereits im Jahre 1892 von dem damals achtzehnjährigen Dichter geschrieben, rühmt Hofmannsthal ganz im Sinne der auf Reinhardt gemünzten Worte an dieser genialen Schauspielerin die Fähigkeit, die vom Dichter geschaffene Gestalt auch da noch als ein lebendiges Wesen zu spielen, wo der Dichter "erlahmt" war und sie "im Stich gelassen" hatte. Die Duse spielt weiter "in dem Geiste, den er nicht gehabt hat, mit der letzten Deutlichkeit des Ausdrucks, die er nicht gefunden hat [. . .], sie spielt die Übergänge; sie füllt die Lücken der Motivierung aus" (RuA I, 470).[12]

So ist der Klage um den Tod des genialen Akteurs der Schmerz um den Verlust eines Unwiederbringlichen eingeschrieben, denn so wie jener Schauspieler aus dem Text des Dichters die Gestalt weiter und zu Ende dachte und fühlte, genauso soll es nie wieder jemand versuchen, genauso wird es nie wieder jemand können. Im Moment des Abscheidens wird deutlich, wer dieser Unverwechselbare war. Die dritte Strophe nennt ihn den Zauberer, den großen Gaukler. Die Grenzen zwischen sinnlicher, derber Volksbelustigung und dem Kunstdrama werden in solcher Benennung fließend, wie bereits in der Aufzählung der übereinanderfallenden toten Puppen. Für Hofmannsthal ist aber, wie bereits anfangs erwähnt, Theater nie auf das literarische Drama beschränkt. Gerade das Übereinander und das Miteinander der unterschiedlichen Niveaulagen und theatralischen Formen vom Puppenspiel über das Mysterium, Oper, Schuldrama zum Drama Shakespeares, Calderóns und der Moderne macht für ihn Reiz und Wesen der süddeutsch-österreichischen Theatertradition aus.

Der Romanist Jean Starobinski hat in seinem Essay "Porträt des Künstlers als Gaukler" von der merkwürdigen Identifikation der modernen Künstler mit dem "Mikrokosmos des Possenspiels und der elementaren Zauberei" gesprochen. Seit der Romantik, so meint Starobinski, seien Narr, Gaukler und Clown die hyperbolischen und mit Absicht verzerrenden Bilder," die von sich selbst und von den Bedingungen der Kunst zu geben, den Künstlern gefallen haben. Es handele sich dabei um ein "verkleidetes Selbstbildnis," dessen Zeichenhaftigkeit die einer "sarkastischen oder schmerzlichen Karikatur" übertreffe.[13] Das mag, sofern es sich auf die von Starobinski genannten Autoren wie Musset, Flaubert und Jarry bezieht, richtig sein. Für Hofmannsthal kann solches aber nur im Sinne einer Vorzeichenänderung gelten. Die unverkennbare Verwandtschaft, ja die "Zwillingsbrüderschaft" (RuA II, 311) zwischen dramatischem Dichter und Schauspieler als

---

[12] Vgl. auch Hofmannsthals Aufsatz "Ein rumänischer Dramatiker:" "Der wahre Theaterdichter ist entweder selber Schauspieler, oder es fehlt nur eines Haares Breite, daß er es wäre, das heißt, im Arbeiten seiner Phantasie sind Wort und Gebärde unlöslich vereinigt, sein Einfall ist niemals bloß psychologisch, sondern immer mimisch" (RuA II, 210).

[13] Jean Starobinski, *Porträt des Künstlers als Gaukler. Drei Essays* (Frankfurt a. M.: S. Fischer, 1985), 10.

Zauberer und Gaukler hat bei Hofmannsthal den Charakter des Emphatischen.[14] Das zweimalig im Mitterwurzer-Gedicht dem Gaukler gegebene Adjektiv "groß" belegt es. Zauberer und Gaukler ist der Schauspieler hier nicht als sensationsgieriger Possenreißer oder verlachter Außenseiter, sondern als Magier, als Verwandler, als jemand, der im Besitz geheimnisvoll verbindender, traumhafter Kräfte ist. Man mag an den Magier im Gedicht "Ein Traum von großer Magie" denken, von dem es heißt: "Er fühlte traumhaft aller Menschen Los / So wie er seine eigenen Glieder fühlte. / Ihm war nichts nah und fern, nichts klein und groß." Mit allem fühlt er sich verwandt, allen Dingen, Menschen und lebendigen Wesen ist er nah, und er ist bereit, ihre Lebenssubstanz in sich aufzunehmen und sie auf geheimnisvolle Art wieder in Gestalten zu verwandeln.

Gerade das jetzt gewonnene intensive Bewußtsein, dem Außerordentlichen gegenüber gewesen zu sein, läßt am Ende der dritten Strophe mit zunehmender Dringlichkeit die Frage nach seinem Wesen erneuern: "Wer aber war er, und wer war er nicht?" Diese Spur könnte auf verschiedenen Wegen verfolgt werden: einmal biographisch-psychologisch, zum anderen mit einer neuerlichen Beschreibung seines Tuns und Wesens und damit der Typologie des Schauspielers. Hofmannsthal wählt den letzteren Weg.

Er kroch von einer Larve in die andre,
Sprang aus des Vaters in des Sohnes Leib
Und tauschte wie Gewänder die Gestalten.
Mit Schwertern, die er kreisen ließ so schnell,   20
Daß niemand ihre Klinge funkeln sah,
Hieb er sich selbst in Stücke: Jago war
Vielleicht das eine, und die andre Hälfte
Gab einen süßen Narren oder Träumer.
Sein ganzer Leib war wie der Zauberschleier,   25
In dessen Falten alle Dinge wohnen:
Er holte Tiere aus sich selbst hervor:
Das Schaf, den Löwen, einen dummen Teufel
Und einen schrecklichen, und den, und jenen,
Und dich und mich. Sein ganzer Leib war glühend   30
Von innerlichem Schicksal durch und durch,
Wie Kohle glühend, und er lebte drin
Und sah auf uns, die wir in Häusern wohnen,
Mit jenem undurchdringlich fremden Blick
Des Salamanders, der im Feuer wohnt.   35

---

[14] In der Literatur der Zeit wäre als weiteres Beispiel der Huldigung von Seiltänzern und Artisten die 5. der Duineser Elegien von Rilke zu nennen.

Der markante Einsatz der vierten Strophe ("Er kroch von einer Larve in die andre") verdeutlicht sogleich, was den Lyriker Hofmannsthal an Mitterwurzer vorrangig interessiert: Seine Verwandlungskunst, sein Gestaltenreichtum sind das Faszinierende an ihm und nicht die Person mit individuellen Eigenarten und Charakterzügen. Sie bleibt ganz im Hintergrund.

Nicht als ob Hofmannsthal für diesen, hier ausgeblendeten Aspekt — den Zusammenhang von Schauspielerei und individuellem Lebensvollzug — kein Sensorium gehabt hätte. Er selbst kannte dieses Thema nur zu gut. Sein Frühwerk ist geradezu bevölkert von Gestalten, die den Übergang von einem ins andere genießen und zugleich an ihm leiden. Mit beredten Worten spricht der "Prolog zu dem Buch 'Anatol'" davon:

> Also spielen wir Theater,
> Spielen uns're eig'nen Stücke,
> Frühgereift und zart und traurig,
> Die Komödie uns'rer Seele, [...]   (SW 1, 25)

Und ähnlich auch der "Prolog 'Zu einem Buch ähnlicher Art'" mit deutlich warnenden Akzenten.[15] Claudio, der berühmte Held aus *Der Tor und der Tod*, geht an diesem Zwiespalt des Lebensbetruges zugrunde, die Jünger Tizians sind von ihm gezeichnet. Im Rahmen der Schauspielergedichte aber sprechen die Verse "Auf den Tod des Schauspielers Hermann Müller" sehr eindringlich von diesem Motiv. Sie benennen die tiefe Ausweglosigkeit eines Akteurs, der aus der spielerischen Omnipotenz des Verfügens über Gestalten und Situationen den Rückweg in die eigene Lebenswirklichkeit nicht mehr findet.[16]

---

[15]
> Ward je ein so verworrnes Spiel gespielt?
> Es stiehlt uns von uns selbst und ist nicht lieblich
> Wie Tanzen oder auf dem Wasser singen,
> Und doch ist es das reichste an Verführung
> Von allen Spielen, die wir Kinder wissen,
> Wir Kinder dieser sonderbaren Zeit.   (SW 1, 68 f)

[16] Hermann Müller war durch Freitod aus dem Leben geschieden. Die entsprechenden Verse lauten:

> Doch wenn das Spiel verlosch und sich der Vorhang
> Lautlos wie ein geschminktes Augenlid
> Vor die erstorbne Zauberhöhle legte,
> Und er hinaustrat, da war eine Bühne
> So vor ihm aufgethan wie ein auf ewig
> Schlafloses aufgeriss'nes Aug', daran
> Kein Vorhang je mitleidig niedersinkt:
> Die fürchterliche Bühne Wirklichkeit.

Das Mitterwurzer-Gedicht aber nimmt ganz und gar den Schauspieler als Schöpfer von Gestalten in den Blick. Um sofort noch einmal die Spannweite im Ausdrucksvermögen dieses Künstlers zu verdeutlichen, wird seine Fähigkeit, die Generationengrenze zu überspringen, imaginiert: mühelos springt er von der Rolle des Vaters in die des Sohnes — möglicherweise auch ein Hinweis darauf, daß Mitterwurzer im Verlauf weniger Jahre Vater und Sohn in einigen Stücken gespielt hatte, so im *Hamlet*, in *Die Räuber* oder in *Don Carlos*.[17]

Die nächsten Verse bieten ein Bild, das zu den eindrucksvollsten gehört, die der Lyriker Hofmannsthal geschaffen hat. Der Prozeß der Selbstauslöschung des Schauspielers könnte nicht brillianter und anschaulicher verbildlicht werden als in der Metapher der mit rasender Schnelligkeit den eigenen Leib zerschlagenden (und daher unbemerkbaren) Schwerter. Gleichzeitig vermittelt dieses Bild aber auch den Eindruck, daß in allen Gestalten, die der Künstler aus seinem Zauberschleier hervorholt, etwas von ihm selbst steckt, daß Blut von seinem Herzblut sie alle durchpulst. Die Aufzählung der verschiedenen Rollen rückt wieder das Heterogenste nebeneinander: Den Zyniker Jago neben den süßen Narren oder Träumer, das Schaf als das einfältige fromme Tier neben den herrscherlichen Löwen, den dummen Teufel neben den schrecklichen.

An dieser Stelle mag das Nötigste über den Künstler Friedrich Mitterwurzer gesagt werden, auch wenn ein möglichst realistisches Porträt seiner Schauspielerindividualität keineswegs die Intention des Gedichtes ist.

Wir sind über das schauspielerische Wirken Friedrich Mitterwurzers (1844–1897) relativ gut informiert, vor allem durch eine bereits ein Jahr vor seinem Tod erschienene Monographie von Eugen Guglia,[18] die Hofmannsthal rezensierte (RuA I, 479–483), sowie durch später erschienene Beiträge, u.a. von Hermann Bahr[19] und Max Burckhard, dem Wiener

Da fielen der Verwandlung Künste alle
Von ihm und seine arme Seele ging
Ganz hüllenlos und sah aus Kindesaugen.
Da war er in ein unerbittlich Spiel
Verstrickt, unwissend, wie ihm dies geschah; [...]   (SW 1, 89f.)

[17] Vgl. den Hinweis von Eugene Weber, SW 1, 352.

[18] Eugen Guglia, *Friedrich Mitterwurzer* (Wien: Gerold, 1896)

[19] Hermann Bahr, "Mitterwurzer," H. B., *Wiener Theater* (Wien: S. Fischer, 1899)

Burgtheater-Intendanten von 1890–1897.[20] Mit einer kürzeren und einer längeren Unterbrechung war Mitterwurzer von 1871 bis zu seinem Tod 1897 Mitglied des Wiener Burgtheaters.[21]

War Mitterwurzer in den ersten Jahren seines Wirkens in Wien bei der Kritik durchaus umstritten, so entwickelte er sich in seinen späteren Jahren immer mehr zum gefeierten Mittelpunkt des berühmten Ensembles. Als er im Februar 1897 überraschend starb, urteilte der Kritiker der *Neuen Freien Presse*, der Tod dieses Schauspielers bedeute für das Burgtheater eine "große Verarmung." Auf ihn gestützt habe der Intendant Burckhard dem modernen Schauspiel eine Stätte bereiten und das Repertoire verjüngern wollen. "Das ist nun alles abgebrochen. Mitterwurzer ist nicht zu ersetzen. Große Schauspieler sind so selten wie große Dichter."[22]

Das Bemerkenswerte an Mitterwurzer war wohl einmal die enorme Spannweite seines Repertoires,[23] zum anderen seine Befähigung als Charakterdarsteller und Gestalter problematischer, zerrissener Naturen, die ihn u.a. auch zum Interpreten der gerade erschienenen Stücke von Ibsen und Hauptmann prädestinierten.

---

[20] Max Burckhard, *Friedrich Mitterwurzer* (Wien: Wiener Verlag, 1906). Auf eine Fülle kürzerer Beiträge verweist der Artikel "Mitterwurzer" in Wilhelm Kosch, *Deutsches Theaterlexikon*, Bd. 2 (Klagenfurt und Wien: Kleinmayr, 1960), 1491–1493.

[21] Mitterwurzer stammte väterlicherseits aus einem Tiroler Bauerngeschlecht, beide Eltern waren erfolgreiche Schauspieler bzw. Sänger in Dresden. Nach Anfängen auf einigen Provinzbühnen kam Friedrich Mitterwurzer erstmals 1869 als Gast ans Wiener Burgtheater und erhielt 1871 ein erstes Engagement, das er aber, unzufrieden mit der Rollenzuteilung, 1874 wieder verließ. Bereits 1875 holte ihn Dingelstedt ein zweites Mal an die Burg (was ihm seine Kritiker als eine seiner bedeutendsten Taten als Intendant anrechnen). Bis 1884 war er Mitglied des Wiener Stadttheaters, für kurze Zeit leitete er das Carltheater in Wien (wo er sich als Regisseur bewährte), in den Jahren 1886–1894 unternahm er Gastspielreisen durch Deutschland, Holland und Amerika, war aber auch immer wieder in Wien zu sehen. 1894 trat der bis dahin für das Wiener Burgtheater einmalige Fall ein, daß mit Mitterwurzer ein Schauspieler, der zweimal freiwillig das renommierteste Theater Österreichs verlassen hatte, erneut engagiert wurde. Mitterwurzer verfaßte übrigens auch mehrere Komödien, deren Aufführungen jedoch nur mäßigen Erfolg hatten.

[22] Zit. nach SW 1, 348.

[23] Guglia schildert detailliert Mitterwurzers Auftreten in über siebzig Rollen, darunter finden sich so verschiedenartige wie König Etzel in Hebbels *Nibelungen*, Leicester in *Maria Stuart*, Saladin in *Nathan der Weise*, Julius Cäsar, Malvolio in *Was ihr wollt*, Benedikt in *Viel Lärm um nichts*, Galomir in *Weh dem, der lügt*, Shylock, Jago, Caliban im *Sturm*, Franz Moor (bei Auftritten in Amerika hat Mitterwurzer Franz und Karl Moor in ein und derselben Aufführung gespielt), Fiesko, Wurm, Ferdinand, Don Carlos, Philipp, Wallenstein, Macbeth, Richard III, Mephistopheles und in seinen letzten Jahren von Ibsen Konsul Bernick in *Stützen der Gesellschaft*, Hjalmar Ekdal in *Die Wildente* und Alfred Almers in *Klein Eyolf*.

Guglia rühmt an Mitterwurzer immer wieder seine Gabe, große Leidenschaften zum Ausdruck zu bringen.[24] Einen anderen Hauptzug seines Gestaltens sieht er aber auch im Groteskkomischen, im Gaukler- und Clownshaften. Mitterwurzer selbst, so berichtet Guglia, habe einmal die "Feuerfresser, Gaukler, Schlangenmenschen und Schwerttänzer" seine "Collegen" genannt (ebd., 6). Als Carlos in *Clavigo* oder als König Eduard in *Richard III* stellte Mitterwurzer "ursprüngliche Güte," die "herzlichste Besorgniß" und "innigste Theilnahme" dar (ebd., 40 und 82). Ein Lustspiel von Moreto fand ihn in einer "quecksilbernen, sprühenden, zuckenden Beweglichkeit" (ebd., 44). Pantomimisches, die stumme Gebärde, stand ihm ebenso zu Gebote wie die Gabe der Improvisation, die dazu führte, daß er seinen Rollen immer wieder neue Nuancen ablauschte — bisweilen zur Irritation der Zuschauer.

Insgesamt lag Mitterwurzers große Begabung aber wohl in der Darstellung der dämonischen Exaltation, der fieberhaften, vibrierenden, nervösen Erregung.[25] Als Galomir in *Weh dem, der lügt* oder als Caliban war er "wie ein böses, plumpes Thier" von ungeschlachter Urkraft (ebd., 53, 81); zynische Schärfe zeigte er als Narziß (Brachvogel) (ebd., 69), krankhaft überreizte Phantasie als Franz Moor (ebd., 75), satanischen Trotz in der Rolle Jagos (ebd., 74); grotesk-dämonisch wirkte er als Mephistopheles (ebd., 82); als Shylock sprach er mit "zerrissenen, aus dunkler Tiefe aufsteigenden Tönen" (ebd., 70).

Mit zunehmenden Jahren aber erwarb Mitterwurzer sich neue Ausdrucksmöglichkeiten hinzu, leisere Töne traten neben die Ausbrüche großer Leidenschaften, Entsagung, Askese und stille Resignation wurden Bereiche der Darstellung. Von besonderer Eindringlichkeit muß seine späte Interpretation des Philipp gewesen sein. Hermann Bahr verglich ihn mit Bildern von Velasquez: "[. . .] fahl, schmerzlich, finster [. . .] mit der Anämie der alten Rassen," und er befand: "[. . .] wohl das Größte, was die moderne Bühne gesehen."[26] Ähnlich enthusiastische Zustimmung erwarb

---

[24] "Zuletzt wohnt ihm auch die Kraft inne, für einen Augenblick wenigstens auch das Furchtbarste und Äußerste zu bezeichnen; die Stimme vermag zum Donner anzuschwellen, das Wort sich wie ein Blitz in einem Aufschrei zu entladen" (Guglia, vgl. Anm. 18, 4).

[25] ebd., 4, 32, 42, 59, 61, 68, 74, 77, 79, 84, 97.

[26] Hermann Bahr, zit. bei Guglia, 136 und 140.

er sich als Hjalmar Ekdal in Ibsens *Wildente*. Hermann Bahr urteilte dazu: "[. . .] ein Meisterstück des natürlichen Modernen."[27]

Eugen Guglia bilanzierte Mitterwurzers Schauspielkunst als eine Art Dokumentation der menschlichen Natur. Es ist

> eine Stufenleiter, die aus der trüben Dämmerung halb thierischen Lebens bis in die sublimste Region des Geistigen führt und aus den Abgründen der Hölle hinauf zu den heiligen Büßern um Gottes Thron. Dazwischen liegt in bunter Mannigfaltigkeit das Menschenwesen: allen Lebensaltern, Temperamenten, Gesellschaftsklassen hat er ihre Besonderheiten abgelauscht [. . .].[28]

Diese Darstellung Guglias läßt sich mühelos mit den bisher betrachteten, pointiert gesetzten Akzenten in Hofmannsthals Gedicht vereinbaren. Es ist durchaus denkbar, daß der Dichter nicht nur seine persönlichen Eindrücke von Mitterwurzer, sondern auch Guglias Monographie als Hilfsmittel für seinen Nekrolog verwendet hat. Beachtlich bleibt, wie viel der Lyriker in seinem knappen Konstrukt von 67 Versen vermitteln kann (Guglia schildert seine Eindrücke auf 145 Seiten).

Souverän ist die Geste, mit der das Gedicht in der Mitte der fünften Strophe die Gestaltenschau ins Unendliche verlängert und zugleich abschließt. Der Zauberer Mitterwurzer holt nicht nur Tiere und Teufel aus seinem Leib hervor, sondern auch: "[. . .] den, und jenen / Und dich und mich." Hiermit wird alles Menschliche einbegriffen, ohne weiter benannt werden zu müssen, und zugleich wird auch das für jeden Einzelnen Relevante und Bedeutsame dieses Schöpfungsvorganges bezeichnet.

Mit dem Ende der fünften Strophe aber befreit sich Hofmannsthal wieder vom Deskriptiven und knüpft an die Metaphorik des Gedichtanfangs an. Die Bilder vom "wie Kohle" glühenden Leib, vom Salamander, "der im Feuer wohnt," sind aus dem Bereich des Elementaren geschöpft, wie auch die Meer- und Land-Metaphern der folgenden Strophen. Schon in seiner Guglia-Rezension hatte Hofmannsthal Mitterwurzers Wesen in ähnlicher Symbolik gefaßt:

> In seinem Mund werden die Worte auf einmal wieder etwas ganz Elementares, der letzte eindringlichste Ausdruck des Leibes [. . .], reine sinnliche Offenbarungen des inneren Zustandes. In seiner Beredsamkeit kommt die Seele hervor, wie ein Leibliches, und macht vor uns Erlebnisse durch. Wenn er Feuer und Wasser redet, spüren wir "es" sich wärmen, und "es" sich netzen (RuA I, 480f).

---

[27] Hermann Bahr, zit. bei Heinz Kindermann, *Theatergeschichte Europas*, Bd. 8 (Salzburg: O. Müller, 1968), 148.

[28] Guglia, 142.

Unter allen Elementesymbolen sind Feuer und Glut die am intensivsten auf die inneren, seelischen Vorgänge verweisenden. Sie deuten nach alter Überlieferung aber auch auf den Dichter, der wie die Flamme den irdischen Stoff zum Leuchten bringt und sich dabei selbst verzehrt. Der Salamander ist in der poetologischen Tradition Sinnbild der Verjüngungsfähigkeit, nach der christlichen Ikonographie auch Zeichen der Reinheit, Gerechtigkeit, auch der Seele im Fegefeuer.[29] Wichtig scheint zudem, daß der "undurchdringlich fremde Blick" des Salamanders die Betrachter trifft. Sie wohnen in Häusern, d.h. in Sicherheit, während sich der Leben spendende Künstler der Gefährdung, dem Unbehaustsein ausliefert. Seinem Blick aber ist nicht auszuweichen, wenn man sich auf seine Kunst einläßt. Es ist hier der Vorgang umgekehrt, der in Hofmannsthals "Märchen der 672. Nacht" zur Verurteilung des nur ästhetischen Lebens führt. Der nur dem schönen Leben geweihte Kaufmannssohn wird vom inständigen Blick der Mitlebenden getroffen, an deren Rechten er sich vergangen hat. Er hat die Kunst als vom Leben gesonderten Schutzbereich mißverstanden. Im Mitterwurzer-Gedicht ist die Kunst das Medium, durch das jeder auf das Leben, und zwar seine innerste Dimension, verwiesen wird.

Es folgen die Strophen fünf bis sieben:

> Er war ein wilder König. Um die Hüften
> Trug er wie bunte Muscheln aufgereiht
> Die Wahrheit und die Lüge von uns allen.
> In seinen Augen flogen unsre Träume
> Vorüber, wie von Scharen wilder Vögel   40
> Das Spiegelbild in einem tiefen Wasser.
>
> Hier trat er her, auf eben diesen Fleck,
> Wo ich jetzt steh, und wie im Tritonshorn
> Der Lärm des Meeres eingefangen ist,
> So war in ihm die Stimme alles Lebens: 45
> Er wurde groß. Er war der ganze Wald,
> Er war das Land, durch das die Straßen laufen.
> Mit Augen wie die Kinder saßen wir
> Und sahn an ihm hinauf wie an den Hängen
> Von einem großen Berg: in seinem Mund   50
> War eine Bucht, drin brandete das Meer.
>
> Denn in ihm war etwas, das viele Türen
> Aufschloß und viele Räume überflog:
> Gewalt des Lebens, diese war in ihm.

---

[29] Vgl. Klementine Lipffert, *Symbol-Fibel* (Kassel: Stauda, 1964), 41, und *Lexikon der christlichen Ikonographie*, hrsg. von E. Kirschbaum (Rom, Freiburg: Herder, 1972), Bd. 4, 11.

Und über ihn bekam der Tod Gewalt! 55
Blies aus die Augen, deren innrer Kern
Bedeckt war mit geheimnisvollen Zeichen,
Erwürgte in der Kehle tausend Stimmen
Und tötete den Leib, der Glied für Glied
Beladen war mit ungebornem Leben. 60

In diesem Teil des Gedichtes wird das visionäre und expansive Element der lyrischen Sprache immer stärker akzentuiert. Sie scheint in ein realitätsentbundenes Pathos, in zügellosen Überschwang zu geraten, der befremdlich wirken mag.[30] Liest man Hofmannsthals Gedicht aber auf dem Hintergrund zeittypischer Kunstvorstellungen, wie sie sich im Jugendstil oder in von der Lebensphilosophie genährten Anschauungen der Jahrhundertwende niederschlagen, dann wird man gerade diesen Partien des Nekrologs eine repräsentative Funktion zugestehen. Zudem läßt sich zeigen, daß sie in ihrer Metaphernsprache konsequent am Bestand der vierten Strophe anknüpfen.

Wieder finden wir im Beginn der fünften Strophe einen der betonten Anfänge mit "er." In der Aussage "Er war ein wilder König" wird die ungestüme, von Zwängen nicht gebundene Kraft des Künstlers beschworen, dazu wird nun sein Herrscher- und Königsrecht reklamiert. Es kommt ihm zu kraft der "Gewalt des Lebens," die er hat, und kraft der "Stimme alles Lebens," die in ihm ist. Dies sind die Leitworte der sechsten und siebten Strophe und, man darf wohl sagen: des ganzen Gedichtes. Die fünfte Strophe spricht zuvor aber auch — und so direkt, wie bisher noch nicht — von der Bedeutsamkeit des Zauberers und seines Lebenswissens für alles individuelle Leben, für dessen existenzielle Perspektive, für dessen Sein und Schein: die "Wahrheit und die Lüge von uns allen." Hofmannsthal hat an anderer Stelle gesagt, die Künstler und die Kinder wüßten, "was an den Dingen ist. Sie spüren im Fisch die Fischheit, im Gold das Wesen des Goldes, in den Reden die Wahrheit und die Lüge [...]. Sie sind die einzigen, die das Leben als ganzes zu fassen vermögen" (RuA I, 228).

Dem Schauspieler eignet zudem die Gabe, die unbewußten Regungen der Seele, die Ahnungen und Phantasien der Menschen einzufangen.[31]

---

[30] Es ist interessant, daß H. Kindermann, der in seinem Aufsatz (vgl. Anm. 5) einen möglichst attraktiven Eindruck von diesem Gedicht geben will und ca. vierzig Verse daraus zitiert, die fünfte und sechste Strophe unterschlägt.

[31] In seinem 3. Wiener Brief spricht Hofmannsthal von dem mühsamen Weg seiner Generation, ein gegründetes Wirklichkeitsverhältnis zu schaffen. Er meint, diese Schöpfung gehe durch den Zweifel an der Realität, also durch den Traum hindurch: "Aber niemand

"Unsere Träume" reflektieren in seinem Auge, wie im Wasser das Spiegelbild der fliegenden Vögel. Dieser Vergleich der Träume mit den "Scharen wilder Vögel" läßt ihn auch als den Wahrzeichenkundigen, den Propheten und Seher erscheinen, denn aus dem Vogelflug liest der Eingeweihte seit jeher die Zukunft.

Mit der sechsten Strophe schafft Hofmannsthal neue Höhepunkte. Vor allem ergibt sich eine weitere Ausformung der Elemente-Symbolik. Nach den Elementen Feuer (vierte Strophe) und Luft (in der fünften Strophe indirekt durch den Vogelflug assoziiert) werden nun die Elemente Wasser und Erde in die Gestaltung eingebracht. Hatte schon die fünfte Strophe mit dem Bild des um die Hüfte gewundenen Muschelkranzes den Zauberer quasi als König des Meeres imaginiert, so wird dieses Motiv nun zweimal wiederholt. Die "Stimme alles Lebens" ist in ihm wie im Tritonshorn das Geräusch des Meeres; und schließlich heißt es unumwunden und ohne metaphorisierendes Zwischenglied in einer beinahe grotesken Direktheit: "[...] in seinem Mund / War eine Bucht, drin brandete das Meer."

Dazwischen werden in gezielter Steigerung durch den dreimaligen Einsatz von "er" andere Eindrücke vermittelt: "Er wurde groß. Er war der ganze Wald, / Er war das Land, durch das die Straßen laufen." Bemerkenswert sind die Eindringlichkeit der Darstellung und die wechselnden Mittel, mit der jene jeweils erzielt wird. Wie die Feuermetaphorik durch den Salamander, "der im Feuer wohnt," so wird die Wassersymbolik durch die dreimalige Nennung und die am Ende ganz unvermittelte Applikation des Meeres intensiviert. Das Motiv Erde erfährt seine Steigerung dadurch, daß sie sich zum Berg erhebt, sich sozusagen in Massierung des eigenen Stoffes auftürmt, so daß die Betrachter vor ihr wie Kinder erscheinen:

> Mit Augen wie die Kinder saßen wir
> Und sahn an ihm hinauf wie an den Hängen
> Von einem großen Berg.

Jetzt ist nur noch das Element der Luft erneut zu vergegenwärtigen. Mit dem Einsatz der siebten Strophe holt das Gedicht dies auf eine ganz mühelose Art nach, indem es den Schauspieler auch als Herrscher über

---

ist sensibler für diese geistigen Geheimnisse einer Epoche, niemand ist ein empfindlicheres Instrument für solche geistige Wetterumschläge und Epochenumschwünge als der Schauspieler. Im Schauspieler früherer Epochen zielte alles auf heroische Größe oder auf Wirklichkeit [...], im Schauspieler unserer Epoche zielt alles darauf, daß die Figur, die er schafft, zwischen Wirklichkeit und Traum stehe [...]" (RuA II, 291).

das Element Luft sieht: "Denn in ihm war etwas, das viele Türen / Aufschloß und viele Räume überflog." Nachdem dies gesagt ist, kann die Summe gezogen werden. Wer über die Elemente herrscht, ist im Zentrum des Lebens: "Gewalt des Lebens, diese war in ihm." Das nachgestellte Demonstrativpronomen gibt der Aussage eine deutliche Akzentuierung. Es ist der Schlüsselvers des Gedichtes. Antithetisch und chiastisch angeschlossen folgt ihr die Zeile "Und über ihn bekam der Tod Gewalt." Wert und Bedeutung der "Gewalt des Lebens" werden markant hervorgehoben und nicht etwa mit dem Kontrastphänomen Tod verschmolzen, wie das so häufig in Jugendstildichtungen mit ihren rauschhaft-dionysischen Todesvorstellungen (u.a. auch in Hofmannsthals *Der Tor und der Tod*) geschieht. Der Tod ist in den Versen auf Mitterwurzer der gnadenlose Unterbrecher, der Zerstörer des Lebens, das sich dem Schöpfergenius sonst weiterhin entrungen hätte; denn "Glied für Glied" war er beladen mit "ungebornem Leben," "tausend Stimmen" wurden in seiner Seele erwürgt.

Mit all dem ist nun freilich der exzeptionelle Schauspieler seiner Zeit, Friedrich Mitterwurzer, als Gestalter, als Herrscher, als Stimme des Lebens vor Augen gerückt in einer Weise, die alles Herkömmliche übersteigt. Mit einer sachgerechten, die konkrete Leistung eines einzelnen Schauspielers charakterisierenden Würdigung hat das nur noch entfernt etwas zu tun. Es ist jedoch noch einmal daran zu erinnern, daß der geniale Schauspieler für Hofmannsthal mehr ist als ein nur nachschaffender Akteur, er ist das *alter ego* des dramatischen Dichters, sein Zwillingsbruder, begabt mit schöpferischen Kräften. Aber noch etwas anderes muß zu dem hier entworfenen Bild gesagt werden. Hofmannsthals Gedicht kann in dieser eindringlichen Beschwörung der Lebensgewalt nicht ohne seinen literarhistorischen und geistesgeschichtlichen Kontext verstanden werden.

In der Kunstanschauung und Philosophie der Jahrhundertwende spielt der Begriff des Lebens eine besondere und zentrale Rolle. Von vielen Kulturkritikern, Dichtern und Philosophen (genannt seien in unvollständiger Auswahl Nietzsche, Dilthey, Kassner, Rickert, Simmel, Klages, aber auch z.B. die Autoren der Zeitschrift *Pan*) wurde der Begriff des Lebens benutzt, um der immer weiter technisierten, industrialisierten und auf vielfache Weise von Vermittlungsstrukturen erfüllten modernen Lebenswelt eine Ganzheitsperspektive zurückzugeben, deren man verlustig zu gehen glaubte. W. Rasch hat im Anschluß an die Schriften von H. Freyer und A. Gehlen die besondere Bewußtseinslage der Zeit analysiert. Die "allseitige Entfaltung der technisch-industriellen

Zivilisation"[32] hatten sich die Zeitgenossen des späten 19. Jahrhunderts lange als eine Epoche des Aufschwungs und Fortschritts gefallen lassen. In der Geisteswelt um 1900 werden bei Autoren der unterschiedlichsten Stilrichtungen zunehmend auch Angstgefühle deutlich, ein Bewußtsein, daß man anderes als einen beliebigen Epochenabschnitt erlebe. Die Herrschaft von Kausalgesetzen und bloßer Faktizität, das Vordringen von quantifizierender Naturwissenschaft und biologistischer Determination, von wirtschaftlichen und verwaltungstechnischen Großstrukturen schienen die Erfahrung des Menschen als Ganzheit unmöglich zu machen. Der Mensch selbst drohte, "in einer Reihe mit Sachen und Prozessen, zu einem bloßen Faktum degradiert zu werden, [...]" schien nichts "als Arbeitskraft oder Konsumkraft, als berechenbare, vertauschbare Größe" (ebd., 10). So schien es vielen die vorrangige Aufgabe der Kunst, die Perspektive der Einheit und Ganzheit zu retten. Vor allem schien die Kunst die große Möglichkeit zu haben, aus der Segmentierung und Parzellierung der modernen Lebenswelt positive Folgerungen zu ziehen, indem sie den Teilen, den Dingen, den bruchstückhaften Erfahrungen des Lebens eine symbolisierende Kraft, den Verweis auf das Ganze und Allgemeine verlieh. Nun war dieses Ganze und Umfassende nicht mehr mit den Begriffen der Tradition zu definieren, etwa als die göttlich erfüllte Natur wie in der Goethezeit. Der Glaube an sie wie an Transzendenz im eigentlichen Sinne war durch Nietzsches Philosophie nachhaltig destruiert worden. Das Denkbild des "Lebens" (um den Terminus "Begriff" zu vermeiden) bot sich an als nicht mehr hinterfragbare, allumfassende Vorstellung für das Gemeinte. Leben — das verwies, in einem allerdings sehr undeutlichen Sinn, auf alles, was in Frage kam: Menschheit, Erde, Kosmos, jedenfalls Diesseitigkeit. Intendiert war dabei jedoch durchaus eine "gesteigerte innere Wahrnehmung dieses Gesamtlebens." Es kam darauf an, "Momente eines Innewerdens des großen Zusammenhangs zu erfahren" (ebd., 22). Vielfach nahmen die Dichtungen, die solchen Bedürfnissen Rechnung trugen, ekstatischen oder auch quasi-mystischen Charakter an, Züge einer Mystik freilich von säkularisiertem, innerweltlichem Gehalt, einer "Lebensmystik," wie Rasch zutreffend sagt.

Als eines der Zentralsymbole dieser Lebens-Dichtung der Jahrhundertwende sieht Rasch das Symbol des Meeres an. Da es in den Versen auf Mitterwurzer ebenfalls wichtig ist, sei diese Analyse hier im Wortlaut wiedergegeben:

---

[32] Wolfdietrich Rasch, "Aspekte der deutschen Literatur um 1900," W. R., *Zur deutschen Literatur seit der Jahrhundertwende* (Stuttgart: Metzler, 1967), 9.

Der Anblick des Meeres scheint fast die Anschauung des nicht sinnlich wahrnehmbaren Gesamtlebens zu ersetzen. Denn das Meer hat eine unübersehbare, grenzenlos scheinende, ins Ungewisse sich verlierende Weite, eine ständige Bewegtheit und den jähen Wechsel von relativer Ruhe und Sturm. Es ist sowohl einladend und schön wie bedrohlich und vernichtend. Vor allem aber bildet das Verhältnis der Welle zum Meer in unvergleichlicher Genauigkeit das Verhältnis des Individuums zur Lebensganzheit ab. Aus der gewissen amorphen Masse des Wassers bilden sich in jedem Augenblick neue Wellen, die aber sofort wieder sich auflösen, in das Ganze zurücksinken. Dieses aber erzeugt sogleich wieder neue Wellen, wie der schöpferische Urgrund neue individuelle, schnell vergängliche Gestalten hervorbringt.

Und Rasch fügt die Mitteilung von L. Klages an einen Bekannten an, er habe auf der Insel Borkum im Anblick des Meeres "das Welträtsel begriffen" (ebd., 25).

Die meisten der unter dem Einfluß dieser Lebensphilosophie geschriebenen poetischen Schöpfungen sind inzwischen einer wohltätigen Vergessenheit anheimgefallen. Die verdienstvolle Arbeit von Gisela Henze hat einige der in der Zeitschrift *Pan* zwischen 1895 und 1900 veröffentlichen Produktionen analysiert (vgl. Anm. 9). Bei vielen dieser Beiträge, etwa von Johannes Schlaf, Julius Hart, Cäsar Flaischlen oder Mathieu Schwann, ergibt sich der Eindruck der Vagheit und Unverbindlichkeit der Gefühle, die sich gleichwohl mit einer schwärmerischen Trunkenheit und Ekstase in kosmischer Verzückungsgebärde selbst darstellen. Erschreckend ist die Loslösung von allem praktischen und verantwortlichen Leben, die Verstandesfeindschaft, die sich in vielen Texten ausspricht. Es fehlen Kontur und Form, es regiert ein Überschwang ohne Grenzen, ein All-Einheitsgefühl, mit dem man sich entweder vorbehaltslos identifizieren kann oder das man im ganzen ablehnen muß.

Darüber hinaus ist freilich zu sagen, daß Spuren der Lebensphilosophie auch in den Werken von Stefan George, Rilke und beim frühen Thomas Mann zu finden sind, und daß sie dort, weil in genauere kompositorische und inhaltliche Zusammenhänge integriert, eine durchaus positive Rolle spielen.

Unverkennbar hat auch Hofmannsthals Werk teil an den Bestrebungen der unter dem Signum der Lebensphilosophie stehenden Richtung.[33] Es

---

[33] Von Wolfram Mauser, *Hugo von Hofmannsthal. Konfliktbewältigung und Werkstruktur. Eine psychologische Interpretation* (München: Fink, 1977), wird das eher kritisch gesehen, von Richard Exner, *Hugo von Hofmannsthals "Lebenslied": Eine Studie* (Heidelberg: Winter, 1964, 54–67), eher positiv. Daß Hofmannsthal die Zeitsituation exakt so sieht, wie Rasch

will uns aber scheinen, als habe er dank seines formalen Könnens und seiner intellektuellen Kompetenz die Gefahren einer allzu vagen Lebensmystik vermieden.[34] Die Gestalten seines Werks erleben zwar immer wieder die Verführungsgewalt einer mystischen Lebenstrunkenheit, sie werden vom Dichter aber immer wieder auch zur Umkehr in die konkrete Wirklichkeit veranlaßt, falls sie nicht in die Aporien einer ästhetisierenden Lebensbegegnung und eskapistischen Existenz geraten. Der berühmte Lord-Chandos-Brief artikuliert hellsichtig die Unmöglichkeit einer nur magischen, oder wie Hofmannsthal sagt, "präexistenten" Weltaneigung. Der "Weg zum Leben und zu den Menschen durchs Opfer" und der "Weg zum Sozialen als Weg zum höheren Selbst: der nicht mystische Weg," verwirklicht durch die "Tat...das Werk...das Kind"— das sind die Begriffe, die Hofmannsthals Selbstkommentar "Ad me ipsum" als therapeutische Maßnahmen gegen die Gefahren einer grandiosen, aber inhaltslosen Lebensmystik entwickelt (RuA III, 602).

Was ist von derartigen Überlegungen aus jedoch zu den soeben betrachteten Partien des Mitterwurzer-Gedichts zu sagen? Wie uns scheint, sind im Kontext dieser Verse die Möglichkeiten des so intensiv aufgefüllten Lebensbegriffs der Zeit sinnvoll und gut genutzt, ja man könnte sagen, so sinnvoll wie überhaupt denkbar. Einmal ist die Vorstellung von der "Gewalt des Lebens" oder der "Stimme alles Lebens" einbehalten in eine formal durchkomponierte und inhaltlich konkretisierte Veranschaulichung der Elementesymbolik, und zum andern ist sie mit der Gestalt des exzeptionellen Schauspielers auf einleuchtende und mühelose Art verbunden. Denn der Schauspieler als der Verwandlungskünstler schlechthin kann in der Reihe seiner Gestaltungen die Vielfalt des Lebens vor Augen rücken, ohne daß sich die Weite des so geschaffenen Assoziationsfeldes ins Vage und Unverbindliche verflüchtigen muß. Der Schauspieler bleibt, so sehr auch seine mitschöpferischen und improvisatorischen Fähigkeiten gefordert werden, doch auch gebunden

---

sie als allgemeine Bewußtseinskrise um 1900 beschrieben hat, zeigt der Aufsatz "Vom dichterischen Dasein" aus dem Jahr 1907. Dort meint Hofmannsthal, "daß drei Menschenalter nacheinander [...] das Gefühl der Seele, das eigentliche Menschengefühl, mit schrankenloser Empirie überwältigt haben: ein Weltzustand, in welchem die ins Grenzenlose getriebene Mechanik, des Denkens sowohl wie des Lebens, [...] den Menschen in seinem eigentlichen Lebenspunkt, im Sitz seiner seelischen Herrschaft über das Dasein, enteignet und die den Lebenspunkt suchenden Kräfte ihm gelähmt und betäubt [...] haben" (RuA I, 85).

[34] Vgl. Karl Pestalozzi, *Sprachskepsis und Sprachmagie im Werk des jungen Hofmannsthal* (Zürich: Atlantis, 1958), 130.

an umrissene und festgeschriebene Rollen, die seiner Existenz Profil verleihen.

Die letzte Strophe der Verse auf Mitterwurzer vermag das hier Angedeutete zu bestätigen. Zu bemerken ist, daß zwei Kreuzreime und ein Paarreim als Abschluß des Gedichtes dem Gesagten Nachdruck verleihen.

> Hier stand er. Wann kommt einer, der ihm gleicht?
> Ein Geist, der uns das Labyrinth der Brust,
> Bevölkert mit verständlichen Gestalten,
> Erschließt aufs neu zu schauerlicher Lust?
> Die er uns gab, wir konnten sie nicht halten   65
> Und starren nun bei seines Namens Klang
> Hinab den Abgrund, der sie uns verschlang.

Schon der erste Vers läßt erkennen, daß das Gedicht über eine Totenklage auf Mitterwurzer hinausreicht. Die Gedenkfeier für die exorbitante Persönlichkeit[35] nötigt unabweisbar die Frage auf, wie das bisher von diesem Schauspieler Geleistete in Zukunft von einem anderen, einem Nachfolger, übernommen werden kann. Die Aufgabe aber wird in diesem Zusammenhang präzise genannt: Der mit Geist begabte, herausragende Schauspieler hat die Funktion, dem im Dunkeln tappenden, von der Unsicherheit der inneren und äußeren Lebensumstände erfüllten Zuschauer "verständliche Gestalten" in den Blick zu rücken. Er hat ihre Erfahrungen und Schicksale so zu vermitteln, daß entsteht, was Lessing "Mitleid und Furcht" und deren Katharsis und Schiller das "Vergnügen an tragischen Gegenständen" nannte. Es geht also beim Erleben des Schauspiels nicht um Gefühlsekstasen oder um die Darstellung elementarer Kräfte um ihrer selbst willen, sondern um ein Verstehen von Gestalten. Zwar ist anderes intendiert als eine nur rational gesteuerte, didaktische oder moralische Anweisung (Das "Bewußtseinstheater" der neueren Zeit ist Hofmannsthal fremd); auch soll Theater nicht nur Darreichung von Literatur sein. Die "sinnlich-seelische Synthese" des süddeutsch-österreichischen Theaters ist immer zu erstreben, aber sie — und mit ihr die Fülle des Lebendigen und Elementaren — wird nur erreicht, wenn sie sich auch in für den Verstand zugänglichen, von ihm einholbaren Gestalten kristallisiert. Daß "in der Gestalt das Problem erledigt" sei, ist eine von Hofmannsthals zentralen Ansichten (RuA II, 97),

---

[35] Das zweimalige "Hier stand er" (8. Strophe) und "Hier trat er her" (6. Strophe) deutet zum einen auf die Bühne als den Ort, wo sich der Künstler zu bewähren hat. Zum andern imaginiert es, daß die Gedenkverse im Rahmen einer Totenfeier ebenfalls von der Bühne aus gesprochen werden sollten. Es läßt sich nicht feststellen, ob eine derartige Gedenkfeier für Mitterwurzer stattgefunden hat. Vgl. Eugene Weber in SW 1, 348.

wobei "erledigt" im Sinne von Integration und Aufgehobensein zu verstehen ist. Falsch wäre es also, Hofmannsthals Schauspielergedicht Irrationalität oder Antiintellektualität als Tendenz zu unterstellen.

Das alles läßt auch an Tendenzen der beginnenden Goethezeit denken, die Hofmannsthal als die eigentliche Epoche der deutschen Kunstbewegung angesehen hat. Im Sturm und Drang, vor allem bei Herder, kommt der Terminus "Leben" zu hunderten Malen und in den verschiedensten Abwandlungen vor wie: lebendige Anwendung, lebendige Vorstellung, lebendiger Vortrag, lebendige Logik, lebendige Kultur, lebendige Eindrücke, lebendiger Umgang, lebende Natur, wie lebt die menschliche Seele auf; starke, lebhafte, getreue, eigne Sensationen und Gedanken; Jugendseele lebendig (ohne Abstraktionen); lebendige Gestalt (Schönheit) etc.[36] Die Literaturwissenschaft ist sich seit geraumer Zeit jedoch darüber einig, daß Herder und der Sturm und Drang nicht einseitigen Irrationalismus propagieren, sondern speziellen Gefahren der späten Aufklärung entgegenwirken, die rationalistische Aspekte einseitig überbetonte. Es geht also der neuen Bewegung um eine Komplettierung des Bildes vom Menschen, um seine allseitige Entfaltung und in dieser Hinsicht um die Aufwertung lange vernachlässigter Aspekte. Ganz ähnlich verhält es sich mit Hofmannsthal. Just in der Besprechung des Mitterwurzer-Buches von E. Guglia findet der Dichter Worte über die Zeitsituation, die man als Zitate aus dem Sturm und Drang lesen könnte:

Die unendlich komplexen Lügen der Zeit, die dumpfen Lügen der Tradition, die Lügen der Ämter, die Lügen der einzelnen, die Lügen der Wissenschaften, alles das sitzt wie Myriaden tödlicher Fliegen auf unserem armen Leben. Wir sind im Besitz eines entsetzlichen Verfahrens, das Denken völlig unter den Begriffen zu ersticken [. . .]. So ist eine verzweifelte Liebe zu allen Künsten erwacht, die schweigend ausgeübt werden: die Musik, das Tanzen und alle Künste der Akrobaten und Gaukler (RuA I, 479).

Nicht zufällig ist auch die Parallele zwischen Hofmannsthals Schauspielerversen und der im Sturm und Drang so beliebten Gestalt des Prometheus. Der Schauspieler als Schöpfer von Menschengestalten und als Lichtbringer hat etwas Prometheisches in sich, auch wenn der rebellische Trotz gegen den Göttervater ausgeblendet ist. Aber das Bewußtsein, daß verkümmerte Schöpferkräfte im Menschen zu entbinden,

---

[36] Vgl. Katharina Mommsen, die im Nachwort zur hist.-krit. Ausgabe von Herders *Journal meiner Reise im Jahre 1769*, (Stuttgart: Reclam, 1976), eine umfangreiche Auflistung von entsprechenden Begriffen nur aus dieser Schrift Herders bringt. Sie verweist auch auf die Parallele zwischen Herder und Hofmannsthal (265 f). Vgl. hierzu auch: Otto Friedrich Bollnow, "Der Lebensbegriff des jungen H. v. Hofmannsthal," O. F. B., *Unruhe und Geborgenheit* (Stuttgart: Kohlhammer, 1953), 15–30.

daß sie dort, wo sie sich zeigen, zu fördern und zu rühmen seien, verbindet Hofmannsthal mit der Tradition der frühen Goethezeit. Nicht nur die Mitterwurzer-Verse lassen derartiges erkennen, sondern auch die beiden anderen Schauspielergedichte. Während die Totenrede auf Hermann Müller das beständige Neu-Schaffen von Menschen ("Gemeine Menschen, finstre Menschen, Könige, / Menschen zum Lachen, Menschen zum Erschaudern: [. . .]" [SW 1, 89]) noch einmal hervorhebt, sind die Verse auf Josef Kainz zum Ende hin ganz auf das Lichtmotiv konzentriert.

Die Schlußverse des Mitterwurzer-Gedichtes sprechen furchterfüllt von dem die imaginierten Gestalten verschlingenden Abgrund. Für Hofmannsthal war es keineswegs garantiert, daß ein gleichrangiger Nachfolger für Mitterwurzer sich finden würde. In seinen zahlreichen Theaterschriften ist verschiedentlich von den Gefahren die Rede, die durch schlechte Schauspieler heraufbeschworen werden. Das Schauspielerische, "völlig losgelassen, führt ins Leere, in die Gemeinheit, ins Nichts." Ist nicht der geniale Schauspieler da, der alles intuitiv weiß, oder ein Spielleiter vom Format eines Max Reinhardt, der mit Sensibilität und Phantasie den "Zusammenhängen und Übereinstimmungen" nachforscht, so gerät leicht alles ins "Chaotische" (RuA II, 253). Im Nachsinnen über Mitterwurzer spricht Hofmannsthal davon, wie entscheidend es sei, daß ein "Schauspieler sich für einen Schauspieler halte und für nichts anderes, und daß er wisse, über alle Begriffe deutlich und stark wisse, was ein Schauspieler ist" (RuA I, 480). Gustav Waldau, der erste Darsteller von Hans Karl in *Der Schwierige*, hat anläßlich gemeinsamer Probenarbeit berichtet, wie "ungemein bewandert Hofmannsthal in allem Technischen" des Schauspielermetiers gewesen sei, wie tief sein Verständnis "für die Möglichkeiten wie die Grenzen der schauspielerischen Individualität" war.[37]

Von seiner Sorge um die durch Mitterwurzers Hinscheiden aufgerissene Lücke wurde Hofmannsthal indes bald erlöst. Mit Josef Kainz wirkte von 1899 bis zu seinem Tod im Jahre 1910 ein Künstler, der Mitterwurzer womöglich noch überragte.[38] Kainz erweckte schlechthin Hofmannsthals Faszination. So sprechen auch die nach seinem Tod verfaßten Verse noch emphatischer und evokativer vom Schauspieler als das hier betrachtete Gedicht. Kainz wird weniger als Gestalter

---

[37] Gustav Waldau, "Wie ich Hofmannsthal kennenlernte," Fiechtner (Anm. 2), 220.

[38] Was nichts daran änderte, daß Mitterwurzer für Hofmannsthal unvergessen blieb. In einer Mitteilung an Arthur Schnitzler vom 18. Februar 1927 gedenkt der Dichter des 30. Todestages von Mitterwurzer! Vgl. *Hugo von Hofmannsthal, Arthur Schnitzler: Briefwechsel* (Frankfurt a. M.: S. Fischer, 1964), 306.

elementarer Lebensgewalt verstanden denn als "Vergeistiger," als "Bote aller Boten," als Bringer des Lichtes. So wie Hofmannsthal in seiner eigenen Dichtung seit dem Chandos-Brief mehr und mehr auf die "Magie des Wortes" verzichtete,[39] so sieht er auch den Schauspieler nicht mehr so sehr als den magischen Herrscher über Wort und Leben. Klarer wird, gewiß mitbedingt durch die enge persönliche Verbindung, in Kainz auch ein personhaftes Zentrum ausgemacht, das der Flut der Verwandlungen standhält, sie allererst ermöglicht:

> Ein Unverwandelter in viel Verwandlungen,
> Ein niebezauberter Bezauberer,
> Ein Ungerührter, der uns rührte, [. . .] (SW 1, 108).

Vieles wäre noch über einen Vergleich der drei Schauspielergedichte zu sagen, oder über die Entwicklung von einem zum anderen. Wir wollen uns aber, um nicht den gegebenen Rahmen zu sprengen, mit diesen Andeutungen begnügen und stattdessen noch einmal auf das umgreifende Thema verweisen, von dem Hofmannsthals Interesse am Schauspieler getragen wird.

Hofmannsthals Interesse für alle wichtigen Fragen des Theaters ist ein zentrales Element seines geistigen Wesens. Dieser Theatersinn war einmal aus der Ehrfurcht und der Bewunderung für die süddeutsch-österreichische Theatertradition geboren. Er war aber entscheidend auch an seine Auffassung vom Dichtertum gebunden. Anders als Stefan George und sein Kreis war Hofmannsthal nie auf elitäre Absonderung bedacht. Hofmannsthal wollte wirken, nicht aus Eitelkeit, sondern weil er meinte, in der von ihm so deutlich gespürten Krise der Zeit sei das Wort des Dichters unentbehrlich. Rudolph Kassner hat es aus der Vertrautheit mit Hofmannsthal hellsichtig formuliert: Er

> hatte es sich in den Kopf gesetzt, mehr zu wollen als *den* oder irgendeinen Kreis, er wollte die Öffentlichkeit, die Gesellschaft, die Nation, soweit diese sich in einer Gesellschaft zu verkörpern vermag, er wollte, kurz gesagt, das Theater — schließlich der einzige Ort, von dem aus ein Dichter, wenn er nicht Romane schreiben will, zu einem unpolitischen Volk, wie es die Deutschen und die Menschen Österreichs waren und sind, reden konnte.[40]

Diese Worte Kassners lassen sich vor allem durch die Gedanken aus Hofmannsthals Rede "Das Schrifttum als geistiger Raum der Nation"

---

[39] Richard Alewyn, *Über Hugo von Hofmannsthal* (Göttingen: Vandenhoeck & Ruprecht, 1958), 85, und Karl Pestalozzi (Anm. 34), 102–115.

[40] Rudolf Kassner, "Erinnerung an Hugo von Hofmannsthal," Fiechter (Anm. 2), 238.

bestätigen. Nach des Dichters Ansicht war das geistige Leben der Deutschen, anders als das der von ihm bewunderten Franzosen, gekennzeichnet von "Zerfahrenheit." Den Franzosen, so Hofmannsthals These, verbürge die gelungene Aneignung ihrer nationalen Literatur einen weitreichenden Konsens über ihre Identität: "Die Nation, durch ein unzerreißbares Gewebe des Sprachlich-Geistigen zusammengehalten, wird Glaubensgemeinschaft, in der das Ganze des natürlichen und kultürlichen Lebens eingeschlossen ist" (RuA III, 27). In Deutschland dagegen fehle seit jeher die sinnvolle Zusammenfassung der produktiven Geisteskräfte. Jener "Kreislauf zwischen dem Geistigen und dem Gesellschaftlichen, auf den dort alles hindrängt, in den schließlich alles einmündet, ihm wirkt hier der tiefste Instinkt entgegen" (RuA III, 28). Ein angespanntes Bemühen aber, so meint Hofmannsthal am Ende seiner Rede, müsse darauf dringen, "zu diesem Höchsten zu gelangen: Daß der Geist Leben wird und Leben Geist, mit anderen Worten: zu der politischen Erfassung des Geistigen und der geistigen des Politischen, zur Bildung einer wahren Nation" (RuA III, 40).

Nirgendwo aber war für Hofmannsthal das Soziale eher mit dem Geistigen zu vermitteln als im Theater, d.h. in einem Theater, das höchsten Ansprüchen gerecht wurde. Von nirgendwo, wenn nicht von hier, war eine Verbesserung, eine Kultivierung zu erhoffen, denn das Theater ist "von den großen geselligen Institutionen, die in einer verwirrten und vereinsamten Welt noch in Kraft stehen, die älteste, die ehrwürdigste und die lebensvollste" (RuA II, 271).

Steven P. Sondrup

Terzinen

Über Vergänglichkeit

Noch spür ich ihren Atem auf den Wangen:
Wie kann das sein, daß diese nahen Tage
Fort sind, für immer fort, und ganz vergangen?

Dies ist ein Ding, das keiner voll aussinnt,
Und viel zu grauenvoll, als daß man klage:
Daß alles gleitet und vorüberrinnt.

Und daß mein eignes Ich, durch nichts gehemmt,
Herüberglitt aus einem kleinen Kind,
Mir wie ein Hund unheimlich stumm und fremd.

Dann: daß ich auch vor hundert Jahren war
Und meine Ahnen, die im Totenhemd,
Mit mir verwandt sind wie mein eignes Haar,

So eins mit mir als wie mein eignes Haar.[1]

* * *

---

[1] SW 1, 45; see footnote 1 of "Zum Geleit" in this volume.

Die Stunden! wo wir auf das helle Blauen
Des Meeres starren und den Tod verstehn
So leicht und feierlich und ohne Grauen,

Wie kleine Mädchen, die sehr blass aussehn,
Mit grossen Augen, und die immer frieren,
An einem Abend stumm vor sich hinsehn

Und wissen, dass das Leben jetzt aus ihren
Schlaftrunk'nen Gliedern still hinüberfliesst
In Bäum' und Gras, und sich matt lächelnd zieren,

Wie eine Heilige die ihr Blut vergiesst.[2]

* * *

Wir sind aus solchem Zeug wie das zu Träumen,
Und Träume schlagen so die Augen auf,
Wie kleine Kinder unter Kirschenbäumen,

Aus deren Krone den blassgoldnen Lauf
Der Vollmond anhebt durch die grosse Nacht.
... Nicht anders tauchen unsre Träume auf.

Sind da und leben, wie ein Kind, das lacht,
Nicht minder gross im Auf- und Niederschweben
Als Vollmond, aus Baumkronen aufgewacht.

Das Innerste ist offen ihrem Weben,
Wie Geisterhände im versperrten Raum
Sind sie in uns und haben immer Leben.

Und drei sind eins: ein Mensch, ein Ding, ein Traum.[3]

[2] SW 1, 49.

[3] SW 1, 48.

*Terzinen müssen immer einen großen,
reichen Stoff zur Unterlage haben,
wenn sie gefallen sollen.*

J. W. von Goethe

*Zeitlichkeit enthüllt sich als der
Sinn der eigentlichen Sorge.*

Martin Heidegger

AN ANALYSIS OF HOFMANNSTHAL'S "TERZINEN" must necessarily come to terms with the question of exactly what this most problematic title describes.[4] Taken broadly, it refers to four poems written in July of 1894 in *terza rima* and numbered one through four. "Terzinen I–IV," though, never have been a particularly cohesive group in spite of their common genesis. The year after their composition all four poems were submitted to *Pan*, the newly founded literary periodical published in Berlin whose editors for the first volume were Otto Julius Bierbaum and Julius Meier-Graefe. Curiously, "Terzinen I," the most accomplished of the four in the opinion of many, was rejected, while II, III, and IV were accepted and appeared in the second number of the first volume (1895) in an elaborate format that included decorative illustrations by E. R. Weiss. "Terzinen I" was first published in the second volume of the third series of *Blätter für die Kunst*

---

[4] This question is central to the interpretation of Ada Schmitt, "Hugo von Hofmannsthal's 'Terzinen,'" *Modern Austrian Literature* 11, 2 (1978), 19–34. Clemens Heselhaus in *Deutsche Lyrik der Moderne von Nietzsche bis Yvon Goll* (Düsseldorf: August Bagel Verlag, 1962), 73–81, discusses them as a cycle. Other commentators have typically considered "Über Vergänglichkeit" and neglected the others. See, for example, William Rey, "Die Drohung der Zeit in Hofmannsthals Frühwerk," *Hugo von Hofmannsthal*, ed. Sibylle Bauer (Darmstadt: Wissenschaftliche Buchgesellschaft, 1968), 192–4; Roger Bernheim, *Die Terzine in der deutschen Dichtung von Goethe bis Hofmannsthal* (Düsseldorf: Zentral-Verlag, 1954), 116–117; Manfred Hoppe, *Literatentum, Magie und Mystik im Frühwerk Hugo von Hofmannsthals* (Berlin: de Gruyter, 1968), 92; Rolf Tarot, *Hugo von Hofmannsthal* (Tübingen: Niemeyer, 1970), 114–115. Werner Derungs in *Form und Weltbild der Gedichte Hugo von Hofmannsthals in ihrer Entwicklung* (Zürich: Atlantis Verlag, 1960) discusses all four of the poems but does not suggest that there is any strong link among them.

(March 1896) and was reprinted in *Blätter für die Kunst: Eine Auslese aus den Jahren 1892–1898* in 1899.[5]

The unification of I, II, and III was occasioned by the publication of *Ausgewählte Gedichte* in 1903. At the urging of Stefan George, Hofmannsthal had reluctantly agreed to the publication of a modest collection of his poems and, significantly, made the selection of the poems to be included himself but left the question of arrangements and design largely to George. In a letter to George of June 5, 1903, Hofmannsthal listed the twelve poems he wanted included as had been stipulated.[6] In this list, number five is "Terzinen I: Über Vergänglichkeit," number six is "Wir sind aus solchem Zeug wie das zu Träumen [. . .]," and number seven is "Die Stunden, wo wir auf das helle Blauen [. . .]." Hofmannsthal limited himself to I, II, and III — he did not include IV — but the order he suggested is I, III, II in the arrangement now accepted. In a letter written five days later, June 10, 1903, he once again listed twelve poems to be included, but this time, two additional poems were added and number five in his list reads "Terzinen (a. b. c.)," indicating that the three poems from his former enumeration numbers five, six, and seven should be joined into one. He then noted, "Natürlich ist es mir ebenso recht, wenn Sie die Zwölfzahl nicht durch Zusammenziehung der 'Terzinen' sondern durch Weglassung der zwei Ihnen am geringsten scheinenden Gedichte herstellen."[7] George accepted Hofmannsthal's suggestion assuring him that he would have what he wanted. When Hofmannsthal read proofs for the volume, though, he made yet another suggestion for the unification of the poems. The title "Terzinen" had been placed above each of the three poems, and Hofmannsthal responded, "Die dreimal wiederholte Bezeichnung 'Terzinen' ist unmöglich. Es muß einmal stehen Terzinen [. . .]."[8] He concluded explaining that he would prefer that the second and third poem should appear without titles and that even the subtitle of the first poem, "Über Vergänglichkeit," be omitted. George had also appar-

---

[5] For the circumstances surrounding the composition of "Terzinen" and their publication history see Eugene M. Weber, "A Chronology of Hofmannsthal's Poems," *Euphorion* 63 (1969), 284–328; *The Hofmannsthal Collection in the Houghton Library*, ed. James E. Walsh (Heidelberg: Lothar Stiehm Verlag, 1974); and Horst Weber, *Hugo von Hofmannsthal Bibliographie: Werke, Briefe, Gespräche, Übersetzungen, Vertonungen* (Berlin: de Gruyter, 1972); and the commentary in SW 1, 226–230, 233, 239–240, and 242–243.

[6] *Briefwechsel zwischen George und Hofmannsthal*, ed. Robert Boehringer, 2nd enlarged edition (Munich: Helmut Küpper, 1953), 189–1890.

[7] *Briefwechsel zwischen George und Hofmannsthal*, 190–192.

[8] *Briefwechsel zwischen George und Hofmannsthal*, 197–198.

ently changed the order that Hofmannsthal had originally had in mind, but, in this case, Hofmannsthal did not object, nor did he again raise the question of the subtitle which George in the end retained. Hofmannsthal, thus, selected the material that finally made up the poem, but George may well have determined the order with Hofmannsthal's consent.

This linkage of I, II, and III into a single poem — or, perhaps, a cycle of poems — seems to be Hofmannsthal's most consistent intention in that it is the pattern followed in most of the editions of his poems published during his lifetime in which he had a hand: it is the case in *Die gesammelten Gedichte* (1907), in *Die Gedichte und kleinen Dramen* (1911), and in *Gesammelte Werke* (1924). In the *Gedichte* of 1922, however, he included I, II, III, and IV.[9] In major subsequent publications, Hofmannsthal's tendency to group I, II, and III together has typically been followed by editors. Steiner (1946) as well as Schoeller and Hirsch (1979) publish the three as a unit and IV as an independent poem. Hirsch, however, published all four as a unit in his *Ausgewählte Werke in zwei Bänden* (1957) as had been the case in the *Gedichte* of 1922. Hofmannsthal's own most persistent view of the poem as well as much of the subsequent editorial opinion suggest that "Terzinen" most appropriately may be considered a poem in three parts — or a cycle of three poems — and it is this understanding of the poem that will form the basis of this interpretation.

The only significant textual variation beyond the question of the extent of the poem concerns the placement and application of the subtitle "Über Vergänglichkeit." Although it had been perfectly clear in earlier printings that "Über Vergänglichkeit" referred only to "Terzinen I," in the table of contents of *Die Gedichte und kleinen Dramen* (1911), the title "Terzinen: Über Vergänglichkeit" appears as if the subtitle applied to all three sections. Although the error was corrected in the second edition (1912), it may have contributed to the widespread and frequent misapprehension that "Über Vergänglichkeit" applies to all three sections, a misunderstanding further disseminated by *Gedichte* (1922) in which the title "Terzinen über Vergänglichkeit I–IV" appeared. Curiously, *Das Inselschiff*, vol. 4, no. 2 (Easter 1923) lists a poem entitled "Die vierte der Terzinen über

---

[9] The fact that Hofmannsthal initially planned to publish I, II, III, and IV together and then did in point of fact unite them in 1922 would suggest that Ada Schmidt's argument that II was written as a replacement for IV is not entirely accurate. "It may therefore reasonably be concluded that Hofmannsthal wrote the present 'Terzinen' II not as an addition to follow 'Terzinen' III but as a replacement of the second section in the original triad" ("Hugo von Hofmannsthal's 'Terzinen,'" 30). For information on Hofmannsthal's plans for collections of his poetry see SW 1, 431–451.

Vergänglichkeit" as the title of "Terzinen IV."[10] Such an error is indicative of the extent of the misunderstanding.

As is well known, the immediate occasion for the composition of "Terzinen" was the death of Josephine von Wertheimstein. Hofmannsthal met this remarkable woman in Markt-Aussee in 1892 when he was eighteen and she was seventy-two.[11] In spite of the great difference in their ages, they became warm and appreciative friends. Hofmannsthal was a welcome guest at the Döbling estate of Frau von Wertheimstein and was the only one of the younger generation of writers in Vienna to have ready access to the salon that as a matter of course could boast the presence of many older artists from throughout Europe. A passage from a letter written by Frau von Wertheimstein to Hofmannsthal on July 16, 1893 suggests the nature of her feelings for her younger friend:

> [...] ich habe ein so unumschränktes Vertrauen in Sie, in Ihre edle Natur, daß auch nicht ein Atom von Mißtrauen je in mir erwachen könnte, selbst wenn der Zufall mir Ihre Handlungsweise unverständlich erscheinen ließe; nebst diesem ernsten Vertrauen in Ihr Wesen, habe ich aber auch die aufrichtigste, wärmste Sympathie, für Sie, die nach so kurzer Zeit unserer Bekanntschaft in innige Freundschaft übergegangen ist [...]. Aus tiefstem Herzen wünsche ich Ihnen, daß das Leben Ihre Erwartungen u [sic!] Hoffnungen vollauf erfüllen möge, daß Ihre hohe Begabung Sie in Ihren Leistungen begleiten, und Ihnen die Welt verklären möge.[12]

Hofmannsthal for his part graciously responded to the encouragement and trust of his older friend. At Christmas of 1893, he wrote her a poem, "An Josephine von Wertheimstein," the closing lines of which well express his sentiments:

> Was mit Gottes Anmut zu uns redet
> Wie der Bach, der Baum, und so wie du:
> Solchen nahn wir nicht mit äußern Gaben,
> Rechnens ja dem eignen Innern zu. (GLD 517)

The death of Frau von Wertheimstein on July 16, 1894 was a shattering experience for Hofmannsthal. Concerning the death, Hofmannsthal noted

---

[10] Horst Weber mistakenly lists this as "Erstes Heft. Weihnachten 1923."

[11] For many details concerning Hofmannsthal's relationship to Frau von Wertheimstein see Rudolf Holzer, *Villa Wertheimstein: Haus der Genien und Dämonen* (Vienna: Bergland Verlag, 1960).

[12] As quoted in Detlev Lüders, *Hugo von Hofmannsthal "Gedichte und kleine Dramen": Zeugnisse seiner Jugendzeit und seines frühen Werkes: Ausstellung* (Frankfurt am Main: Freies Deutsches Hochstift, 1979), 29-30.

in his diary: "Das ist das wahrhaft Schwere und Traurige, das ich erlebe [. . .]."[13] The same thought was echoed and expanded in a letter to Richard Beer-Hofmann written on July 20, 1894: "[. . .] es war so traurig und ich hab so viel verloren [. . .]. Alles an dieser wunderbaren Frau, auch die letzten grauenvollen Stunden, waren so großartig."[14] Many of the letters written after Hofmannsthal heard of the death reflect the same sentiments, but the letter of condolence addressed to Frau von Wertheimstein's daughter, Franziska, perhaps is the most poignant:

> Daneben möchte ich im Stande sein, Ihnen auszudrücken, wie tief meiner ganzen Zukunft und allem Guten, was etwa aus mir werden kann, die Spuren dieses einzigen und unaussprechlich verehrten Wesens aufgeprägt sein werden, aber das ist vielleicht mehr ein Trost für mich als für Sie.[15]

Even in death, this extraordinary woman remained, at least for a time, a potent influence and enduring presence in the young poet's life. The extent and nature of this influence is suggested by a letter Hofmannsthal wrote to Franziska on July 8, 1895, almost a year after her mother's death, in which he thanked her for letting him read the manuscript of a novella that Frau von Wertheimstein had written years before. In the letter he speaks of the "unglaublich große und reine Natur der gnädigen Frau" and explains that the essence of this quality was her ability to help all creatures in the world come "zu einem gesteigerten und beruhigt-beglückenden Dasein." He concludes by expressing his hope "aus allen nur immer zugänglichen Spuren weiter zu genießen, wie sich dieses Wesen ausgelebt hat."[16] Such a statement made almost a year after Frau von Wertheimstein's passing certainly indicates that Hofmannsthal's sense of her continuing spiritual presence and influence was more than just a passing emotional reaction to her death but was rather a profound and cherished perception.

Though admittedly circumstantial, the evidence available allows the inference that Hofmannsthal's state of mind on July 25th — just nine days after his friend's death — when he wrote "Terzinen I" may well have been dominated by the impression of her passing. Of the four poems written in quick succession, "Terzinen I" is most clearly a product of this experience.

---

[13] Quoted in *Villa Wertheimstein*, 119.

[14] *Hugo von Hofmannsthal, Richard Beer-Hofmann: Briefwechsel*, ed. Eugene M. Weber (Frankfurt am Main: S. Fischer, 1972), 35.

[15] Quoted in *Villa Wertheimstein*, 119.

[16] Quoted in *Villa Wertheimstein*, 122–123.

The other three — especially II and III — derive from issues raised in the first and can, thus, appropriately be understood in light of the experience as well, at least on one level.[17]

Hofmannsthal's decision to entitle the poem — or poems — "Terzinen" also provides another important interpretive matrix. In his earliest reference to them, a letter to Hermann Bahr of August 8, 1894, he describes them only as "Terzinen," and with the exception of the subtitle "Über Vergänglichkeit" the generic appelation remained.[18] Hofmannsthal on other occasions had given poems generic designations — "Ghazel" and "Sonett" for example — and continued to do so, but none of his other poems written more or less in *terza rima* — "Ballade des äußeren Lebens," "Ein Traum von großer Magie," and "Der Jüngling und die Spinne" — specifically mentions the form. These poems, therefore, invite particular attention to their relationship to the *terza rima* tradition.

To mention *terza rima* is to call Dante immediately to mind. He is not only the father of the form but also its most famous and distinquished practitioner. Hofmannsthal was well acquainted with Dante from an early age on; he first mentions him in his essay "Südfranzösische Eindrücke" written in the fall of 1892, and from that point on, references to him are frequent. In the fall of 1893, Hofmannsthal undertook an intensive study of Dante as witnessed by his letter of May 24, 1894 to Elsa Bruckmann-Cantacuzene and various diary entries, as well as his poem "Nach einer Dante-Lektüre" written in late 1893.[19] It is also clear that this interest extended into the summer of 1894. In a letter of June 8th of that year to his friend Leopold von Andrian, Hofmannsthal mentions the *Vita nuova* and in a letter of July 5th comments on the beauty of the line "là dove 'l sol tace" (*Inferno* I:60) in which Dante describes the darkness into which he was driven.[20] More significantly, though, in his essay "Über moderne

---

[17] See Eugene M. Weber, "A Chronology," 309–310, for details concerning the composition.

[18] *Hugo von Hofmannsthal: Briefe 1890–1901* [ed. Heinrich Zimmer] (Berlin: S. Fischer, 1935), 111.

[19] See Eugene M. Weber, "A Chronology," 308.

[20] *Hugo von Hofmannsthal, Leopold von Andrian: Briefwechsel*, ed. Walter H. Perl (Frankfurt a. M.: S. Fischer, 1968), 31. Hofmannsthal's quotation of this line ("là dove il sol tace") as reported here differs slightly from the cited reading in the authoritative critical edition, *La commedia secondo l'antica vulgata*, ed. Giorgio Petrocchi (Rome: A. Mondadori for the Societá Dantesca Italiana, 1966–1968), cited above. In the edition of the *Commedia* of G[iovanni] A[ndreas] Scartazzini (Leipzig: F. A. Brockhaus, 1874), one of the most impor-

englische Malerei," published in the *Neue Revue* of June 13, 1894, Hofmannsthal discusses the pre-Raphaelites in terms of his understanding of Dante. He also compares them to Goethe and more specifically to Goethe's poem "Bei Betrachtung von Schillers Schädel."[21] He does not, however, explicitly mention the consideration that links his poem to Dante, the fact that it is one of the two poems in which Goethe uses *terza rima*.

Goethe certaintly did not introduce *terza rima* into German literature, but he made particularly effective use of the form.[22] He first mentioned it in a letter to Schiller of February 21, 1798 in which he explained that he did not like the pattern, because "man wegen der fortschreitenden Reime nirgends schließen kann."[23] It was not until much later when Goethe's classical sense of completion had been replaced by a more flexible universalizing point of view that he could go beyond his initial perception of the form. In 1826, he turned to it twice: in June, Faust's first monologue in *Faust II* achieved its final form, and in September, he wrote "Bei Betrachtung von Schillers Schädel."[24] *Terza rima* was also, incidentally, widely used by the romantics and succeding generations of poets but in general without any particularly distinguished results. Although Hofmannsthal may well have known other examples, his great models were surely Dante and Goethe.

Terza rima is usually understood to refer to the rhyme scheme aba bcb cdc, etc., but in the hands of Dante and Goethe other important characteristics can be observed. Much discussion, for example, has centered on the extent to which the prosodic unit of the line corresponds to the grammatical and logical periods in such a way that a relationship like thesis, antithesis, and synthesis can be observed in each stanza. A survey of nearly a century of research suggests that "[...] la coincidenza fra verso e pausa grammaticale appare largamente osservata sia nel D[ante] lirico sia nel D[ante] della *Commedia*" and later concludes "comunque [...] sia i dati

---

tant editions for the last quarter of the nineteenth century, the line reads "là dove il sol tace."

[21] P I, 194–201. It should be remembered that the title "Bei Betrachtung von Schillers Schädel" was not given by Goethe but rather by Riemer and Eckermann. See Johann Wolfgang von Goethe, *Werke*, 14 vols. (Hamburg: Christian Wegner Verlag, 1948–1960), I, 679–680.

[22] See Roger Bernheim for an extensive discussion of *terza rima* in German literature.

[23] Johann Wolfgang von Goethe, *Werke*, IV parts, 143 vols. (Weimar: Herman Böhlhaus Nachfolger, 1887–1919), IV, 13, 71–72.

[24] For the dating of Faust's monologue see L. F. Grafe, "On the Date and Idea of Faust's First Monologue in Faust II," *Modern Language Review* 40 (1945), 115–119.

statistici, sia le osservazioni su singole parti della *Commedia* concordano nel rilevare che la misura della t[erzina] è più di frequente osservata."[25] Although this judgment is generally valid for Goethe's two uses of *terza rima*, it does not consistently apply to Hofmannsthal. Only "Terzinen I" tends to capitalize on the correspondence of the line and stanza with the logical-grammatical units, whereas only "Terzinen II and III" are written according to the expected rhyme scheme. "Terzinen I" uses the rhyme scheme aba dcd ece, etc., which is something like that used by Hebbel in the middle section of his "Des Dichters Testament: Das abgeschiedene Kind an seine Mutter."[26]

There is, however, one feature that can be described as a narrative strategy that all three — the *Commedia*, "Bei Betrachtung von Schillers Schädel," and the Faust monologue — though on different scales, have in common and share with Hofmannsthal's "Terzinen." Each of the models begins with a dismaying experience: Dante finds himself in the "selva oscura," "là dove 'l sol tace;" the lyric I of Goethe's reflections on Schiller's skull sees the bones and skulls of generations lined up; and Faust awakens from the nights of horror in which he had tried to rescue Gretchen. In each case, the terror is overcome through experience or meditation, and a revelation of profound insight redeems the lyric I: Dante progresses to "l'amor che move il sole e l'altre stelle." The contemplation of the skull leads Goethe to the question:

> Was kann der Mensch im Leben mehr gewinnen,
> Als daß sich Gott-Natur ihm offenbare?
> Wie sie das Feste läßt zu Geist verrinnen,
> Wie sie das Geisterzeugte fest bewahre.

And Faust finally exclaims, "Am farbigen Abglanz haben wir das Leben."[27]

---

[25] "Terzina," *Enciclopedia Dantesca*, ed. Umberto Bosco, 5 vols. (Rome: Instituto della Enciclopedia Dantesca, 1970–1978).

[26] Hebbel's rhyme scheme is abacacdcdedefef etc. See Friedrich Hebbel, *Werke*, vol. 3 (Munich: Carl Hauser, 1965), 95–98.

[27] Bernheim views the common narrative pattern as extremely important for understanding the *terza rima*. Concerning the *Commedia* and "Bei Betrachtung von Schillers Schädel," he notes, "Das charakterisiert nicht nur den Weg zur letzten Vision, zum letzten 'Blitzt,' sondern den Weg Dantes überhaupt und auch den Weg Goethes. Freilich ist er bei Goethe kürzer, führt nicht über hundert Gesänge. Aber da wie dort ist es derselbe Vorgang: Geist, den ein tiefster Schauer zur Meditation bewegt, die seine Kräfte steigert, sodaß ihm eine erste Ahnung göttlicher Wahrheit aufgeht, gestaltlos noch, aber das Feuer schürend, bis der nochmals gesteigerten Geisteskraft ein schärferes Gesicht wird, das aus dem alten geboren schon ein neues gebährend den Geist noch mächtiger anspornt, der dann so wei-

On the whole, Hofmannsthal's "Terzinen" also fit this general pattern. Just as in Dante and Goethe, the lyric I experiences a shattering, disorienting, and almost overwhelming experience of a deeply personal and spiritual nature. The initial horror, though, is overcome through illuminating experience and insight that lead to heightened understanding in the end: in terms of purely conceptual development, the major generic expectations raised by the title are met.

The movement from frustration and anxiety to peace and understanding can be seen more clearly in a detailed examination of each section. The first section, "Über Vergänglichkeit," begins with the explanation that a breath is still felt upon the cheek. Most narrowly, this breath can be understood as that of the recently-deceased Frau von Wertheimstein, more broadly the breath of any woman, and on the extended and metaphorical level, the lingering influence of days past: the initial numerical ambiguity of *ihren* facilitates the variety of these readings. Three words in the line are particularly important: the adverb *noch* as the first word in the line, the first word in the section, and, indeed, the first word in the entire poem has particular prominence. No grammatical or syntactical principle requires that it be first, and, conceptually, it could just as well have come later in the sentence where it more typically might have been expected: "Ich spüre ihren Atem noch auf den Wangen." By placing it first, the poet must surely have intended to emphasize the lingering quality of her breath. The breath has long been associated with the fundamental, quintessential aspects of life, indeed, even with the spirit itself. The breath, moreover, is the most delicate, the most subtle way in which the presence of another can be perceived. The verb *spüren*, used to describe the awareness of the presence, is also notable: it suggests an immediate and direct perception that occurs without any conceptual mediation. The poem, thus, begins with an evocation of the sensuous and continuing awareness of the essential and spiritual nature of another with whom the lyric I has a relationship of care and concern.

The problem begins in the next two lines:

Wie kann das sein, daß diese nahen Tage
Fort sind, für immer fort, und ganz vergangen?

---

ter getrieben und treibend immer tiefer dringt bis zur letzten und visionären Erkenntnis. Dieses aber ist bei Goethe wie bei Dante völlig eins mit der Terzinenform" (41). The citations from Dante are from *La Commedia* (*Inferno* I:2 and 60 and *Paradiso* 33:145); "Bei Betrachtung von Schillers Schädel," Goethe, *Werke* (Hamburg), I, 367; and the quotation from *Faust* from *Werke* (Hamburg), III, 149.

The question is formulated in such a way that it reveals a fundamental misunderstanding on the part of the lyric I of the experience of the first line that will, in the end, destroy the experience and lead to frustration, anxiety, and alienation. In prosaic terms, the inquirer asks how can it be that these recent days, the days of the warm relationship now concentrated in the continuing presence of the breath, are gone, are totally and completely separate and other. The question asks for metaphysical information about an immediate and sensuous event that threatens to make it a detached object of disinterested and dispassionate study. The approach is basically problematic in the etymological sense of that word: πρό + βάλλειν means to throw out or to put forth in the sense that the questioner is separated from the data about which he is inquiring. The data, when regarded in this way, becomes part of the public domain and available to the scrutiny of any qualified observer. Presumably, when the suitable explanation for the experience has been found, the curiosity that initially motivated the question is fully satisfied. To the degree that the poem is about the death of Frau von Wertheimstein, such a problematic approach threatens to render her only a corpse, (*eine Gestorbene*), rather than a deceased friend (*eine Verstorbene*); her death becomes an occasion for public metaphysical speculation rather than a deeply felt, profoundly personal experience. Rather than trying to interpret the experience by means of curious investigation, the lyric I might more appropriately have invoked amazement and wonder, cognitive faculties that need not be forced into the established categories of discursive reason but rather pliantly conform to the contours of observation or experience. This problematic reasoning has also led to a contradiction between the formulation of the question and the event to which it refers: if the recent days are still present as the adjectival *diese* (as opposed to *jene*) and their quintessential condensation in the breath denote, they cannot be completely gone, completely past in the sense of *vergangen*, but rather continue as having been, i.e., *schon gewesen* with continuing existence into the present.[28] As long as the lyric voice "is," his relationship with his past — specifically the recent days which provide the breath on the cheek and what it, by extension, represents — ought best be described as having been, not as past and closed to the present. Similarly, Hofmannsthal's friendship with Frau von Wertheimstein could most appropriately be presented as having been: like the breath on

---

[28] The distinction between *vergangen* und *gewesen* is clearly made by Martin Heidegger, *Sein und Zeit* (Tübingen: Niemeyer, 1979, 323–333). Much of the analysis that follows is based on Heideggerian insights.

the cheek, it has a continuing and abiding presence at which one can only wonder.

In the second stanza, the reasons for alienation are multiplied:

> Dies ist ein Ding, das keiner voll aussinnt,
> Und viel zu grauenvoll, als daß man klage:
> Daß alles gleitet und vorüberrinnt.

Dies, *Ding*, and *keiner* in the first line are extremely impersonal, and their impersonality is heightened by the use of *man* in the second line. The referent to which *Dies* and *Ding* point, moreover, is either the insight, idea, or perception that "alles gleitet und vorüberrinnt" or the perception of the breath on the cheek, neither of which is a thing in the usual sense of the word. The reification of the perception objectifies and distances it, making it all the while ever more foreign to lived human experience. The highly personal and immediate awareness of time — of duration — evoked in the first line of the poem and signalled by the word *noch* has become an object for impersonal investigation. The rationality and detachment with which the enterprise is approached is emphasized by the verb *aussinnt*. Even though no one can rationally come to terms with the transitory nature of existence, it is, nonetheless, the rational faculty that was invoked. Given this attempt to objectify and depersonalize, how can the undertaking be anything but horrifying indeed, "zu grauenvoll, als daß man klage"?

The verbs *gleiten* and *vorüberrinnen* cannot be overlooked in their powerful communication of the sense of the transitory nature of human existence at the heart of this part of the poem. *Gleiten* is a particularly pregnant term for suggesting the purposeless ebb and flow of time and events. It is a verb that appears relatively frequently in the poetry of Hofmannsthal, especially in his early verse. The poetry written through 1894 contains just under half the total vocabulary (49%), but two-thirds of the attestations of *gleiten* in all its various forms (*gleitend*, *glitt*, *Gleiten*, *herüberglitt*, etc.). The figures are similar for other words that are conceptually related: twelve of the fourteen attestations of *gießen*, seven of the twelve of *fließen*, and six of the ten of *rinnen* occur by 1894. They are frequently used to describe the young poet's sense of the universal flux of existence, of the total absence of any permanent basis for experience. On some occasions, the *fließen* and *gleiten* are refined, impressionistic images as in "Wolken":[29]

Ein lautloses Gleiten,

---

[29] Steven P. Sondrup and Craig M. Inglis, *Konkordanz zu den Gedichten Hugo von Hofmannsthals* (Provo, Utah: Brigham Young University Press, 1977).

> Ledig der Schwere
> Durch aller Weiten
> Blauende Leere. (SW 1, 23)

Or in the description of the wind in "Vorfrühling":

> Er glitt durch die Flöte
> Als schluchzender Schrei,
> An dämmernder Röte
> Flog er vorbei. (SW 1, 26)

The closing lines of "Rechtfertigung" present a similar image:

> Den Tropfen hat ein Sehnen hingezogen,
> Wo Bach zum Strom, und Strom zum Meere *fließt*. (GLD 498)

Although an element of yearning or longing may be subtly suggested in these and similar cases, it is subordinated to the evocation of airy movement. The wistful lightness that characterizes "Vorfrühling" is particularly arresting in contrast to the much more somber and dejected mood of the "Chanson d'automne" of Verlaine with which it has so often been compared.[30]

In other poems, however, the impressionistic suggestion of universal flux gives way to dismay, anxiety, and, perhaps, even terror at the constant change that has neither purpose nor ultimate end. Such anxiety is apparent in "Sünde des Lebens":

> Kannst Du denn noch verstehen,
> Was selber Du gestern gedacht?
> Kannst Du noch einmal fühlen,
> Den Traum der letzten Nacht?
> Wenn Deine Seele weinet,
> Weißt Du denn auch warum?
> Dir ahnt und dünkt und scheinet, —
> O, bleibe lieber stumm.
> Denn was Dein Geist, von Glut durchzuckt, gebar
> Eh' Du's gestaltest, ist's schon nicht mehr wahr.
> Es ward Dir fremd, Du kannst es nicht mehr halten,
> Kennst nicht seine tödtenden Gewalten:
> — Endlose Kreise
> Ziehet das leise
> Unsterbliche Wort,
> Fort und fort: — (SW 1, 15)

---

[30] Walter H. Perl, *Das lyrische Jugendwerk Hugo von Hofmannsthals*, Germanische Studien 173 (Berlin: Verlag Dr. Emil Ebring, 1963), 50.

The same sentiment is expressed in, perhaps, even more graphic terms in "Brief an Richard Dehmel":

> Wie kann das nur geschehen, daß man so lebt
> Und alles ist, als obs nicht wirklich wäre?
> Nichts wirklich als das öde Zeitverrinnen
> Und alles andere wie nichts: das Wasser,
> Der Wind, das schnelle Reiten in dem Wind,
> Das Atmen und das Liegen in der Nacht,
> Das Dunkelwerden, und die Sonne selbst,
> Das große Untergehn der großen Sonne
> Wie nichts, die Worte nichts das Denken nichts! (GLD 523–524)

What these two poems along with "Terzinen I" also make clear is that the terror the poet experiences in the face of universal flux is a derivative of his mode of perception, of his attempt to see an end or find an explanation. The questions "Kannst Du denn noch verstehen?" "Weißt Du denn auch warum?" ("Sünde des Lebens"), "Wie kann das nur geschehen?" ("Brief an Richard Dehmel"), and finally, "Wie kann das sein?" are all queries that can only end in anxiety. This investigation of the perception of time and change as something wholly other and unrelated to the self lays the foundation for dismay. The significance of "Terzinen I," in this regard, lies in the manner in which their condensation and structure demonstrate the link between alienating metaphysical questioning — as opposed to open receptivity — and the consequent anxiety.

In the third and fourth stanzas, the same kind of question is addressed in terms of three clauses ("daß mein eignes Ich [...]," "daß ich auch vor hundert Jahren [...]," "[daß] meine Ahnen [...]"), all dependent on the proposition in the second stanza, "Dies ist ein Ding, das keiner voll aussinnt, / Und viel zu grauenvoll, als daß man klage." Immediately following the initial insight that "alles gleitet und vorüberrinnt" is the second perception that likewise remains incomprehensible and too dreadful for complaint:

> [...] daß mein eignes Ich, durch nichts gehemmt,
> Herüberglitt aus einem kleinen Kind,
> Mir wie ein Hund unheimlich stumm und fremd.

The ego has glided from childhood to adulthood without direction or purpose, and like all other such seemingly meaningless movement, this drift is a cause for consternation. It is significant that the line reads "daß mein eignes Ich [...] herüberglitt," not "daß ich [...] herüberglitt." This perception of one's own identity as an objective entity can, perforce, only render it mute and foreign. When the relationship with self is that of subject to object rather than that of subject reflecting back on subject, alienation is the necessary result. The basis for this alienation is extended in the first line of the fourth stanza: "Dann: daß ich auch vor hundert Jahren war." This too is an insight, "das keiner voll aussinnt / Und viel zu grauenvoll, als daß man klage." Just as the recent days described in the first stanza were conceived of as completely past, the more remote past — the past of a hundred years ago — is also evoked as if totally foreign. The lyric I presents itself in terms of its *Vergangenheit* rather than its *Gewesenheit*. The lyric voice's past is horrifying because it is understood as individual, disjointed, and fleeting moments rather than a series of linked events that have continuing existence which give a ground to the present. The relationship with the ancestors, "meine Ahnen, die im Totenhemd," is also terrifying because they are seen as totally other. As they lie in their shrouds, they are understood only as decaying corpses. The lyric I's relationship with them is cold, distant, and obviously detached; it cannot engender the kind of profoundly human interest in them that would necessarily transform them from decaying corpses into deceased loved ones. Their ontological — in distinction to their ontic — status is not a matter of objective reality or dispassionate judgment but a function of the relationship of the lyric I to them and, thus, of a way of seeing and understanding. When they are perceived as corpses with no personal, vital relationship to the lyric I — as *Gestorbene* — the recognition of physical descent could only be dismaying.

It is significant that the relationship with the ancestors viewed in this light should be compared to the relationship with hair. The simile is particularly striking in and of itself and is given even greater prominence by its repetition and the sense of rhyme closure in the couplet *Haar/Haar*:

Und [daß] meine Ahnen [. . .]
Mit mir verwandt sind wie mein eignes Haar,

So eins mit mir als wie mein eignes Haar.

The image of hair is invested with two powerful and complementary symbolic complexes. On the one hand, hair is an intimate, personal and private part of the body with strong erotic, vitalistic, and even magic associations, but on the other hand is an object of disgust and treated like other human excuviae, particularly when found in inappropriate places.[31] In

---

[31] Of particular interest in understanding the significance of hair are E. R. Leach "Magical Hair," *Journal of the Royal Anthropological Institute* 88, 2 (July-December 1958), 147–164; C. R. Hallpike, "Social Hair," *Man* 4 (1969), 256–264, reprinted in *The Body Reader: Social Aspects of the Human Body*, ed. Ted Polhemus (New York: Pantheon Books, 1978), 134–146;

terms of the context of the poem, this latter view of hair well defines at least part of the relationship with the ancestors implied by the comparison: they are useless appendages in which the dreaded burden of the past seen as wholly other is concentrated. The simile, though, is even richer and more dynamic. The possibility of the more positive assessment of hair remains constantly in the background and makes the negative view all the more bleak and terrifying. Even the appreciative understanding of hair has hideous dimensions: when the ancestors viewed only as corpses clothed in shrouds are seen as intimately related as hair can be, the psychological effect is quite naturally horrifying.

At this juncture, three important stylistic features should be noted. "Terzinen I" consists of the introductory question presented in the first stanza and the syntactically complex response in the next three stanzas. This response — a main clause and four dependent clauses — demonstrates a logical, rational approach to fundamental human questions. The hypotactic structure with its concern for proper subordination and objective order is a verbal analogue to the alienating and problematic mode of perception that seeks to view phenomena — time, death, and the self — objectively and problematically. The second notable stylistic feature is the variation of the usual *terza rima* rhyme scheme. Instead of the expected pattern with its simultaneously strong feeling of forward movement — Goethe's sense of never-ending rhyme — and the powerful backward link of each stanza to the preceding, Hofmannsthal employs a much less conjunctive and more static pattern: aba cbc dcd ece, etc. This form is an especially apt choice here. The absence of both the forward drive and the backward reflection of the usual pattern suggests on the accoustic level the intellectual and spiritual tendency toward objective but disjointed perception of phenomena, the mode of perception that sees the past as gone and closed and is horrified at the continuity of self. This sense of disjunction, finally, is further enhanced by a feature that is characteristic rather than atypical of *terza rima*. "Terzinen I" tends to emphasize the correspondence of prosodic and logical-grammatical units in such a way that each seems to stand in isolation. Even though the last three stanzas are one long sentence, this fact is far from obvious: on the contrary, great care has been taken to obscure this continuity and to make each unit appear almost separate and distinct as yet another stylistic reflection of the conceptual thrust of this section of the poem.

In the second section, however, the rhyme scheme is just what would typically be expected (aba bcb cdc...) and, accordingly, reflects the funda-

and Raymund Firth, *Symbols Public and Private* (Ithaca: Cornell University Press, 1973), 262–298.

mental interrelationship of all phenomena and, perhaps more significantly, the speaker's relationship to every thing around him. The correspondence between line and conceptual unit characteristic of *terza rima* has, moreover, been transformed into ubiquitous enjambement which also may suggest pervasive interrelationships. The excessive ratiocination signalled by the hypotactic structure of the first section gives way to more immediate, intuitive mode of perception and to the spontaneous elaboration of the central idea in terms of extended simile rather than more purely logical structures.[32] Wonder and amazement are abundantly clear. Time remains a matter of profound concern as witnessed by the exclamation "Die Stunden!" Rather than being understood as something wholly other, though, it is experienced as something personal, as a subjective duration (*Dauer, durée*). The speaker is no longer the isolated and objective I but a we: an I standing in a relationship to another. Operating in terms of this mode of being and of perception, the lyric voice does not attempt to grasp death syllogistically or by means of reason, but rather understands intuitively.

> Die Stunden! wo wir auf das helle Blauen
> Des Meeres starren und den Tod verstehn
> So leicht und feierlich und ohne Grauen, [. . .].

The vision of the lyric voice is not static and unchanging but has a dynamic quality communicated largely by the phrase *das helle Blauen / Des Meeres*. Expressions like *das helle Blaue* or *die helle Bläue* would, perhaps, be a more likely choice of less inspired voices and would produce a notably diminished effect. Hofmannsthal's approach is richer and more complex: the adjective *blau* is transformed into the verb *blauen*, which in its infitinive form in turn becomes the substantive *das Blauen*. This transformation of the adjective into a verbal form powerfully evokes a primal and ongoing process radically different from the cosmic emptiness reminiscent of Mallarmé. And precisely this sense of process pointing both forward and backward in time grounds the understanding of death.

It is noteworthy, moreover, that death, which is so frequently in Hofmannsthal inextricably linked to life, is understood as the speaker gazes into the ocean which is often associated with death, yet, is at once the source of life. More significantly, however, this apprehension of death is

---

[32] This abandonment of excessive ratiocination in the poem interestingly parallels Goethe's description of the advent of his own maturity. He makes the point in a letter to Frau von Stein of July 9, 1786. "Es zwingt sich mir alles auf, ich sinne nicht mehr drüber, es kommt mir alles entgegen und das ungeheure Reich simplificirt sich mir in der Seele, daß ich bald die schwerste Aufgabe gleich weglesen kann." *Werke* (Weimar) IV, 7, 242.

without horror or terror: it is not "zu grauenvoll, als daß man klage," but rather light and ceremonious. Whereas the intellection of the first section alienated the speaker from the world and from himself in its objectifying reification, the simple looking, the staring, the openness to the world conjoins and relates the speaker to his world in such a way that the anticipation of death, presaged in these lines and fulfilled in more explicit terms at the end of the section, becomes the ground for a freedom toward death. This staring into the blueing of the ocean and concomitant understanding of death are so significant that the rest of this section consists of an extended simile centering on the gaze of wide-eyed little girls who silently look straight ahead:

> Wie kleine Mädchen, die sehr blass aussehn,
> Mit grossen Augen, und immer frieren,
> An einem Abend stumm vor sich hinsehn [. . .].

It should be noted that the link between comprehension and visual perception understood as a simple receptiveness to the world is once again emphasized by the rhyme series *verstehn — aussehn — hinsehn*. The little girls are cold and silent, but their silence is not a result of confusion or despair but derives from the fact that as children they are at one with the world and, having no need of speech, only smile:

> Und wissen, dass das Leben jetzt aus ihren
> Schlaftrunk'nen Gliedern still hinüberfliesst
> In Bäum' und Gras, und sich matt lächelnd zieren, [. . .].

At one with the world, they know that life is flowing from their members, but being free toward death, like a saint, they can adorn themselves with a saintly smile.[33] Questions of some kind of ultimate *telos* are not asked; the life simply flows into trees and grass as from a *fons vitae*. The smile of the little girls cannot be overlooked, because smiles play such an important

---

[33] The source of this image is a series of letters to Hofmannsthal from Marie von Gomperz, the niece of Josephine von Wertheimstein, describing the sickness and death of a young girl. The report of her death in July 1893 made an impression on Hofmannsthal as indicated by two entries in his diary. He planned to use the material for a narrative, but never got beyond the diary entries. Prompted to consider the nature of death at the passing of Frau von Wertheimstein a year later, he once again returned to this material and used it in the present poem. The letter from Marie von Gomperz of July 19, 1893 may also have furnished the image of the cherry tree in "Terzinen III" (see SW 1, 242–243 and SW 29, 275–278). Herbert Steiner records a note dating from December 1893 with imagery closely related to that of the poem. "Zustand: als wären meine Pulse geöffnet und leise ränne mein Blut mit dem Leben hinaus und mischte sich mit dem Blut der Wiesen, der Bäume, der Bäche" (A 106).

role in Hofmannsthal's oeuvre. The little girls' smile is, perhaps, most closely related to that of the heir in "Lebenslied."

> Er geht, wie den kein Walten
> Vom Rücken her bedroht.
> Er lächelt, wenn die Falten
> Des Lebens flüstern: Tod! (SW 1, 63)

In his analysis of "Lebenslied," Richard Exner has studied the significance of smiling like the little girls — although he does not specifically mention them — throughout Hofmannsthal's works; his conclusions, though, apply as aptly to the girls as to the characters he discusses in some detail. With reference to many different smiling figures, he explains that:

> [...] weil sie in der Welt als Ganzes leben, der Tod für sie aufgehoben ist und das Schwere noch nicht existiert. Sie lächeln, weil sie noch nicht sprechen müssen und von der Schwierigkeit und Indezenz des Sprechens noch nichts wissen. Und weil sie noch nicht wissen, wie schwer es ist, etwas vom Leben zu halten, dürfen sie lächelnd verschwinden.[34]

The little girls pour the life out of their bodies just as the heir pours the costly perfume from its container, he and they, all the while, smiling.

The third section of the poem is similar to the second in its use of the usual *terza rima* rhyme scheme, its focus on immediate and direct perception, and its emphasis on the community of the speaker as indicated by the pronoun *wir*. The section begins with the translation of a line from Shakespeare's *The Tempest* (IV:i): "We are such stuff / As dreams are made on [...]." The translation seems to be Hofmannsthal's own: in the translation by August Wilhelm Schlegel the line reads: "Wir sind solcher Zeug / Wie der zu Träumen [...]."[35] What is particularly arresting, though, is that Hofmannsthal reverses the force of the lines. In Shakespeare, they had been critical of and deprecatory toward the world of dreams. In Hofmannsthal they are the point of departure for an examination of the centrality of dreams for human existence. The dreams here are not just nocturnal reveries or airy hopes but represent immediate and intergrated views of the wholeness of life. During late 1893 and early 1894, the phrase *Leben, Traum und Tod* occurs frequently as in the poems "Brief" (GLD 514), "Leben, Traum und Tod [...]" (GLD 509–510), and "Ich ging

---

[34] *Hugo von Hofmannsthals "Lebenslied": Eine Studie* (Heidelberg: Carl Winter Universitätsverlag, 1964), 122.

[35] *Shakespeares dramatische Werke nach der Übersetzung von August Wilhelm Schlegel und Ludwig Tieck*, ed. H. Ulrici (Berlin: Verlag von Georg Reimer für die Deutsche Shakespeare-Gesellschaft, 1876.)

hernieder [. . .]" (GLD 510) and in various notes and drafts. [36] The suggestion consistently made is that the boundaries between life, death, and dreams have been dissolved, and that they are a unity into which the buffeted soul can escape from the ravages of time and change. Perhaps the most evocative formulation of this position and clearest articulation of the attendent concept of dream is in "Ich ging hernieder [. . .]" written just six months before "Terzinen III."

> Ich ging hernieder weite Bergesstiegen
> Und fühlte im wundervollen Netz mich liegen,
> In Gottes Netz, im Lebenstraum gefangen.
> Die Winde liefen und Vögel sangen.
>
> Wie trug, wie trug das Tal den Wasserspiegel!
> Wie rauschend stand der Wald, wie schwoll der Hügel!
> Hoch flog ein Falk, still leuchtete der Raum:
> Im Leben lag mein Herz, in Tod und Traum. (GLD 510)

The sense of *Traum* suggested here is a mode of perception through which all aspects of the world are seen in relationship to one another: all phenomena are interconnected rather than separate, distinct, and isolated. The image of a net — indeed a divine net — emphasizes the notion of an interlocking system of impressions, and it is precisely to this concept of a network that *Lebenstraum* stands in apposition suggesting they are essentially the same thing. It is also in this context that the parallelism of *Leben*, *Tod*, and *Traum* in the last line can best be understood.

After the quotation from Shakespeare, the poem continues elaborating on the role of dreams.

> Wir sind aus solchem Zeug wie das zu Träumen,
> Und Träume schlagen so die Augen auf,
> Wie kleine Kinder unter Kirschenbäumen,
>
> Aus deren Krone den blassgoldnen Lauf
> Der Vollmond anhebt durch die grosse Nacht.

The understanding of dreams as a unified mode of perception is evoked by their presentation as a person opening his eyes. The gaze of the lyric I into the blueing of the ocean in the first stanza of the second section and the wide-eyed little girls of the second stanza — both of which were without horror or dread — invite immediate comparison. They function as an interpretive matrix that suggests that this seeing of the dreams — or

---

[36] See Eugene M. Weber, "A Chronology," 308–309.

seeing by way of dreams — may also be understood as a relaxed openness to the totality of the world. The gesture of opening the eyes is then expanded in a striking simile describing little children under a cherry tree opening their eyes as the pale moon rises out of the crown of the tree. The reference may at first seem strange or even gratuitous, yet it is not without literary antecedents. Cherry trees seem to have been a favorite subject of Barthold Hinrich Brockes, and Hofmannsthal's image may have been based on or be a subtle reference to two poems by Brockes. "Ein alter umgeweheter Kirsch-Baum" describes how children "mit aufgeschlagnem Aug'" enjoy ripe cherries picked fresh from the tree that has fallen over. "Kirschblüte bei der Nacht" relates how the lyric I observed a cherry tree in full blossom by the light of the moon and was amazed at its whiteness.[37] But when the speaker moved into the shadows of the tree he looked up through the blossoms and saw something even whiter and more radiant: a star that was "tausendmal so weiß, tausendmal so klar." From this experience, he learns that as impressive as earthly beauties may be, divine beauty is incomparably greater. These poems may have provided the cherry tree, the children, the moon, and the heavenly body seen through the tree. Hofmannsthal never mentions Brockes specifically, but it is unlikely that someone as well-read as Hofmannsthal would not at least have been acquainted with him. The two poems of Brockes provide, in any event, an intertextual point of reference. As with the quotation from Shakespeare, the significance of Hofmannsthal's use of this image lies in the fact that it subverts rather than extends its antecedents' meaning. Whereas Brockes' speaker draws conclusions from seeing the star through the cherry blossoms, Hofmannsthal's just observes. This point is made very clearly by the next lines:

... Nicht anders tauchen unsre Träume auf.

Sind da und leben, wie ein Kind, das lacht,
Nicht minder gross im Auf- und Niederschweben
Als Vollmond, aus Baumkronen aufgewacht.

Dreams and the kind of understanding they represent simply occur; they are not seen as signs or auguries of anything beyond themselves. The statement that dreams "sind da und leben" indicates that they are within the spatial and temporal region identified with the speaker. They are not from beyond nor from another realm, nor are they items or occasions for study or speculation; they are part of the speaker's world and stand in an

---

[37] *Irdisches Vergnügen in Gott, Zweiten Theil* (rpt. Bern: Herbert Lang, 1970). Quotations are from 95 and 38.

immediate relationship to him. They are, moreover, vital in that they are described as living, living, in fact, like the child who laughs, who may well be understood as an extension and amplification of the smiling little girls in the second section. The explanation that dreams are no less great in their comings and goings ("Auf- und Niederschweben") than the rising of the full moon out of the crown of a cherry tree crystalizes the sense of their immediacy and awe-producing power, but also their inaccessibility to discursive analysis.

> Das Innerste ist offen ihrem Weben,
> Wie Geisterhände im versperrten Raum
> Sind sie in uns und haben immer Leben.

The most inward recesses of human experience are available and pervious to the movement of dreams; the most private experiences are open to their integrating and unifying potential. Dreams have this power because they are in us like *Geisterhände* in a locked room.

The term *Geist* appears throughout Hofmannsthal's poetry and typically in positive and appreciative context. It is not associated with anything frightening or distressing, but rather is used to denote the inward and enduring essence and fundamental spiritual qualities. This meaning can most clearly be gleaned from two of Hofmannsthal's memorial poems. In "Prolog zu einer nachträglichen Gedächtnißfeier für Goethe am Burgtheater zu Wien, den 8. October 1899," he writes:

> Gewaltig ist die Hand der Gegenwart —
> Doch Gegenwart auch Er! In unsern Wipfeln
> Das Rauschen Seines Geists, in unsern Träumen
> Der Spiegel Seines Auges! Goethe! Goethe!
> (SW I, 98)

And the great actor, Josef Kainz, is celebrated in similar terms:

> O ruheloser Geist! Geist ohne Schlaf!
> O Geist! O Stimme! Wundervolles Licht!   (SW I, 109)

Although these are relatively late poems — 1899 and 1901 — and were conceived for a specialized purpose, they illustrate important aspects of the word *Geist*. It is also noteworthy that in the lines devoted to Goethe, it is the *Geist* and the *Träume* that afford the present and ongoing existence — "Doch Gegenwart auch Er" — of a being who could otherwise be thought completely past — "ganz vergangen": quite simply, they provide the all-important feeling of *Gewesenheit* rather than the alienating sense of *Vergangenheit*. And though of greater scope and magnitude, the *Geist* that rustles the treetops is not generically different from the breath felt on the cheek as described in the first line of the first section, "Über Vergänglichkeit": "Noch spür ich ihren Atem auf den Wangen."

The term *Geisterhand*, outside of "Terzinen III," appears only one other time in Hofmannsthal's poetry and, significantly, in connection with the linking and integration of past and present. "Der nächtliche Weg" briefly recounts the childhood and youth of the speaker and then portrays him as an adult in the company of a child.

> Einst war ich sieben...
> Und das Vergangene glimmt, von Geisterhand
> Mit blassem Schein ins Dunkel hingeschrieben! (GLD 527)

That which is past in this context, continues into the present as a result of the activities of the *Geisterhände*.[38]

The sense, therefore, of the last stanza is clearer. The weaving of dreams through the depths of psyche is like the presence in a locked room of *Geisterhände* which intertextual association would suggest are the agents of the continuing presence of the past. The spiritual hands and the dreams with their integrating view of internal as well as external reality are locked within us, and there they have their continuing and ongoing life and, perhaps, their function and purpose.

The last line is an arresting distillation of this unified vision and an appropriate close to a Dantesque journey that has led — albeit in miniature — from anxiety and frustration to peace and understanding.

> Und drei sind Eins: ein Mensch, ein Ding, ein Traum.

The first half rings with overtones of Dante's concern for the mystery of the trinity, but the force of the line is not to be grasped in terms of Christian dogma but rather on a more personal level.[39] The world which had

---

[38] It is noteworthy that Goethe also describes *Geist* as an element that provides for enduring presence in the last lines of "Bei Betrachtung von Schillers Schädel." The lyric I marvels that "Gott-Natur" would reveal itself: "Wie sie [die Natur] das Feste läßt zu Geist verrinnen, / Wie sie das Geisterzeugte fest bewahre." See *Werke* (Hamburg) I, 367.

[39] As an example of this concern see *Paradiso* XIV.28–30:

> Quell'uno e due e tre che sempre vive
> e regna sempre in tre e 'n due e 'n uno,
> non circunscritto, e tutto circunscrive,

These lines have had particularly broad appeal. See, for example, Chaucer's translation in *Troilus and Criseyde* V. 1863–1865:

> Thow oon, and two, and thre, eterne on lyve,

seemed utterly disjunctive in both a temporal as well as spatial sense in spite of the continuing sensation of the breath on the cheek is now understood as a whole to which the lyric I is related. He is one with the phenomena of his world rather than opposed to them. The intrusive and objectifying presence of the *Ding* created by the alienating power of analysis in the first part ("Über Vergänglichkeit") is overcome as man, the things around him, and his dreams — understood through an integrating vision — become a single whole.

The speaker has, thus, moved from isolation, alienation, and anxiety to a state of mind, signaled by the pronoun *wir*, in which he acknowledges without dread his relationship — his *Mitsein* — with the world. As with the lyric protagonists in Dante and Goethe, the revelation that frees him from the initial terror has come, and he — like they — emerges as a recipient of new insight. The influence of Frau von Wertheimstein has helped at least the persona of the poem to come "zu einem gesteigerten und beruhigt-beglückenden Dasein."

That regnest ay in thre, and two, and oon,
Uncircumscript, and al maist circumscrive.

The Works of Geoffrey Chaucer, ed. F.N. Robinson, 2nd ed. (Boston: Houghton Mifflin, 1957), 479.

Martin Stern

Der Jüngling in der Landschaft

Die Gärtner legten ihre Beete frei,
Und viele Bettler waren überall
Mit schwarzverbundnen Augen, und mit Krücken,
Doch auch mit Harfen und den neuen Blumen,
Dem starken Duft der schwachen Frühlingsblumen.   5

Die nackten Bäume ließen Alles frei:
Man sah den Fluß hinab und sah den Markt
Und viele Kinder spielen längs den Teichen.
Durch diese Landschaft ging er langsam hin
Und fühlte ihre Macht und wußte, daß   10
Auf ihn die Weltgeschicke sich bezogen.

Auf jene fremden Kinder ging er zu
Und war bereit, an unbekannter Schwelle
Ein neues Leben dienend hinzubringen.
Ihm fiel nicht ein, den Reichtum seiner Seele,   15
Die frühern Wege und Erinnerung
Verschlung'ner Finger und getauschter Seelen
Für mehr als nichtigen Besitz zu achten.
Der Duft der Blumen redete ihm nur
Von fremder Schönheit und die neue Luft   20

Nahm er still athmend ein, doch ohne Sehnsucht:
Nur, daß er dienen durfte, freute ihn.[1]

O, berufen sein zu einem Beruf!

Max Geilinger

DIE ENTSTEHUNG DIESES BISHER WENIG BEACHTETEN, von Hofmannsthal aber in alle Sammlungen aufgenommenen Gedichtes fällt in eine wichtige Übergangsphase seiner Entwicklung und hat, in symbolischer Gestalt, selbst diesen Übergang zum Thema. Es zeigt eine Metanoia, ein plötzliches Umgedrehtwerden oder — christlich gesprochen — ein Saulus-Paulus-Erlebnis, einen an viele Heiligen-Legenden erinnernden Moment der Berufung. Obwohl begleitet und gestützt von zahlreichen verwandten Aussagen in gleichzeitigen und früheren Gedichten, ist es das für diesen Vorgang repräsentativste in Hofmannsthals lyrischem Werk. Erst viel später hat es in den entsprechenden Szenen am Schluß des *Jedermann* und des *Großen Welttheaters* zwei dramatische Pendants erhalten.

Psychologisch-autobiographisch betrachtet, könnte man von einer wunschhaften Vorwegnahme eines eigenen Entwicklungsschrittes sprechen. Dieser Schritt wird hier der Ich-Imago des Jünglings in einem Moment nahegelegt, als Hofmannsthal selbst noch nicht den "Weg zum Socialen" als "Weg zum höheren Selbst" beschritt (A 217).

So sehr die paratakische Struktur und parlandomäßige Diktion am Anfang Leichtigkeit vortäuscht, so komplex ist von der Mitte an das Verhältnis von Sprecher (lyrischem Ich) und Figur: Durch den deutlichen Innensichtstandpunkt des Berichterstatters lassen sie ihre partielle Identität erkennen. Aber indem der Sprecher/Erzähler am Ende auch weiß, woran die Figur *nicht* mehr dachte,[2] hebt es sich wieder von dieser ab.

Eine ähnliche Komplexität besteht auf der inhaltlichen Ebene. Die Hauptaussage des Gedichtes scheint leichtverständlich. Es handelt sich wohl, wie Richard Alewyn formulierte, um eines der "moralischen" Ge-

---

[1] SW 1, 65; siehe Fußnote 1 von "Zum Geleit" in diesem Band. Im Titel des Gedichtes in SW 1 wird "Jüngling" mit "ue" buchstabiert. Die zwei Druckfehler auf Seite 65, Zeilen 9 und 21 wurden hier berichtigt.

[2] Vgl. die Zeilen 15–18 des Gedichtes

dichte Hofmannsthals.[3] Aber diese Zuweisung wird bei näherem Zusehen wieder fragwürdig oder mindestens ergänzungsbedürftig. Die folgende Interpretation versucht zu zeigen, wie sich verhüllt hier vor allem ein religiöses Offenbarungsbewußtsein zum Wort meldete und damit die zeittypische Frage nach Sicherheit im Erkennen und Tun beschwichtigte.

Ein erster, textnaher Durchgang soll mehr Klarheit über diesen Sachverhalt bringen. Die dank der *Kritischen Ausgabe* nun zugänglichen Entstehungsvarianten werden ebenfalls herangezogen. In einem letzten Arbeitsschritt soll hernach das gedankliche Umfeld des Gedichtes kurz beleuchtet werden, damit vielleicht trotz ästhetischer Vorbehalte, die nicht auszuräumen sind, die Bedeutung dieses Gedichtes für Hofmannsthal *und* seinen Freundeskreis sichtbarer wird.[4]

Das Szenarium, in welchem die Wandlung dieser Jünglingsfigur sich vollzieht, bleibt trotz seines Detailrealismus merkwürdig undefiniert; es wirkt traumhaft. Man fragt sich: Wozu die gleich mehrfache Pluralisierung: "die" Gärtner, die "vielen" Bettler, die "vielen" Kinder? Und: Handelt es sich denn hier nicht um eine städtische Welt? Warum dann das eigensinnige, zweimalige Bestehen auf dem Terminus "Landschaft"? Ebenso unbestimmt wirkt der soziale Bezug der drei Figurengruppen zur Hauptgestalt: Welches war früher der Lebensbereich dieses jungen Menschen? Trat er nur als Spaziergänger und ausnahmsweise in diese geschäftige Vorstadt-Welt ein, um, wie der Kaufmannssohn des "Märchens," hier eine Botschaft zu empfangen? Vor allem: Wie kommt sein Erkenntnissprung zustande? Warum waren es genau *diese* Elemente, die, zur "Landschaft" gebündelt, das *solve et coagula*, das "Sesam öffne dich" zu sprechen vermochten? Evident scheint vorerst nur, daß sie zusammen eine Art offenbarungshaltige Konstellation darstellen, welche die erzählte Metanoia und Berufung zu einem neuen Dasein bewirkten. *Warum* sie geschah, bleibt dem Leser ein Geheimnis.

Daß unsere Unsicherheit nun jedoch Teil einer bewußt verfolgten Strategie war, wird durch eine verwirrende Steuerung der Lesererwar-

---

[3] Richard Alewyn, "Hofmannsthals 'Jüngling in der Landschaft,'" *Festschrift für Hermann Meyer*, hrsg. von Alexander von Bormann (Tübingen: Niemeyer, 1976), 646.

[4] Die beiden einzigen, neben Alewyns kurzer Betrachtung wichtigen Darstellungen gehen kaum über eine textimmanente Interpretation hinaus. Es handelt sich um: Werner Kohlschmidt, *Die entzweite Welt*, Glaube und Forschung 3 (Gladbeck: Freizeiten, 1953) 181f. Ferner um: Andrew Jászi, "Hofmannsthal's Poem 'Der Jüngling in der Landschaft,'" *The Poem Itself*, hrsg. und eingel. von Stanley Burnshaw (New York: Rinehart and Winston, 1960), 138 f.

tung deutlich. Die als ziel- und zweckfrei gezeigte Wanderung des Jünglings führt an einer Gruppe vorbei, welche wohl einen sozialen Appell auslöst: Die "Bettler" — Blinde und Krüppel —, die andeutungsweise auch als Blumenverkäufer und Straßenmusikanten charakterisiert werden, bilden ein bei Hofmannsthal unerwartetes Milieu. Diese Bettler aber sind nicht etwa, wie das zum Beispiel in einem naturalistischen Mitleids- oder in einem expressionistischen Revolutionsgedicht zu erwarten wäre, die Zielgruppe der schließlichen Metanoia; der junge Mensch aus offenbar vermögendem Haus wendet sich nicht als Sozialhelfer dem vorhandenen Elend oder als Kämpfer dem Sturz des Systems zu, das jenes Elend verursacht. Es wird — provokativ genug — überhaupt nicht als solches empfunden. Der Jüngling geht zu den "Kindern," oder jedenfalls auf sie zu; er will an irgendeiner "fremden Schwelle" dienen. Aber er leistet damit keinen Verzicht; er freut sich darauf. Der Text macht genau das mit der letzten Zeile besonders deutlich. Und diese Aussage ist vom Anfang her gesehen *nicht* die erwartete.

Doch bevor wir uns die Frage stellen, was denn nun das Eigentliche dieser Erfahrung und Entscheidung sei, sind noch ein paar weitere Elemente der alles auslösenden Konstellation zu bedenken. Die "Frühlingsblumen" sind zu Beginn vorerst Bestandteil jenes komplementären Ambiente, das durch zwei Oppositionspaare bestimmt wird: Arbeit (der Gärtner, der Blumenverkäufer und Musikanten) und Spiel (der Kinder) sind die eine, Häßlichkeit/Elend (der Blinden und Krüppel) und Schönheit/Duft (der Blumen) die andere dieser zwei Antinomien, die hier das Ganze in der Schwebe halten. Und diesem sorgfältig austarierten Gleichgewicht entspricht wohl die Offenheit der Landschaft, das Unbehinderte des Blickes durch die noch unbelaubten Bäume auf Markt, Teiche und Fluß. Und dazu paßt auch die Jahreszeit des Werdens und der Erwartung, der Frühling.

Nicht alles davon wird nach dem Wandlungserlebnis vergessen. Blumen und Duft kommen noch einmal vor. Aber am Ende des Gedichtes haben die Blumen eine ganz andere Funktion als am Anfang. Sie sind jetzt Bestandteil des Fremdgewordenen, dessen sich der Gewandelte nur noch erinnert, um die bereits geschehene Entwertung festzustellen. Und zum ganzen jetzt Abgelegten wird — sicher wiederum gewollt überraschend — mehr als das vom Leser Erwartete gezählt: nicht nur Schönheit und Spiel, Besitz und erotische Erfüllung, sondern eine hohe Kultur der Innerlichkeit und der glückhaft gelungenen Kommunikation wird aufgegeben. Sehr auffallend hängt damit die stilistische Merkwürdigkeit zusammen, daß das Gedicht hier von der anfänglich so einfachen Parataxe zu einer komplizierten Hypotaxe übergeht.[5] Die Verssprache nimmt damit mimetischen Charakter an, indem der Erzähler jene gewählte, ja geradezu gezierte Diktion reproduziert, die offenbar zu seinem früheren, jetzt verlassenen ästhetischen Zustand gehörte.[6]

Was in der zweiten Hälfte aber vor allem auffällt: Natur, Ort und Herr des Dienstes, auf den sich der Gewandelte so freut, bleiben ganz unbestimmt. Die Hinwendung zu den Kindern als eine konkret pädagogische zu deuten, wäre wohl zu banal; es paßte nicht zum symbolischen Stil der übrigen Aussage. Wichtig ist dem Erzähler nur, daß am Ende die Figur vor einer Existenz reiner Gegenwärtigkeit steht, angesichts deren Vergangenes ("Erinnerung") und Zukünftiges ("Sehnsucht") keine Macht mehr besitzen.

Vision und Feier eines Schwellenerlebnisses also, das eben darum abstrakt bleibt, weil es Offenheit und völlige Disponibilität signalisiert, in starkem Maß aber auch den Wunsch eines früheren Subjektes, nun Objekt zu werden. Das könnte für heutige Leser bedenklich klingen: Ein Dienst um des Dienens willen? Ist das nicht ein Sprung von einem Extrem ins andere, ein Salto aus einem allzu gefälligen Lebensgenuß in eine nicht weniger problematische Selbstpreisgabe? Darauf wird noch zurückzukommen sein. Wir dürfen auf jeden Fall solche Bedenken nicht vorschnell mit dem Hinweis auf Hofmannsthals späteren "Weg zum Socialen" beschwichtigen. Sonst verharmlosen wir die sicher gewollte Radikalität dieses Textes und verbauen uns damit auch die Möglichkeit, ihn als präzisen Ausdruck einer bestimmten Problem- und Konfliktlage zu begreifen.

Bevor ein Versuch in diese Richtung unternommen werden kann, soll uns nun aber ein Blick auf einige Entstehungsvarianten noch weitere textliche Aufschlüsse vermitteln.

---

[5] Diese Komplexität beginnt zwar bereits mit der leicht mißzuverstehenden Infinitiv-Konstruktion von Zeile 7–8, die, wie der Apparat von SW 1, 304 aufweist, sogar zur falschen Emendation "spielten" statt "spielen" in 10 D 6 geführt hat. Aber wesentlich artistischer wirkt sicher die mit dem Enjambement zusammen kaum auf Anhieb verständliche Elision des Artikels "die" vor "Erinnerung" in Zeile 16.

[6] Auf die ästhetische Aussagekraft der schönen Doppelformel in Zeile 17 "Verschlung'ner Finger und getauschter Seelen" hat Jászi besonders hingewiesen; vgl. O. Jászi, a.a.O., 181. Hofmannsthal hat solche Formeln gelegentlich verwendet. Erinnert sei etwa an die bekannte "Schlanke Flamme oder schmale Leier" im Gedicht "Manche freilich...," SW 1, 54.

Der Einbezug der Entstehungsvarianten zeigt, daß das provozierende Wort von den "Weltgeschicken," die der Jüngling plötzlich auf sich bezogen weiß, von Anfang an bereitlag und wohl als Kern des ganzen Textes zu betrachten ist. Doch nicht nur das: Auch der graphische Ort, an dem diese ungesuchte, unreflektierte Einsicht ihn schockartig überkommt, war früh die Mitte des Gedichtes. Die Offenbarung geschieht in der elften der insgesamt zweiundzwanzig Zeilen, und diese Position ist mit Sicherheit kein Zufall. Sie ist gewollt, weil auch den Lesenden die Mitteilung des Erlebnisses so überraschen soll, wie der Erlebende von seiner Gewißheit überrascht worden war.

Das Umfeld dieses großen Wortes von den "Weltgeschicken" war im übrigen auch die Stelle mit der wichtigsten Varianz, die Partie somit, die dem Verfasser des sonst ziemlich rasch entstandenen Textes am meisten zu schaffen machte.[7] Was war ursprünglich geplant, und warum wurde es verändert?

Ohne auf Einzelheiten der Genese einzugehen, die der Apparat der *Kritischen Ausgabe* nahezu vollständig rekonstruierbar gemacht hat, sei festgestellt, daß Hofmannsthal nicht etwa die Natur des bereits erwähnten "Dienens" genauer festzulegen gesucht hatte, wohl aber die Wirkung des seine Jünglingsfigur plötzlich überfallenden Wissens. Ein weitläufiger Tiervergleich, der das Erlebnis als vorerst zutiefst erschreckend charakterisieren sollte, und — unmittelbar davor — ein religiöses Bekenntnis waren die zwei wichtigsten der erwogenen, aber zuletzt wieder fallengelassenen Texterweiterungen. Wenn wir von der geringfügigen Binnenvarianz absehen, so lautete die ablösbare Endstufe nach Zeile 11 vor der Reinschrift wie folgt:[8]

Und fühlte sich als einen der da geht	a
Als einen Menschen Gottes in der Welt	b
So stark dass von der Stärke des Erkennens	c
Sein Haar sich sträubte, wie bei einem Thier	d
Sobald es sieht dass kein Entrinnen ist.	e
So Hund als Katze, Otter Lux und Marder.	f

In die Reinschrift wurden davon nur noch die beiden mittleren Zeilen übernommen:

so stark dass von der Stärke des Erkennens
Sein Haar sich sträubte, wie bei einem Thier.

---

[7] Vgl. den Apparat von Weber in SW 1, 302–304.

[8] Vgl. die Varianten in SW 1, 303.

Schon im ersten Druck vom September 1896 fielen auch diese beiden Zeilen weg.

Obwohl wir heute über keine zusätzlichen Zeugnisse zur Entstehung verfügen, scheint es nicht schwierig, die angedeutete Tendenz dieser rasch wieder fallengelassenen Aussagen zu erkennen. Die Verse a–b sollten das Erlebnis als ein religiöses ausweisen; die Verse c–f versuchten, das "sunder warumbe," das Außerordentliche, ja Erschreckende der gemachten Erfahrung hervorzuheben. Sowohl das Bild physischen Erschreckens als auch das reflektierende Moment der Gottverbundenheit blieben somit in der endgültigen Fassung wieder weg. Vor allem letzteres scheint interessant, weil dieser religiöse Bezug, wenn er stehengeblieben wäre, Hofmannsthals Jünglingsfigur doch deutlich jenen zahlreichen Bekehrten der neukatholischen und expressionistischen Lyrik und Dramatik angenähert hätte, wie wir sie von Strindberg, Claudel, Sorge, Kaiser und Toller, von Maeterlinck, Péguy, Werfel, Stadler und vielen anderen her kennen. Wie bereits angedeutet, hat Hofmannsthal später solche religiös bestimmten Wandlungen mehrfach gestaltet. Sicher waren ästhetische Gründe (wie Knappheit und Geheimnishaftigkeit) beteiligt an dem Entscheid des Autors, die intendierte religiöse Aussage wieder fallen zu lassen; aber auch Weltanschauliches dürfte mitgespielt haben. Die Grundposition des jungen Hofmannsthal war inbezug auf Glaubensfragen agnostisch-skeptisch. So könnte man sagen, er habe einen eigenen späteren Entwicklungsschritt im *alter ego* dieser erfundenen Figur vorweggenommen.

Im folgenden soll nun das Gedicht im Zusammenhang mit Hofmannsthals sonstigem Denken und Schaffen innerhalb jener Übergangszeit zwischen Früh- und Spätwerk betrachtet werden, um auch zu erkennen, inwiefern seine Aussage exzeptionell und inwiefern sie typisch war.

In dem ab 1916 entstandenen geheimen Bordereau "Ad me ipsum" bemüht sich Hofmannsthal bekanntlich darum, sein ganzes Jugendwerk als Prozeß, als fortwährende Metamorphose in Richtung auf ein bestimmtes Ziel hin kenntlich zu machen. Vom "Motiv des Zusichselberkommens" (A 219) und vom "Draufkommen aufs Richtige, aufs Eigentliche" (A 220 f.) ist immer wieder die Rede; doch es wird gleichzeitig im Hinblick auf die schöpferischen Zustände in der Jugend auch gesagt, dieses "Eigentliche" müsse sich einstellen "als richtige Schicksalserfüllung, nicht als Traum oder Trance" (A 221); denn ein Schicksal zu haben, sei nur möglich bei echtem Tun (ebenda). Fast alle Dramen Hofmannsthals bauen auf dieses Fundament.

Geht man nun mit diesem Wissen zurück zu den poetischen und reflektierenden Texten bis zum Stichjahr 1896, so finden sich viele Spuren der Genese solcher Gedanken, ohne daß freilich dafür — *vor* dem "Jüngling in der Landschaft" — je eine ebenso explizite szenische Darstellung entstanden wäre.

Am naheliegendsten ist zweifellos ein Vergleich mit der Wandlung des Toren Claudio: Sie erfolgt bekanntlich nicht mehr im Leben, sondern erst im Sterben und ist begleitet vom resignativen, nur subjektiv enthusiastisch überspielten Bewußtsein des Zuspät. Die, welche leiden, Opfer bringen und Wirkungen auslösen können, sind in diesem Spiel die anderen, nicht die Hauptfigur. Nur das Wissen um das Geschuldete, aber Versäumte nähert diese Gestalt von 1893 am Schluß dem Jüngling unseres Gedichtes von 1896 bereits an.

Ähnlich schwankend, aber doch sozusagen schon "schwellenbewußt," sind auch zahlreiche Aufzeichnungen Hofmannsthals aus jener Zeit: Das Militärjahr 1895 mit dem Erlebnis von viel fremder Welt, Häßlichkeit und Elend; das Schicksal des befreundeten, unheilbar kranken Schiffsleutnants Edgar Karg von Bebenburg; aber auch literarische und philosophische Anstöße brachten den jugendlichen Autor, der gleichzeitig schwierige Berufswahlentscheidungen zu treffen hatte, in einen großen, aber immer wieder produktiv verarbeiteten Zwiespalt. Die Ambivalenz wird ständig sichtbar. So prägte er damals den Begriff der "Zutätigkeit," durch die allein das "Ungeheure des Lebens" erträglich zu machen sei (A 126). Dann aber, im Zusammenhang mit einer intensiven *Wilhelm Meister*-Lektüre, meinte er wieder, von diesem Buch aus erscheine "die Trennung zwischen Denken und Zutätigkeit aufgehoben" (A 127). Auch im Zusammenhang mit Leopold von Andrians im selben Jahr (1895) erschienener Erzählung *Garten der Erkenntnis*[9] — dem "deutschen Narcissusbuch," wie Hofmannsthal es nannte (A 118) — gibt es ambivalente Äußerungen. Zwar wird die narzißtische Selbstbespiegelung als Gefahr erkannt, aber gleichzeitig der Glaube hochgehalten: "Die Menschen suchen ihre Seele und finden dafür das Leben" (A 117).

Ein interessantes Notat scheint sodann den Gedanken einer Art Lebensschulung zu entwickeln; dies war wohl ebenfalls angeregt von *Wil-*

---

[9] Leopold von Andrian, *Der Garten der Erkennntnis* (Berlin: S. Fischer, 1895). Hofmannsthals eigenes Exemplar trägt Andrians seltsame Widmung: "*Felicio augusto artifici — vitae domino infelice poeta.*" Freundliche Mitteilung von Dr. Rudolf Hirsch, Frankfurt a. M.

helm Meister, erinnert aber auch stark an Novalis.[10] So skizzierte Hofmannsthal am 5. Mai 1895, also ein knappes Jahr vor der Entstehung unseres Gedichtes, folgende Idee:

> — Leben eines Dichters. Eine Art Ordensregel.
> Ein halb Jahr in einem Tierpark, ein halb Jahr in einer Kleinkinderbewahranstalt, ein halb Jahr bei einem Blumenzüchter. — Reisen
> — dann missio in saeculum, Wirksamkeit.
> Alles dies beginnt erst, *nachdem* er aus dem gemeinsamen Leben mit Jünglingen entlassen worden ist (A 118).

Diese Notiz erbringt mit ihrer auffallenden motivischen Verwandtschaft einen neuen Aspekt für unser Verständnis des Gedichtes: Sowohl das Bewußtsein einer religiösen Sendung des Dichters als auch der Gedanke einer gelenkten Vorbereitung darauf haben Hofmannsthal offenbar doch intensiv beschäftigt. Was aber davon in "Der Jüngling in der Landschaft" noch zum Ausdruck kommt, ist nur das plötzliche Bewußtwerden, eine *missio* zu *haben*, nicht sie zu *suchen*. Darauf wird später noch einzugehen sein.

Nicht nur motivisch, auch religiös scheint sich im Herbst 1895 manche Notiz auf unser Gedicht zuzubewegen, so etwa Notate zu Bettlererscheinungen in Venedig und Wien (A 108) und eigentlich religiöse Meditationen:

> Wenn sich die das Dasein erhöhenden Einzeloffenbarungen zum Kreis schließen, ist die Liebe Gottes da. Nicht mehr die Blumen, nicht mehr das Ich-sein, [. . .] sondern der Herr in den Blumen, der Herr im Ich, der Herr der Venus. (Aurelie in 'Wilhelm Meister,' ihre erste Erzählung).[11]

Neben motivischen und religiösen Spuren einer "inneren Entstehung" unseres Gedichtes gibt es andere mehr philosophisch-gedanklicher Art.

Wie die Chronik von Erken verzeichnet, hörte Hofmannsthal im Winter 1895/96 die Aristoteles-Vorlesung von Theodor von Gomperz, die ihn offensichtlich beeinflußte.[12] Anzeichen zeigen sich in der nun immer

---

[10] Vgl. im zweiten Teil des *Ofterdingen* etwa den folgenden Satz: "Es gibt eine Tugend den reinen Willen, der im Augenblick der Entscheidung unmittelbar sich entschließt und wählt." In der Reclam-Ausgabe mit Textrevision und Nachwort von Wolfgang Frühwald (Stuttgart: Reclam, 1981), 174.

[11] Hugo von Hofmannsthal, *Gesammelte Werke in zehn Einzelbänden*, hrsg. von Bernd Schoeller in Beratung mit Rudolf Hirsch, Bd. 10, *Reden und Aufsätze III, 1925–1929. Aufzeichnungen* (Frankfurt a. M.: S. Fischer, 1979), 407.

[12] Günter Erken, "Hofmannsthal-Chronik. Beitrag zu einer Biographie," *Görres-Jahrbuch*, Neue Folge, Bd. 3 (1962), 252. Wie auch Wolfgang Nehring betont, ist bei Hofmannsthal

deutlicher hervortretenden Prävalenz des Tuns, der Tat als Handeln und Dulden, am sichtbarsten wohl in der berühmten Passage im dritten, im Januar 1896 entstandenen Aufsatz über d'Annunzio, wo es unter Berufung auf die "Poetik" des Aristoteles heißt:

> Es kann einer hier sein und doch nicht im Leben sein: *völlig ein Mysterium ist es, was ihn auf einmal umwirft und zu einem solchen macht, der nun schuldig und unschuldig werden kann*, nun erst Kraft haben und Schönheit. Denn vorher konnte er weder gute noch böse Kraft haben und gar keine Schönheit; dazu war er viel zu nichtig, da doch Schönheit erst entsteht, wo eine Kraft und eine Bescheidenheit ist.
> Ins Leben kommt der Mensch dadurch, daß er etwas tut.[13]

Ende Februar oder Anfang März entstand sodann unser Gedicht[14] und vielleicht sogar ein weiteres, das wie eine schwächere Parallele, ein Vor- oder Nachspiel dazu anmutet. Es heißt "Abend im Frühling" und lautete:

> Er ging. Die Häuser waren alle groß.
> Am lichten Himmel standen schon die Sterne.
> Die Erde war den Winter wieder los.
> Er fühlte seine Stimme in der Kehle
> Und hatte seine Hände wieder gerne.
>
> Er war sehr müde, aber wie ein Kind.
> Er ging die Straße zwischen vielen Pferden.
> Er hätte ihre Stirnen gern berührt
> Und rief ihr frühres Leben sich zurück
> Mit unbewußten streichelnden Gebärden.[15]

Dieser Text spielte gleichsam nur noch mit dem Grundmuster des ziellos wandernden Jünglings, aber ereignis- und entscheidungslos. So war es zweifellos richtig, daß der Verfasser ihn zurückbehielt.

Zwei besonders wichtige Ideenkomplexe betrafen in den mittleren Neunzigerjahren bei Hofmannsthal den durch die positivistische

---

etwa von 1896 an ein Umdenken im Gang. Vgl. Wolfgang Nehring, *Die Tat bei Hofmannsthal: Eine Untersuchung zu Hofmannsthals großen Dramen* (Stuttgart: Metzler, 1966), 49 et passim.

[13] "Der neue Roman von D'Annunzio" (1896), P I, 235 (Hervorhebung von mir. M. St.).

[14] Hofmannsthal notierte Ende 1896 in einem Rückblick auf die Produktion seit dem Herbst 1895: "Schreibe in diesem März die Gedichte: Lebenslied, Gipfel des Lebens [= 'Gute Stunde'], ein Knabe, der Jüngling in der Landschaft." Weber hält in seinem Entstehungsbericht eher das Ende des Februar 1896 für die Entstehungszeit. Mir scheint die erste Märzhälfte nach wie vor ebenso wahrscheinlich; vgl. SW 1, 301.

[15] "Abend im Frühling" (1896?), GLD 525.

Wissenschaftstheorie in Frage gestellten *Zusammenhang der Welt* und den *Erkenntniserwerb*, die Möglichkeit (oder Unmöglichkeit) sicheren Wissens. Für die Gebildeten der Epoche zählte Wilhelm Dilthey zu den Denkern, die überzeugend ein Wissen um die Einheit alles Seienden unter dem Begriff des Lebens wieder zu vermitteln versuchten. Es war ein Ausdruck von Hofmannsthals früher Rezeption solcher Ideen, wenn er im Tagebuch von Anfang 1894 sich vornahm: "Den Gedanken scharf fassen: wir sind eins mit allem, was ist und was je war, kein Nebending, von *nichts* ausgeschlossen" (A 107). Dieser Gedanke nimmt, streng genommen, unserer Zeile 11 einiges von ihrer scheinbaren Hybris.

Hofmannsthals Idee "Ich in allem" und "alles in mir," die ja in mehreren seiner wertvollsten Gedichte zum Ausdruck gelangte, war einerseits eine Art Gegenthese zu Ernst Machs, von Hermann Bahr verbreitetem Theorem, das Ich sei — da nicht als Konstante faßlich — "unrettbar." Andererseits aber behinderte sie in ihrer Statik die Möglichkeit, sich eine Existenz in Lebensstufen und -phasen zu denken, von denen eine die andere ablösen solle — die Goethesche Entwicklungsidee. Wo aber keine Ablösungsprozesse und Metamorphosen sind, die auch Abschiede und Vergessen mit sich bringen, ist kein Wachstum und keine Erneuerung. Diesen Zusammenhang zwischen der Kraft zu enden und der Fähigkeit, neu zu beginnen, erlebt auch der Jüngling unseres Gedichtes deutlich. Der sicher im Leben häufigere, langsame Übergang, der im Gedicht aber kaum darstellbar wäre und in den Roman gehört, ist hier ersetzt durch einen plötzlichen Umschwung. Identisch ist nur noch die Idee einer entscheidenden, durchgreifenden Veränderung.

Zum Erbe von Renaissance, Aufklärung und Klassik, aber auch zu jenem des christlichen Bekehrungsgedankens gehörte es, radikale Veränderung nur als qualitativen Fortschritt oder als Sprung auf eine höhere Daseinsstufe zu denken. Auch in der Antike galt das vorwegnehmende Erkennen eines zielhaften Höheren als erschreckend. Und Hofmannsthal wußte das natürlich. In Eduard Zellers damals verbreiteter Darstellung *Philosophie der Griechen in ihrer geschichtlichen Entwicklung dargestellt*, deren vierte Auflage von 1889 sich noch heute in Hofmannsthals Bibliothek befindet, ist die folgende Stelle am Rand kommentiert:

> [...] und eben hierin, in dem überwältigenden Gegensatz der Idee gegen die Erscheinung liegt der letzte Grund für jene Verwunderung, welche nach Plato der Anfang der Philosophie ist, für jene Verwirrung, jenen brennenden

Schmerz, der jedes edlere Gemüth erfaßt, wenn zuerst die Ahnung des Höheren in ihm aufgeht, [...].[16]

An den Rand dieser Passage schrieb Hofmannsthal: "[...] wie wichtig — von welch unerbittlicher Wichtigkeit — für ein bestimmtes Lebensalter."[17]

Damit sind wir noch einmal ganz in die Nähe unseres Gedichtes gelangt: Entsprechend seinem krypto-christlichen Charakter zeigt es den Moment der Berufung zum "Höheren" als kurzen Schrecken, dem aber sofort die auch alle Erinnerung und Sehnsucht verdrängende Freude folgt.

Eine solche Analogie zum christlichen Metanoia-Erlebnis ist im Frühwerk, wir sagten es schon, einmalig. Häufig aber sind bei Hofmannsthal Formeln, in denen ein plötzliches Erkennen einer Lage, eines Sachverhalts oder sogar noch umfassender: ein Erkennen der Welt, der Lebenszusammenhänge, zum Ausdruck kommt. Ich greife aus vielen nur wenige Beispiele heraus:

In "Terzinen IV" (1894) ist es, wie so oft bei Hofmannsthal, ein Abend, der offenbarend wirkt und eine "tiefe Ahnung" bringt, "die das grosse Leben / Begreift und seine Herrlichkeit und Strenge" (SW 1, 46).

Im Gedicht "An eine Frau" (1896) scheint plötzlich alles Frühere "nur da, um wegzusinken" (1. und 6. Strophe). Der Sprecher erinnert sich aber seiner Liebespartnerin als einer, um deren Lippen "großes Leben hing" und die "königlich" zu reden wußte, "wie eine, / Die wissen lernte was das Leben meine." (8. und 9. Strophe; SW 1, 61 f.).

In dem im Jahr nach "Der Jüngling in der Landschaft" entstandenen Zwiegespräch "Botschaft" (1897) ist es der ältere Sprecher, der einen vergleichbaren Erkenntnissprung erlebt hat und davon berichtet. Er weiß sich verwandelt und zugleich dagegen gesichert, je wieder zurückzufallen in den Zustand des Zweifels und der Leere, der Beschmutzung und Täuschung: "Denn mich hat ein Glanz / Vom wahren Sinn des Lebens angeglüht" (SW 1, 81).

Wiederum dialogisch wird schließlich das Thema der Erwählung noch einmal berührt in dem Epigramm "Dichter und Gegenwart" (1898): Die Zeit wird wie eine Beute schwebend über dem Chaos gehalten von den mit Flügeln und Krallen ausgestatteten Dichtern. Sie aber spricht ihnen ermutigend zu: "Und schaudert euch, daß ihr erwählt seid — : / Schaudernde waren mir stets Flügel und Kralle wie ihr" (SW 1, 86).

---

[16] Eduard Zeller, *Philosophie der Griechen in ihrer geschichtlichen Entwicklung dargestellt*, Bd. 2, 1, 4. Aufl (Leipzig: Karl J. Trübner, 1889), 610.

[17] Ebendort 60 am linken Rand. Mitgeteilt mit freundlicher Erlaubnis von Rudolf Hirsch, Frankfurt a. M.

Diese wenigen Beispiele haben nun auch die Spannweite zwischen diversen Seelenverfassungen angedeutet, die Hofmannsthals lyrisches Schaffen in dieser reichsten Phase kennzeichneten. Zahlreicher — und bei den Lesern weit erfolgreicher — waren die Gegenzustände, in welchen Verlorenheit, Ratlosigkeit, Trauer und Müdigkeit oder ein enthusiastisches Überspringen aller Schranken, ein dionysischer Übermut zum Ausdruck gelangten. Sie trafen leichter den "Nerv der Zeit." Sie wirken vermutlich bis heute überzeugender. Aber waren sie darum wahrer?

Es mochte — und mag immer noch — eher nachvollziehbar sein, wenn in einem Gedicht wie "Ballade des äußeren Lebens" (1895) eine ähnlich verwirrende Landschaft gezeichnet wird wie in "Der Jüngling in der Landschaft," aber danach sich keine Berufung ereignet, sondern alles in die bange Frage mündet:

> Wozu sind diese aufgebaut und gleichen
> Einander nie? und sind unzählig viele?
> [. . .]
> Was frommt das alles uns und diese Spiele,
> Die wir doch groß und ewig einsam sind
> Und wandernd nimmer suchen irgend Ziele? (SW 1, 44)

Und es mochte und mag attraktiver, weil geheimnisvoller wirken, wenn die Allverbundenheit *und* die eigene *missio in saeculum* noch verhüllter zum Ausdruck kommt, wie zum Beispiel in "Manche freilich. . ." (1895), wo zwar von den "vielen Geschicken" gesprochen wird, aber nur in der allgemeinsten und symbolischsten Form: "mehr als dieses Lebens / Schlanke Flamme oder schmale Leier" (SW 1, 54).

Damit blieb der Autor in diesen berühmtesten seiner Gedichte zweifellos näher bei der Erlebnisweise seiner Zeit und Generation. Vielleicht überforderte er sie in unserem Text? Denn daß sich die "Weltgeschicke" auf einen Einzelnen beziehen könnten, das ist eine Aussage, die eigentlich nur in christlichem Rahmen ohne Hybris gemacht werden kann. Und dieser Rahmen, das darf nicht vergessen werden, war Hofmannsthals Jugend und Umwelt fern.

Es gibt in Leopold von Andrians Tagebüchern eine Notiz aus den Jahren 1894/95, die alle Wahrheitserfahrung letztlich als Selbsttäuschung bezeichnet und damit einer damals weitverbreiteten Skepsis Ausdruck verlieh. Was ist wirklich "geschicktes" Schicksal und nicht bloß imaginäres, lautet die Frage. Und Andrians Antwort: "Das perverse daran ist, daß während alles durch einen selbst [...] gemacht ist, man alles als Schicksal empfindet."[18]

Solches hat Hofmannsthals skeptische Generation stark beschäftigt. Und dieser Skepsis scheint er in "Der Jüngling in der Landschaft" entgegengetreten zu sein mit der Darstellung einer Erfahrung, die auf das entschiedenste ihren Inspirations- und damit Wahrheitscharakter hervorhob.

Wie die bereits erörterten Entstehungsvarianten deutlich machen, ging es in diesem Gedicht kaum um das Wie und Wofür der künftigen Existenz. Viel wichtiger war dem Dichter der Gewinn einer fraglosen Gewißheit für das erlebende Subjekt. Um dieses Problem, wie Sicherheit über das zu Tuende zu gewinnen und woran letztlich das Richtige zu erkennen sei — eines, das schon Kleist bis zur Verzweiflung quälte — bemühen sich noch viele Werke und Figuren Hofmannsthals.[19] Aber unterschiedlich ist jeweils die Art und Weise der Verifizierung. Wenn ich richtig sehe, werden dafür mehrfach vor allem zwei Möglichkeiten erwogen, eine mehr östlichem Denken verwandte und eine der stoischbarocken Tradition verpflichtete. Beide scheinen auf verborgene Weise in unserem Gedicht miteinander verbunden worden zu sein.

Die östliche deckt sich in etwa mit dem Begriff der Absichtslosigkeit, die quasi als Vorbedingung des Eintritts einer richtigen, das heißt notwendigen Entscheidung zu betrachten wäre. Nur wer es eigentlich schon nicht mehr sucht, findet das Wahre und Richtige, würde die entsprechende Handlungsanweisung lauten.

Der andere Weg dient quasi der Kontrolle *post festum*. Er gehört in den Bereich der christlichen Paradoxa, des *credo quia absurdum est*, hat sich aber speziell im barocken Denken, wie auch bei Hofmannsthal, vom Glaubenssystem gelöst und zur selbständigen Maxime verabsolutiert.

Ein dafür besonders charakteristischer kurzer Text, der in unmittelbarem Zusammenhang mit "Der Jüngling in der Landschaft" entstanden sein dürfte, soll dies noch veranschaulichen. Es handelt sich um das Epigramm "Inschrift" (1896):

---

[18] Leopold von Andrian, Tagebücher und Aufzeichnungen 1894/95, Seite 74, verwahrt vom Deutschen Literaturarchiv im Schiller-Nationalmuseum, Marbach am Neckar, mitgeteilt mit freundlicher Erlaubnis von Dr. Werner Volke.

[19] Als Beispiel sei an das Ende von Hofmannsthals erstem Lustspielversuch *Silvia im STERN* erinnert, wo der getreue Diener des jungen Herrn Rudolf dessen Heiratsentschluß mit den Worten quittiert: "Das ist das richtige Muß! (pfeift)." Zitiert nach Hugo von Hofmannsthal, *Silvia im STERN*, auf Grund der Manuskripte neu hrsg. von Martin Stern (Bern, Stuttgart: Haupt, 1959), 112.

> Entzieh Dich nicht dem einzigen Geschäfte!
> Vor dem Dich schaudert, dieses ist das Deine:
> Nicht anders sagt das Leben was es meine,
> Und schnell verwirft das Chaos Deine Kräfte. (SW 1, 67)[20]

Diesen Gedanken kann man kaum anders als gewaltsam nennen. Wir verstehen ihn aber nun als den Versuch einer Antwort auf die oben erörterte Unsicherheit einer Jugend, die ohne materielle Existenzprobleme in einem Milieu, das ihr alle Bildungsgüter zur Verfügung stellte, aufwuchs und vielleicht auch dadurch in besonders schwierige Entscheidungskrisen geriet. Sie sind bei fast allen Mitgliedern des Jungen Wien zu beobachten. Welche Weltanschauung, welcher Glaube, welcher Beruf war zu wählen? Wie erkannte man das Eine, was not tat, das Richtige, nach dem der moralisch erzogene Mensch ja doch strebte?

Hofmannsthals stoische Antwort erinnert nicht von ungefähr schon in der Diktion an Stefan George und dessen Ethos der Selbstüberwindung. Die letztlich *auch* christliche Quelle dieses wohl masochistisch zu nennenden Heroismus aber dürfte Nietzsche gewesen sein, der ja für George wie Hofmannsthal und eine ganze nachfolgende Generation ein Vordenker des Widerstandes gegen die schale "Zeit" und ihr als dekadent empfundenes *laissez aller* war. So gibt es von Nietzsche eine Aussage, welche nicht nur den Vorgang des Erkenntniseintritts ähnlich schildert, sondern auch deren Legitimierung auf ähnlichem Wege vornimmt: Schaudern als Beweis von Wahrheit! Nietzsche schrieb 1885:

> Die Auswahl der Ereignisse, das Zugreifen und plötzliche Begehren, das Wegstoßen des Angenehmsten, oft des Verehrtesten: dergleichen erschreckt uns, wie als ob uns eine Willkür, etwas Launisches, Tolles, Vulkanisches hier und da herausspränge. Aber es ist nur die höhere Vernunft und Vorsicht unserer zukünftigen Aufgabe.[21]

"Vorsicht" hier als Voraus-Sicht verstanden, das ist kaschierte und säkularisierte Vorsehung. Die ganze Krise des Atheismus wird hier *in nuce* erkennbar. Sie besteht darin, daß trotz pathetischem Agnostizismus hinter dem eigenen Rücken wieder ein Schicksalsdenken betrieben und damit dem allein gelassenen Subjekt eine höhere "Aufgabe" suggeriert wird.

---

[20] Rudolf Hirsch hat Entstehungsvarianten dieses Spruchgedichtes veröffentlicht und auf deren inhaltlichen Zusammenhang mit "Der Jüngling in der Landschaft" hingewiesen. Vgl. Rudolf Hirsch, "Ein Blatt aus dem Nachlaß," *Hofmannsthal-Blätter* 25 (1982), 86–88.

[21] Friedrich Nietzsche, *Nietzsches Werke. Kritische Gesamtausgabe*, hrsg. von Giorgio Colli und Mazzino Montinari, Bd. 7, 3, *Nachgelassene Fragmente August-September 1885* (Berlin, New York: de Gruyter, 1974), 396.

Der Jüngling in der Landschaft 215

Angelegt war der tiefe Wunsch, eine Art Methodologie der wahren Entscheidungsfindung zu entwickeln, in Hofmannsthal selbst schon lange. So heißt es bereits am 31. Mai 1881 in einer Aufzeichnung: "Bei mir ist jetzt der herrschende Gedanke [. . .] die Wirksamkeit des Zufalls [. . .]. Ich sehe aber von weitem schon den Ausweg aus dieser Epoche schimmern, das Jenseits, wo sich der Zufall als Notwendigkeit darstellt" (A 92).

Dieser "Ausweg" sah bei den Weggefährten und Generationsgenossen Hofmannsthals jeweils unterschiedlich aus; nur in der Richtung war er gelegentlich ähnlich: Agnostiker blieb einzig Schnitzler; gläubige Katholiken wurden Andrian und schließlich Hermann Bahr; Richard Beer-Hofmann wandte sich dem Zionismus zu. Seine 1900 erschienene Erzählung *Der Tod Georgs* mutet in manchem wie ein episches Pendant zu Hofmannsthals Gedicht von 1896 an: Der ausgeprägt narzißtische Held Paul erlebt nach dem Tod seines Freundes Georg nach einem erfahrungsreichen Tag eine Umkehr. Auch er hat einen Kairos und spürt sich mit allem verbunden, und auch ihn erfaßt "das Leben" und führt ihn zu neuen Ufern; er wird ein "Gerechter."[22] Aber er gewinnt die Bestätigung der Richtigkeit seiner Entscheidung aus seinem Blut, das das gepeinigte Blut seiner jüdischen Ahnen ist. Aus der Tiefe seiner "Rassenseele," so müßte man im Vorausblick auf die schlimmen Folgen dieses Denkens im Nationalsozialismus sagen, wird ihm die Gewißheit zuteil, daß er Wahres — und das heißt für diese Generation immer: mehr als Individuelles — will und tut (ebenda, 214).

Hofmannsthal wählte in *Jedermann* und im *Großen Welttheater* den christlichen Weg der Bestätigung: die szenisch-symbolische Vergegenwärtigung des inneren Durchbruches. Erst sehr viel später hat er sich noch einmal entschieden zu einem aufklärerischen, historischen und gesellschaftsbezogenen Modell von Wahrheitserkennung bekannt, aber in Anlehnung an einen "Vordenker." Wie Richard Exner im *Index Nominum* nachweist,[23] geht der wichtige Gedanke der Schrifttums — Rede von 1927, daß "'die Dignität der sittlichen Norm uns erst im Vollzug zu erkennen gegeben sei'" (P IV, 404) — auf Florens Christian Rang zurück. An gleicher Stelle wird im Vortrag auch die Hybris im Überspannen und Überschätzen der Kraft des Einzelnen kritisiert. Beides, die "Hybris des Herrschenwollens" und die "Hybris des Dienenwollens," wird jetzt als — typisch deutsche — Gefahr gesehen und damit eine eigene, in der Jugend offenbar latente Versuchung bekannt.

---

[22] Richard Beer-Hofmann, *Der Tod Georgs* (Berlin: S. Fischer, 1900), 211.

[23] Richard Exner, *Index Nominum zu Hugo von Hofmannsthals Gesammelten Werken* (Heidelberg: Stiehm, 1976), 187.

"Der Jüngling in der Landschaft" ist das auf verborgene Weise christlichste aller Gedichte, die Hofmannsthal einer Aufnahme in seine Auswahlen würdigte. Das Gedicht hat vermutlich seine distanzierende Er-Form und sein distanzierendes Präteritum eben darum erhalten, weil es für seinen Verfasser voll drängender Problematik war.

Das Gedicht stellt in scheinbar leichter, parlandomäßiger Diktion die plötzlich eine Metanoia, ein Paulus-Erlebnis hervorrufende Wirkung einer merkwürdigen "Landschaft" dar. Deren Wirkung auf den nichts wollenden oder suchenden Wanderer tritt genau in der Mitte des Textes zutage und hat das unumstößliche, nicht mehr rechtfertigungsbedürftige Wissen der Figur zur Folge, nun eine *missio*, einen Auftrag zu besitzen.

Dieser Auftrag trennt die Figur von allem Gewesenen und Vertrauten. Er wird subjektiv als eine Erwählung und Erhöhung erlebt, was Freude auslöst. Er fordert aber paradoxer Weise äußerste Demut, ja Selbsterniedrigung, wie das in vielen Heiligenviten (etwa der Christophorus-Legende) vorgebildet war.

Die Sicherheit, vom Richtigen ergriffen zu sein, sollte ursprünglich ein tierähnliches, also kaum bewußtseinsfähiges Schaudern bezeugen. Aber sowohl diese wie auch eine zweite, den religiösen Charakter der Berufung betonende Textaussage wurden wieder zurückgenommen.

Die Interpretation versuchte zu zeigen, daß nicht das soziale Engagement, sondern der Akt des Erkenntnisgewinns und das Glück der Erkenntnissicherheit als Zentrum des Gedichtes zu verstehen sind.

Eine Rezeption des Gedichtes auf dieser Basis blieb bis heute aus. Es hatte auch keine nennenswerte Wirkung. Daß Hofmannsthal es aber in seine Auswahlen aufnahm, ist ein deutlicher Hinweis für seine besondere Beziehung zu diesem Text. Die Vermutung liegt nahe, sein *attachement* sei vor allem autobiographischer Art gewesen. Das würde bedeuten, daß er spätestens 1903, bei der ersten Selektion seiner Gedichte für Georges *Blätter für die Kunst*, erkannte, wie sehr dieser Text 1896 einer eigenen Erkenntnis- und Entscheidungskrise Ausdruck gegeben hatte. Denn das Gedicht hatte die Gestalt und wohl auch Funktion eines Wunschtraumes. Es ließ stellvertretend in einem *alter ego* das seinem Schöpfer noch versagte Glück einer "höheren" Entscheidungshilfe erleben. Daß Hofmannsthal später im eigenen Leben katholisch-christlicher Glaubenspraxis wieder näher stand, hat seine Beziehung zu diesem seltsamen Gedicht vielleicht weiter verstärkt. In dem Wunsch nach einem Begräbnis in geistlichem Gewand gab er dieser Verbundenheit am Lebensende Ausdruck. Eine heimliche, nicht verbalisierbare Lebensbeziehung zu seinem Jugendgedicht aber könnte bewirkt haben, daß er über dieses ästhetisch ja nicht ganz überzeugende Werk niemals sprach. Es enthielt, wie Rilkes "Archaischer Torso Apollos," die permanent gültige Aufforderung zum Übergang, zur Metamorphose: "Du mußt dein Leben ändern."[24] Es war eines seiner "Lebenslieder"[25] und diese geträumte Landschaft eine seiner "Landschaften der Erkenntnis."

---

[24] Rainer Maria Rilke, "Archaischer Torso Apollos" (1908), *Sämtliche Werke*, in Verbindung mit Ruth Sieber-Rilke besorgt durch Ernst Zinn, Bd. 1, 1, *Gedichte 1. Der Neuen Gedichte anderer Teil* (Wiesbaden: Insel, 1955), 557.

[25] Wie der vom Herausgeber von SW 1 vorgelegte Überlieferungsbericht mitteilt (SW 1, 301, Anm. 2), trägt das Blatt mit dem ersten Entwurf unseres Gedichtes neben dessen Titel auch die vermutlich einmal als Sammelüberschrift gedachte Bezeichnung "Der Pflüger Lebenslieder." Ebenfalls auf diesem Entwurf befindliche Notizen wie "Die Pflüger singen vom Narcissos" weisen allerdings eher in Richtung der *Idylle*, wo noch Feindschaft besteht zwischen der Welt der Tätigen (Schmied) und jener der Schweifenden (Kentaur). Wenn die Pflüger von Narcissos singen, könnte das auf eine Versöhnung hindeuten, die jedenfalls der vom einen in den andern Zustand hinübertretende Jüngling unseres Gedichtes noch nicht vollzieht.

The Contributors

Margit Resch, University of South Carolina. Author of *Der symbolische Prozeß bei Hugo von Hofmannsthal* and articles about Lou Andreas-Salomé, Lasker-Schüler, Werfel, and Frisch.

Lore Muerdel Dormer, University of California, Riverside. Author of *Hugo von Hofmannsthal. Das Problem der Ehe und seine Bedeutung in den frühen Dramen* and other publications on Hofmannsthal, his predecessors and contemporaries.

Richard Exner, University of California, Santa Barbara. A poet and professor of German and comparative literature, he has published several editions of well-received poetry: *Mit rauchloser Flamme, Fast ein Gespräch*, and *Aus Lettern ein Floss*. He is the author of *Index Nominum zu Hugo von Hofmannsthals Gesammelten Werken, Hugo von Hofmannsthals "Lebenslied"* and many articles.

Janette Hudson, University of Virginia, Charlottesville. Research interests are in nineteenth and early twentieth-century German and French literature, especially lyric poetry, and in women writers of this period. She has most recently written on the nineteenth century German author Ottilie Wildermuth. Her present research projects include a study of Sophie Tieck.

David E. Jenkinson, Goldsmiths' College, University of London. Publications include articles on Hofmannsthal, studies on Hans Henny Jahnn, East German literature, particularly the novel and authors such as Christa Wolf. He is currently preparing a book on Brecht's major plays.

Ruth Lorbe, University of Illinois, Champaign-Urbana. Author of *Lyrische Standpunkte. Interpretationen moderner Gedichte*. Her publications on children's literature include *Die Welt des Kinderliedes. Dargestellt an Liedern und Reimen aus Nürnberg* and several essays. Articles on German lyric poetry and modern short prose.

Karl Pestalozzi, Universität Basel. Author of *Sprachskepsis and Sprachmagie im Werk des jungen Hofmannsthal, Ludwig Tieck, "Die verkehrte Welt. Text und*

Materialien zur Interpretation, and *Die Entstehung des lyrischen Ich. Studien zum Motiv der Erhebung in der Lyrik.* His essays include studies on Bräker, Lavater, Goethe, Keller, Meyer, Nietzsche, Robert Walser and Dürrenmatt. He is co-editor of *Komedia, Schweizer Texte, Basler Studien.*

Rudolf Schier, Institut für Europäische Studien, Wien. The director of the Institute of European Studies in Vienna, author of *Die Sprache Georg Trakls,* he also has published articles on poetic language, on the poetry of Trakl, Hölderlin, Rilke, Hofmannsthal, Keats, Wordsworth, Valéry and others.

Werner Schwan, Albert-Ludwig-Universität, Freiburg i. Br. Author of *Goethes "Wahlverwandtschaften." Das nicht erreichte Soziale.* His research projects include a study on "Festlichkeit und Spiel im Romanwerk Thomas Manns" and articles on Lessing, Goethe, Eichendorff, Grillparzer, Fontane and Hofmannsthal.

Steven P. Sondrup, Brigham Young University, Provo, Utah. Author of *Hofmannsthal and the French Symbolist Tradition, Toward the Solitary Star,* and concordances of Hofmannsthal's and Meyer's lyric poetry as well as Goethe's *Faust.* A number of articles on Hofmannsthal, Scandinavian literature, linguistic and literary computing.

Martin Stern, Universität Basel. His research interests include Goethe, Realism, Expressionism, 20th century Swiss literature, and the relationship between literature and music. Publications include studies on Schnabel, von Swieten and Haydn, Bürger, Lenz, Goethe, Schiller, Kleist, Heine, Kafka, Celan, Swiss authors such as Robert Walser, Bosshart, Ilg, and many others. Collaborated on the *Kritische Ausgabe* of Hofmannsthal's works, co-editor of *Expressionismus in der Schweiz.*

Register

Abend 142
Abenteuer 31, 45, 48, 49
Adler 29, 38, 39, 57, 66, 72
Ästhetik 90, 91, 92, 93, 94, 95, 96
Ästhetische
   das 67
Ästhetizismus 95, 96, 105, 106, 109, 113, 114, 115, 118
Ästhet 96, 101
Agnostizismus 206, 215
Agrippa
   Menenius 107
Alewyn
   Richard 201
Amiel
   Henri-Frédéric 35
Andrian
   Leopold von 182, 212, 215
   works by
      Garten der Erkenntnis 207
Antinomie 61, 74, 203
Aphrodite 63
Apokalypse 146
Apollinische
   das 64, 65, 67, 77
Apollo 65
Ariadne 69, 74
Aristoteles 209
Arkadien 45
Artemis 63
Atheismus 215
Atlas 98, 102, 110, 112, 116, 117
Augenblick
   höchster 45, 47, 48, 49, 51, 81, 94, 96, 109, 119, 129, 133
Ausdruck
   uneigentlicher 31, 142, 143

Babylon
   Hure 144, 145, 146
Bacchus 69, 70, 74, 76
Bahr
   Hermann 161, 210, 215
Barock 23, 39
Bebenburg
   Edgar Karg von 207
Beer-Hofmann
   Richard 215
   works by
      Der Tod Georgs 215
Begegnung 36, 39
Bierbaum
   Otto Julius 102, 117, 120, 177
Blätter für die Kunst 18, 30, 31, 32, 33, 135, 177, 216
Blume 200, 203, 208
Borchardt
   Rudolf 16
Brockes
   Barthold Hinrich 196
   works by
      "Ein alter umgeweheter Kirsch-Baum" 196
      "Kirschblüte bei der Nacht" 196
Brown
   Ford Madox
   works by
      Romeo and Juliet 42
Bruckmann-Cantacuzene
   Elsa 182
Brunnen 73
Buddha 111
Burckhard
   Max 159
Burckhardt
   Carl 27, 99
Burgtheater 131, 152, 160

Calderón de la Barca
   Pedro 155, 156
Carltheater 160
Casanova 103
Cervantes Saavedra

Miguel de
  works by
    Don Quixote 155
Chiasmus 62
Christophorus-Legende 216
Claassen
  Genja 24
Claudel
  Paul Louis Charles 206

d'Annunzio
  Gabriele 106, 114, 209
Dante Alighieri 108, 182, 183, 184, 198
  works by
    La Comedia 182, 183, 184, 185, 199
Degenfeld
  Ottonie Gräfin 50, 51
Dehmel
  Richard 111, 117, 118
Depersonalisationssyndrom 66
Der Pan 166, 168, 177
Des Knaben Wunderhorn 24
Deutsche Rundschau 47
Dichter 57, 58, 65, 66, 67, 71, 72, 76, 77, 208, 211
Dickens
  Charles
    works by
      David Copperfield 155
Dilthey
  Wilhelm 166, 210
Dionysische
  das 64, 66, 67, 75, 76, 77, 212
Dionysos 60, 66, 68, 69, 70, 74, 166
Dioskuren 57, 61, 62, 63, 74
Doppelt-Sehen 38, 39, 49
Doppelt-Sein 38
Duse
  Eleonora 152, 155

Ehe 27, 79, 95, 96
Einheit 17, 38, 45, 58, 63, 67, 68, 70, 71, 72, 73, 82, 90, 168, 189, 196, 210
Elektra 69
Elementesymbolik 163, 165, 166, 169
Eliot
  T. S.
    works by
      "The Love Song of J. Alfred Prufrock" 148
Epiphanie 59, 60, 68, 69, 71, 72, 73, 74
Erinnern 57, 61, 63, 86, 87, 200, 204, 211
Eros 63, 72
Euripides 118
  works by
    Die Bacchae 69
Existenz 100, 107, 109
Expressionismus 147, 203, 206

Falke 38
Fechner
  Gustav 27
Figurgedicht 24
Freud
  Sigmund 84

Garten 20, 36, 58, 67
Gaukler 153, 156, 157, 161, 171
Gebärde 81, 83, 154, 156, 161, 209
Gegensatz 61, 62, 63, 66, 67, 73, 76, 104, 125, 133, 210
Gegenwart 69, 72, 73, 77, 80, 87, 88, 91, 92, 93, 123, 125, 133
Gelegenheitsgedicht 152
Gelegenheitslyrik 23
George
  Stefan 32, 33, 34, 60, 135, 150, 168, 173, 178, 179, 214
  works by
    Das Jahr der Seele 79
Gespaltenheit 71
Gestalten 151, 155, 157, 158, 159, 168, 170, 172
Goethe
  Johann Wolfgang von 45, 46, 50, 51, 122, 123, 124, 131, 132, 133, 134, 136, 177, 183, 197, 210
  works by
    "An den Mond" 123, 133, 134, 135
    "Bei Betrachtung von Schillers Schädel" 183, 184, 185, 191, 198, 199
    "Die Natur" 133
    "Mahomets Gesang" 111
    "Prometheus" 111

"Trost in Tränen" 123
Die Leiden des jungen Werthers 86, 123
Faust 88, 183, 184
Wilhelm Meister 207, 208
Goethezeit 167, 171, 172
Gomperz
  Theodor von 208
Grazien 57, 63
Guglia
  Eugen 159, 161, 162, 171

Hart
  Julius 147, 148
Hauptmann
  Gerhart 160
Hebbel
  Friedrich
    works by
      "Des Dichters Testament: Das abgeschiedene Kind an seine Mutter" 184
Heidegger
  Martin 177
Herakles 102, 110, 111, 116, 119
Herder
  Johann Gottfried von 171
Hermes 57, 61, 62, 63, 74
Herzfeld
  Marie 104
Hesperiden 102
Hirsch
  Rudolf 18, 52, 53
Hofmannsthal
  Hugo von
    works by
      "Abend im Frühling" 209
      "Ad me ipsum" 58, 69, 100, 169, 206
      "An eine Frau" 211
      "An Josephine von Wertheimstein" 180, 186
      "Auf den Tod des Schauspielers Hermann Müller" 152, 158, 172
      "Augenblicke in Griechenland" 37
      "Ballade des äußeren Lebens" 89, 90, 142, 182, 212
      "Botschaft" 17, 33, 34, 35, 40, 49, 211
      "Brief an Richard Dehmel" 189
      "Buch der Freunde" 149
      "Da ich weiss. . ." 23
      "Das Erlebnis des Marschalls von Bassompierre" 134
      "Das Märchen der 672. Nacht" 100, 202
      "Das Schrifttum als geistiger Raum der Nation" 133, 215
      "Das Zeichen" 23, 26
      "Der Beherrschte" 20, 33, 34, 35
      "Der Jüngling in der Landschaft" 88
      "Der Jüngling und die Spinne" 33, 34, 182
      "Der Kaiser von China spricht" 136
      "Der nächtliche Weg" 23, 198
      "Dichter und Gegenwart" 211
      "Die Beiden" 79, 81, 85, 94
      "Die Menschen in Ibsens Dramen" 105, 114, 116
      "Die Wege und Begegnungen" 16
      "Drei kleine Lieder" 23, 24
      "Ein Brief" 15, 70, 71, 73, 83, 103, 104, 108, 114, 169, 173
      "Ein Prolog" (zu *Die Frau im Fenster*) 31, 35, 39, 110
      "Ein Traum von großer Magie" 35, 82, 90, 100, 132, 157, 182
      "Erinnerung" 34, 37, 39
      "Erinnerung schöner Tage" 16
      "Erlebnis" 89
      "Gabriele d'Annunzio" 72, 106, 209
      "Gedankenspuk" 132
      "Gesellschaft" 136
      "Gespräch über Gedichte" 50, 74, 75, 79, 83, 85, 89
      "Hundertfünfzig Jahre Burgtheater" 154
      "Ich lösch das Licht" 110
      "Inschrift" 214

"Josef Kainz zum Gedächtnis" 152, 172, 197
"Juniabend im Volksgarten" 75
"Kindergebet" 24, 26
"Lebenslied" 21, 33, 60, 64, 100, 113, 194, 209
"Manche freilich. . ." 95, 132, 212
"Nach einer Dante-Lektüre" 182
"Prolog zu einer nachträglichen Gedächtnißfeier für Goethe am Burgtheater zu Wien, den 8. Oktober 1899" 123, 131, 132, 133, 134, 197
"Psyche" 112
"Reiselied" 89
"Reitergeschichte" 100
"Sommerreise" 37, 39, 42, 48, 49
"Südfranzösische Eindrücke" 182
"Sünde des Lebens" 188
"Terzinen" 80, 82, 84, 90, 211
"Unendliche Zeit" 21
"Verwandlung" 82, 95
"Vor Tag" 84, 89
"Vorfrühling" 102, 103, 109, 114, 188
"Weltgeheimnis" 84, 117
"Wir gingen einen Weg. . ." 18, 19, 20
"Wir sprechen eine Sprach. . ." 23, 24
"Über Charaktere im Roman und im Drama" 72, 75
"Über Goethe oder über die Lebensalter" 136
"Über moderne englische Malerei" 183
Alkestis 69, 118, 119, 120
Andreas 38, 47
Arabella 79
Ariadne auf Naxos 69, 70, 85, 120
Cristinas Heimreise 103
Das Bergwerk zu Falun 100, 125, 126, 127, 130, 134, 138
Das kleine Welttheater 30, 31, 32, 37, 48, 76, 100

Das Salzburger große Welttheater 27, 201, 215
Der Abenteurer und die Sängerin 35, 47
Der Rosenkavalier 85, 86, 87, 120, 138
Der Schwierige 79, 83, 94, 95, 172
Der Tod des Tizian 64, 100
Der Tor und der Tod 64, 70, 93, 100, 102, 103, 107, 108, 109, 114, 119, 158, 166, 207
Der Turm 38, 50, 51
Der Unbestechliche 86
Der weiße Fächer 24, 27, 138
Die Frau im Fenster 27, 38
Die Frau ohne Schatten 120
Die Hochzeit der Sobeide 27, 37
Elektra 69, 85, 95
Gestern 100, 103
Idylle 64, 107, 217
Jedermann 201, 215
Oedipus und die Sphinx 69, 138
Silvia im "Stern" 213
Hofmannsthal, Hugo von, works by, Rodauner Nachträge 30
Hyazinth 61, 74

Ibsen
  Henrik 105, 114, 160
  works by
    Baumeister Solneß 114, 115, 116
    Die Kronprätendenten 115
    Die Wildente 161
impressionistisch 99, 101, 105, 109
Individuation 67, 68
  apollinische 75

Jugend, Münchner illustrierte Wochenschrift für Kunst und Leben 122, 123, 124, 125, 131, 138
Jugendstil 122, 154, 164, 166
Junge Wien
  das 214

Kainz
  Josef 151, 152, 172, 173, 197
Kairos 215
Kaiser
  Georg 206
Kassner
  Rudolph 166, 173
Keats
  John 50
Kessler
  Harry Graf 151
Klages
  Ludwig 166, 168
Kleist
  Heinrich von 39, 213
Kosmophoros 111, 118
Kunst 20, 21, 40, 41, 48, 50, 64, 65, 67, 94, 100, 101, 105, 156, 163, 167
  bildende 20, 36, 40, 56
  zeitgenössische 106

Landschaft 19, 21, 31, 35, 36, 37, 49, 79, 88, 89, 212, 216, 217
  Seelen- 35, 36, 50, 59
  Seelen– 31
Leben 62, 63, 64, 65, 70, 73, 74, 75, 76, 99, 100, 101, 102, 103, 106, 107, 108, 109, 112, 113, 114, 115, 116, 117, 118, 119, 120, 128, 131, 133, 134, 158, 163, 164, 165, 166, 167, 168, 169, 171, 194, 195, 207, 209, 210, 211, 215
  Angst vor dem 115
  Seelen- 105
Lebensalter 136
Lebensflucht 105
Lebensgefühl
  ästhetisches 99, 120
Lebensgenuß 107, 109
Lebensmystik 167, 169
Lebensphilosophie 164, 166, 168
Lebenstraum 195
Leonardo da Vinci 48
Liebe 62, 69, 74, 79, 85, 86, 87, 92, 93, 94, 96, 128, 129, 138
Liebe zum Schönen 87
Liebe zur Natur 85, 86, 87, 88, 92
Liebesnacht 84, 86
Liebestod 63

Mach
  Ernst 27, 210
Märchen 24
Maeterlinck
  Maurice von 206
Mann
  Thomas 18, 168
Meduse 57, 66, 67, 72, 75, 76
Meer 162, 165, 167, 168
Meier-Graefe
  Julius 177
mensis mirabilis 31
Metamorphose 45, 74, 206, 210, 217
Metanoia 201, 202, 203, 211, 216
Metapher 142, 146, 147, 148
Michelangelo Buonarroti 41, 47, 48
Mörike
  Eduard 50
  works by
    "Eine Lampe" 41
Moritz
  Karl Philip 48
Mozart
  Wolfgang Amadeus 48
Müller
  Hermann 152

Nacht 60, 63, 68, 75, 139, 142, 143, 176
Nationalsozialismus 215
Natur 19, 20, 82, 86, 87, 88, 89
Naturbeschreibung 79, 80
Natureinheit 90
Neue Freie Presse 160
Neue Revue 183
Neuplatonismus 27
Nietzsche
  Friedrich 64, 65, 66, 67, 68, 129, 131, 133, 166, 167, 214
  works by
    Die Geburt der Tragödie aus dem Geiste der Musik 64, 65, 67, 77, 128
Nostitz
  Helene von 19, 36
Notwendigkeit 215
Novalis (Hardenberg
  Friedrich
    Freiherr von) 208

Offenbarung des Johannes 144, 145
Orpheus 110, 116, 119

Péguy
  Charles 206
Persephoneia 108
Plato 211
Präexistenz 100, 107, 169
pre-Raphaelites 183
principium individuationis 65, 67, 128, 129, 131, 134
Prometheus 171
Psychopompos 62

Rang
  Florens Christian 216
Raphael 41, 42, 43, 44, 45, 46, 47, 48, 52, 53
  works by
    Amor und Psyche 41, 43, 46, 54
    Disputa 48
    Galatea 42
    Gastmahl der Götter 43
Rauch 72
Reinhardt
  Max 150, 152, 155, 172
Renaissance 43
Rilke
  Rainer Maria 18, 152, 168
  works by
    "Archaischer Torso Apollos" 217
Rodauner Nachträge 34
Rom 41, 42, 43, 50
Romano
  Giulio 47
Guilio
  works by
    Convito degli dei 43
Romantik 142, 147, 183

Salzburger Festspiele 149, 152
Schaffensprozeß 31, 32, 48, 50, 60, 75
Schauspiel 170
  modernes 160
Schauspielkunst 149, 152
Schiller
  Johann Christoph Friedrich von
  works by

    Don Carlos 155
Schlegel
  August Wilhelm 194
Schlesinger
  Gerty 23, 24, 28
Schnitzler
  Arthur 36, 103, 104, 215
Schopenhauer
  Arthur 65, 67, 129, 130, 131, 132, 133, 135
  works by
    Die Welt als Wille und Vorstellung 128, 133
Schwellenerlebnis 27, 204
Seele 62, 65, 66, 70, 74, 123, 135, 137
Seidlin
  Oskar 18, 52
Shakespeare
  William 155, 156
  works by
    Der Sturm 155, 194, 195, 196
    Hamlet 155, 159
    Macbeth 155
Simmel
  Georg 166
Simonides-Skolion 19
Skepsis 96, 206, 213
Sorge
  Richard Johannes 206
Soziale
  das 100, 149
Sprachkrise 70, 71, 83
Stadler
  Ernst 206
Starobinski
  Jean 156
Stechow
  Wolfgang 18, 40, 41, 42, 44, 51, 52, 53
Strauß
  Richard 70
Strindberg
  August 206
Sturm und Drang 171
Symbol 74, 75, 147

terza rima 177, 182, 183, 184, 191, 192, 194
  variations of 191
Theater 149, 150, 156, 158, 170, 173, 174

österreichisches 150, 156, 170, 173
Tiepolo
  Giovanni Battista 41, 44, 47, 48, 52
    works by
      Apollon und Artemis 56
Tod 62, 63, 64, 67, 69, 72, 73, 74, 75, 76, 125, 129, 137
Toller
  Ernst 206
Traum 19, 30, 37, 39, 80, 81, 82, 102, 109, 111, 137, 143, 165, 194, 195, 196, 197, 198, 199
Turm-Symbolik 35

Urlandschaft 36, 37

Vasari
  Giorgio 43, 46
Vergangenheit 61, 63, 69, 73, 80, 81, 84, 86, 87, 91, 92, 93, 123, 128, 133, 204
Verlaine
  Paul
    works by
      "Chanson d'automne" 188
Veronese
  Paolo 42, 43, 44, 46, 47, 53, 55
Verwandlung 37, 62, 119, 147, 157, 158, 173
  allomatische 84, 94, 95
Volkslied 23, 24, 137

Wagner
  Richard
    works by
      Tristan und Isolde 86
Wasser 37, 38
Werfel
  Franz 206
Wertheimstein
  Franziska von 181, 182
  Josephine von 27, 180, 181, 185, 186, 199
Wiederkehr 61, 62, 75
Wolke 57, 68, 69, 72
Wordsworth
  William
    works by
      "Composed upon Westminster Bridge September 3, 1802" 140

Zauberer 153, 156, 157, 162, 164, 165, 173
Zauberwort 126, 134
Zeitschrift für Bildende Kunst 46
Zeller
  Eduard
    works by
      Philosophie der Griechen in ihrer geschichtlichen Entwicklung dargestellt 210
Zeus 62, 69
Zufall 128, 215
Zukunft 61, 63, 69, 73, 128, 165
Zustand
  ästhetischer 204
  geheimnisvoller 50

Studies in German Literature, Linguistics, and Culture

Vol. 1. Robert E. Cazden, *A History of the German Book Trade in America to the Civil War*. 1984. 801 pp.

Vol. 2. Christoph E. Schweitzer, ed., *Daniel Pastorius: Deliciæ Hortenses or Garden-Recreations (1711)*. 1982. 102 pp.

Vol. 3. Lee B. Jennings, *Justinus Kerners Weg nach Weinsberg (1809-1819): Die Entpolitisierung eines Romantikers*. 1982. 136 pp.

Vol. 4. Christopher Dolmetsch, *The German Press in the Shenandoah Valley*. 1984. 180 pp.

Vol. 5. Valentine C. Hubbs, *Hessian Journals: Unpublished Documents of the American Revolution*. 1981. 127 pp.

Vol. 6. Ruth Gross, *PLAN and the Austrian Rebirth*. 1982. 157 pp.

Vol. 7. Christian Gellinek, ed. *Hugo Grotius: Drama Concordance*. 1983. 800 pp.

Vol. 8. Helene M. Kastinger Riley, *Die weibliche Muse: Sechs Essays über künstlerisch schaffende Frauen der Goethezeit*. 1986. 280 pp.

Vol. 9. Elizabeth C. Hesson, *Twentieth Century Odyssey—A Study of Heimito von Doderer's "Die Dämonen."* 1983. 158 pp.

Vol. 10. Alfons Paquet, *Prophecies*. Translated and with an introduction by H. M. Waidson. 1983. 140 pp.

Vol. 11. Donna L. Hoffmeister, *The Theater of Confinement: Language and Survival in the Milieu Plays of Marieluise Fleißer and Franz Xaver Kroetz*. 1983. 176 pp.

Vol. 12. Clifford Bernd, H. Günther Nerjes, Fritz R. Sammern-Frankenegg, and Peter Schäffer, ed. *Goethe Proceedings: Essays Commemorating the Goethe Sesquicentennial at the University of California, Davis*. 1984. 190 pp.

Vol. 13. David Scrase, *Wilhelm Lehmann: A Critical Biography*. Part I. 1984. 191 pp.

Vol. 14. Kathleen L. Komar, *Pattern and Chaos: Multilinear Novels by Dos Passos, Döblin, Faulkner, and Koeppen*. 1983. 150 pp.

Vol. 15. Albert E. Gurganus, *The Art of Revolution: Kurt Eisner's Agitprop*. 1986. 110 pp.

Vol. 16. M. S. Jones, *Der Sturm: A Focus of Expressionism*. 1984. 275 pp.

Vol. 17. J. W. Thomas, *The Best Novellas of Medieval Germany*. 1984. 104 pp.

Vol. 18. Ursula Mahlendorf, *The Wellsprings of Literary Creation: An Analysis of Male and Female "Artist Stories" from the German Romantics to American Writers of the Present*. 1985. 292 pp.

Vol. 19. Edson Chick, *Dances of Death: Wedekind, Brecht, Dürrenmatt, and the Satiric Tradition*. 1984. 181 pp.

Vol. 20. *The Correspondence of Stefan Zweig with Raoul Auernheimer and Richard Beer-Hoffmann*. Edited by Donald Daviau, Jeffrey Berlin, and Jorun Johns. 1983. 273 pp.

Vol. 21. Robert Harrison and Katharina Wilson, trans. *Three Viennese Comedies by Johann Nestroy*. 1986. 263 pp.

Vol. 22. Fritz G. Cohen, *The Poetry of Christian Hofmann von Hofmannswaldau: A New Reading*. 1985. 195 pp.

Vol. 23. J. W. Thomas, *Ortnit and Wolfdietrich: Two Medieval Romances*. 1985. xxviii + 97 pp.

Vol. 24. Richard E. Schade, *Studies in Early German Comedy 1500-1650*. 1988. 280 pp.

Vol. 25. Clifford Bernd, ed. *Franz Grillparzer's "Der arme Spielmann": New Critical Directions*. 1988. Circa 410 pp.

Vol. 26. *Seven Stories by Marie von Ebner-Eschenbach*, trans. by Helga H. Harriman. 1986. xli + 118 pp.

Vol. 27. Robert Spaethling, *Music and Mozart in the Life of Goethe*. 1987. 264 pp.

Vol. 28. Susan C. Anderson, *Grass and Grimmelshausen: Günter Grass's "Das Treffen in Telgte" and Rezeptionstheorie*. 1986. 107 pp.

Vol. 29. Hugo Bekker, *Gottfried's Tristan: Journey through the Realm of Eros*. 1988. 310 pp.

Vol. 30. Steve Dowden, ed. *Literature, Philosophy, Politics, and the Mind of Hermann Broch: Centenary Perspectives*. 1988. Circa 340 pp.

Vol. 31. John M. Grandin, *Kafka's Prussian Advocate: A Study of the Influence of Heinrich von Kleist on Franz Kafka*. 1987. 191 pp.

Vol. 32. Otto Johnston, *The Myth of a Nation: Literature and Politics in Prussia under Napoleon*. To appear 1988. Circa 250 pp.

Vol. 33. Edith Waldstein, *Bettine von Arnim and the Politics of Romantic Conversation*. 1988. Circa 150 pp.

Vol. 34. Richard Critchfield and Wulf Koepke, ed., *Eighteenth Century German Authors and their Aesthetic Theories: Literature and the other Arts*. 1988. Circa 270 pp.

Vol. 35. James C. O'Flaherty, *The Quarrel of Reason with Itself: Essays on Hamann, Nietzsche, Lessing, and Michaelis*. 1988. 248 pp.

Vol. 36. Thomas P. Saine, *Black Bread, White Bread: German Intellectuals and the French Revolution*. 1988. 440 pp.

Vol. 37. Robert Harrison and Katharina Wilson, trans. *Ad Absurdum: A Hans Weigel Anthology*. 1987. 157 pp.

Vol. 38. Jerry Glenn, Joachim Herrmann, and Rebecca S. Rodgers, ed. *Alfred Gong — Early Poems: A Selection from the Years 1941–1945*. 152 pp. 1987.

Goethe Yearbook

Yearbook of the North American Goethe Society, ed. Thomas P. Saine, vol. I. 1982. 196 pp. ISBN: 0-938100-18-1.

Vols. I-IV (1983–87) are available.